踵を接して西へ向かう東海道本線夜行急行列車

「交通公社の時刻表」昭和39年9月号。新幹線開業前夜の東海道本線の夜間帯は関西方面などに向けて夜行急行列車が10分ヘッドで出発していた。客車は寝台主体、電車は座席の輸送力列車と棲み分けができていた。

さよなら急行列車

Farewell, Express Trains

波瀾と栄光の122年
寺本 光照

◎呉線を走る寝台急行「安芸」 1970年 撮影：柳川知章

目次

カラー写真で見る
全国の鉄路を駆け抜けた **急行列車** 5

第1章
急行列車の誕生から戦禍による壊滅まで
（1882～1945）

- 01 京浜間"快速"列車が急行のはじまり 46
- 02 官民並立期における長距離急行列車 48
- 03 鉄道国有法公布と急行列車券の発売 53
- 04 特急の登場と急行の運転線区拡大 57
- 05 丹那トンネルの開通で戦前の黄金時代到来 62
- 06 太平洋戦争、そして敗戦により急行列車全廃 67

第2章
長距離客車急行の全盛時代
（1945～1958）

- 01 連合国の日本支配と急行列車の全廃 78
- 02 急行、そして特急列車の復活 81
- 03 列車名命名と特別2等車連結 84
- 04 本格的急行形客車43系登場と
「特殊列車」運転 88
- 05 3等寝台車復活と寝台専用列車運転 93

第3章
気動車・電車急行の登場と発展
（1957～1964）

- 01 動力車による優等列車は準急から 100
- 02 電車・気動車急行はまず準急用車両で運転 102
- 03 実際には急行が主役だった「サン・ロク・トオ」 105
- 04 主要幹線で電車急行網形成 110
- 05 全国に勢力を伸ばす気動車急行、
客車は夜行へ 114

第4章
環境の変化により急行の相対的地位が低下
（1964～1971）

- 01 新幹線開業による特急大衆化で
揺れ動く急行の存在感 120
- 02 運賃・料金改定に伴い準急は実質的に廃止 129
- 03 「ヨン・サン・トオ」で列車名大統合 132
- 04 運賃・料金のモノクラス化と12系客車登場 136
- 05 急行用車両、ついに新製打ち切り 138

第5章
優等列車の特急一極化により、急行は衰退へ
（1972～1987）
- 01　北陸トンネル列車火災を機に急行から食堂車消ゆ　144
- 02　特急形車両、急行に格下げ転用　147
- 03　大幅値上げによる国鉄離れで苦闘する急行　150
- 04　東北・上越新幹線開業で特急と本数が逆転　153

第6章
JR化もカンフル剤にならず、衰退の道へ
（1987～2016）
- 01　JR化後の一時期は急行本数がが増加　162
- 02　JR化後の急行仕様車も量産にいたらず　166
- 03　車両の老朽化で追われゆく急行列車　169
- 04　「はまなす」の撤退で定期急行の活躍にピリオド　171

歴史に輝く **名急行10選**　174
（資料）**急行列車一覧**　178

◎丹後由良～丹後神崎間の由良川橋梁を渡る急行「丹後」　1981年12月　撮影：高橋義雄

はしがき

　2016(平成28)年3月26日、新幹線がいよいよ北の大地に乗り入れるが、それに伴い使命を終えたとされる「スーパー白鳥」「白鳥」「カシオペア」「はまなす」の列車群は廃止を余儀なくされる。新幹線開業で在来線列車が引退に追い込まれるのは、これまでに何度も繰り返されてきた事象である。だが、今回の「はまなす」の撤退はJR全体にとっても定期急行列車と定期客車列車、それに開放式B寝台車の終焉を意味しており、半世紀以上にわたり鉄道に興味を抱いてきた筆者にとっては、存在することが当然でさえあった列車種別や動力方式、車両設備が永久とは言えないものの、一挙に3つも消え去ることには感傷的にならざるを得ない。とくに急行列車に関しては、最盛期には準急からの格上げ組を含め、1日に1200本以上が全国津々浦々で運転されていただけに、それが0になるとは、覚悟はしていたもののショックは隠せない。

　筆者にとって中学生だった1960年代半ばごろまでの特急は、まだまだ「選ばれた人」だけが乗車できる特別な列車という雰囲気が残っていたが、その点、急行は庶民派の優等列車だった。だから当時からよく利用し、とくに大学生から社会人となっても独り身である間は、周遊券片手に全国を旅行する際に幾度もお世話になったので、急行に対する思い入れは人一倍強いものがある。そこで、去りゆく急行の功績を後世に残すためにも、その活躍の跡を時系列的に一冊の本にまとめたいと思い、この書の執筆に取り組んだ次第である。

　だが、実際に開始してみると、先年に三宅俊彦氏との共著で『国鉄・JR特急列車100年』をまとめたときとは異なり、かなり難しいものがあった。戦前については断片的な記述はあっても、全体として資料が乏しいことや、準急統合後の1966(昭和41)年以後は、"SLブーム"や"ブルトレ・特急撮影ブーム"などの影響で、鉄道趣味・情報誌では蒸気機関車や特急が特集されることはあっても、急行が話題に上ることは少なかったからである。さらに「鉄道年表」などでも特急の増加で、急行の記述が省略されることが多々あったのも残念だった。

　このため、本書の第1章「急行列車のあゆみ」では明治期から現在にいたるまで、手持ちの『時刻表』をフルに動員したうえで執筆を行うこととし、急行の運転状況については時刻や編成をできる限り掲載させていただいた。また、記述を進めると、急行と並走して運転されている特急や準急に触れなければならない箇所もあるが、それらについては必要最小限にとどめた。このほか、数ある急行のうち特徴的な列車は「歴史に輝く名急行10選」としてピックアップする一方で、実際に国鉄・JR線上を走ったすべての急行は巻末資料の一覧表に記載することとした。

　本書により、急行列車の歴史に関心を持っていただき、過去の姿を振り返るだけでなく、今後の在来線優等列車のあり方についても、一緒に考えていただければ幸いである。

　本書を刊行するにあたり、貴重な写真を提供してくださった方々、編集に携わっていただいた株式会社フォト・パブリッシング、そして発表の機会を与えてくださった株式会社JTBパブリッシングの木村嘉男氏に心から感謝するとともに、厚くお礼申し上げます。

2015年12月24日　寺本光照

カラー写真で見る
全国の鉄路を駆け抜けた
急行列車

The express trains that ran the rail lines all through the country as seen in color photographs

「ヨン・サン・トオ」と呼ばれた1968年10月改正から、日本海縦貫線全線電化の1972年10月までの4年間、急行は全国で1200本(上下計)が運転され、津々浦々で活躍していた。重厚な長大編成の客車列車から、165系や455系に代表される電車列車、キハ58・55のほかキハ20など遜色車両も入る気動車急行ありとバリエーションは豊富だった。ここでは以後、国鉄末期からJR化後も含め、急行列車の活躍の跡をカラー写真で振り返ってみよう。

◎高松　1978年8月　撮影：長渡朗

北海道

ニセコ1号 北海道名物C62重連の函館行き急行で、1970年代になっても蒸機急行として残り、SLファンからの人気を集めた。この「ニセコ1号」の前身は函館～釧路間を直通した「まりも」である。◎目名～上目名　1971年5月　撮影：寺本光照

ニセコ3号　長万部～小樽間がC62の重連運転になる「ニセコ」もC62配置数の関係で、時にはD51が補機として運転されることもあった。◎二股～蕨岱　1970年1月　撮影：柳川知章

利尻 北海道最北の地・稚内への発車を待つ急行「利尻」。JR化直後の函館本線内はED76の牽引だった。◎札幌 1988年8月 撮影：長渡 朗

かむい1号 北海道唯一の電車急行「かむい」は函館本線エル特急の登場で本数を減らしたが、それでも撮影当時は4往復中2往復を担当していた。◎大麻～野幌 1986年7月 撮影：寺本光照

宗谷 北海道の長距離気動車急行も1985年3月から"居住性改善"の名目で客車列車化される。しかし、上りは寝台車が座席代用車として入るなど、サービス面では新たな問題が発生した。◎苗穂～白石 1986年8月 撮影：寺本光照

ニセコ 蒸機牽引時代はファンを魅了した急行「ニセコ」も1980年10月改正からは1往復運転となり、さらに翌年からは14系座席車のモノクラス編成に置き換えられる。晩年の編成は全体でも6両だった。◎札幌 1986年8月 撮影：寺本光照

大雪4号 撮影当時の石北本線はまだまだ急行が主体で、札幌〜網走間を通す気動車列車も2往復設定されていた。この「大雪4号」は釧路から釧網本線経由で網走へ到着後、さらに札幌を目指した。◎常紋(信)〜金華 1972年11月 撮影：寺本光照

ニセコ3号 かつて「阿寒」の列車名で運転されていた気動車急行で、札幌直通となった1968年10月には愛称統合もあって「ニセコ」の一員となる。根室駅に発着した唯一のグリーン車連結急行でもあった。◎根室 1972年11月 撮影：寺本光照

えりも4号 札幌から日高本線への直通急行で、国鉄末期にはキハ40の編成になる。ロングシート部分が増えたが、空気バネ装備で乗客からは好評。◎札幌 1986年7月 撮影：寺本光照

そらち2号 札幌〜旭川間急行「かむい」の区間短縮で発生した急行。種別幕に「急行」の表示がなければ、普通列車と見分けがつかなかった。◎苗穂〜白石 1990年7月 撮影：寺本光照

天北 札幌～稚内間の途中を、今はなき天北線経由で結ぶ。「宗谷」同様、1985年3月から1988年10月までは客車列車として運転された。この角度からは朝を迎えた寝台特急といった感じだ。◎大麻～野幌 1986年7月 撮影:寺本光照

宗谷1号 JR化前後に客車列車を経験した「宗谷」は再び気動車化される。キハ400の設備は特急なみだが、両運転台車が4両も連なるため、実際の定員は2両半に満たない。◎札幌 1991年3月 撮影:寺本光照

礼文 宗谷本線内のローカル急行。国鉄最末期にキハ54の急行仕様車が使用されたが、北北海道とはいえ夏季に冷房が効かないのが玉に瑕。◎旭川 1990年8月 撮影:寺本光照

ちとせ 室蘭・千歳線の"エル急行"「ちとせ」も、最後まで残ったのは苫小牧発の1往復だけだった。車両は「宗谷」のキハ400が共通運用された。◎苗穂～白石 1990年7月 撮影:寺本光照

東北

北上 当時日本最大のディーゼル機関車だった試作機DF90が上り急行「北上」を牽く。同機は1両だけの在籍なので、「北上」の上野～水戸間で限定運用された。◎北小金 1960年2月 撮影：J.WALLY HIGGINS

津軽2号 東北本線の直流区間を古豪EF57に牽引され、終点上野を目指す急行「津軽」。デッキ付きのEF57には一般形客車がマッチする。◎東大宮～蓮田 1975年1月 撮影：寺本光照

津軽4号・なすの1号 上野駅地平ホーム17番線に到着した「津軽4号」と18番線で発車を待つ165系「なすの1号」。国鉄時代には日常の光景も今はなつかしい。
◎上野 1982年3月 撮影：長渡 朗

津軽2号 秋田・青森県境の矢立峠を行くDD51牽引の青森行き急行「津軽」。奥羽本線の電化も迫っているが、撮影地点は新線への切り替えが予定されているため、ポールの林立はなかった。◎陣場〜津軽湯の沢 1970年7月 撮影：寺本光照

十和田53号 1970年の夏季シーズンに運転された臨時急行。新鋭ED75には12系客車がよく似合う。冷房付きの12系は万国博輸送など波動用で、この「十和田53号」はもちろん全車座席指定。
◎盛岡 1970年7月 撮影：寺本光照

鳥海 秋晴れのもと、DF50牽引の急行「鳥海」が秋田を目指す。茶色の機関車に茶色の客車の組み合わせは、風景に絶妙にマッチする。◎羽前千歳 1959年9月 撮影:J.WALLY HIGGINS

しらゆき キハ58系で編成された金沢行き急行「しらゆき」が、未電化時代の羽越本線を行く。「羽越」「もがみ」など準急上がりの短編成急行も走るこの区間では、キロ連結の「しらゆき」は急行らしい貫禄があった。◎小砂川〜上浜 1970年7月 撮影:寺本光照

ときわ・奥久慈 451系電車が持ち場の常磐線急行「ときわ」も、水郡線直通の「奥久慈」を併結する2往復は最後まで気動車列車として運転された。◎牛久〜佐貫 1981年4月 撮影:長渡 朗

出羽 気動車列車としては珍しい夜行運転の「出羽」。グリーン車以外はキハ58系主体のため、冷房がなく利用客からの評判は芳しくなかった。◎上野 1982年8月 撮影：長渡 朗

おが1号 客車時代は「鳥海」「たざわ」と列車名を変えた上野～秋田間昼行急行。気動車化され「おが1号」に落ち着く。◎1982年8月 撮影：長渡 朗

いなわしろ1号 会津地方の喜多方・只見・会津田島から会津若松で合流し、3階建て編成となって県都福島、さらに仙台を目指す気動車急行。福島以北は普通列車として運転。◎貝田 1981年10月 撮影：長渡 朗

みちのく・陸中 弘前発上野行きと秋田発仙台行きの併結急行が花輪線を行く。モノクラスとはいえ、これほどに美しい列車に、SLファンは見向きもしなかった。◎岩手松尾～竜ヶ森 1970年7月 撮影：寺本光照

十和田5号 青森から夜を徹してやってきたEF80牽引の急行「十和田5号」が取手駅を通過。交流から直流への切替えも終わり、103系の姿が見えるのも首都圏に入った証。◎取手 1971年7月 撮影：伊藤威信

あぶくま 東北本線白河～盛岡間のローカル電車急行。455系が主体の電車急行群にあって、勝田電車区の451系で運転されるのが特徴だった。2両目のサロに注目。◎藤田～桑折　1981年10月　撮影：長渡 朗

おが 上野～秋田間気動車急行「おが」のサボ。盗難防止か駅係員の作業軽減のためか、運転区間と種別、列車名が合体したものが使用されていた。◎二本松　1982年8月　撮影：長渡 朗

一般形客車の最高峰車両だったオロネフ10 軽量客車なのと車齢が20年に達しているせいか、車体の傷みは隠せない。しかし、東北・上越新幹線開業で稼働期間もあとわずか。◎1982年8月　撮影：長渡 朗

くりこま1号 仙台以北の東北本線では数少ない電車急行で、速達運転が売り物だったが、願わくは「ヨン・サン・トオ」で登場してほしかった。牧歌的な風景に455系のカラーが映える。◎滝沢～渋民　1976年8月　撮影：寺本光照

上信越

野沢 長野〜長岡間を途中飯山線経由で結ぶローカル気動車急行。起終点間では信越本線経由のほうが速く、キハ58系の3両でも輸送力は過剰気味だった。◎1982年10月 撮影:長渡 朗

能登 朝もやの中、終点金沢を目指す急行「能登」。一般形客車から14系寝台・座席車と車種に幾度かの変遷はあったが、晩年はボンネットの489系電車が運用を担当した。◎倶利伽羅 2009年 所蔵:フォト・パブリッシング

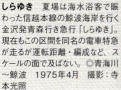

しらゆき 夏場は海水浴客で賑わった信越本線の鯨波海岸を行く金沢発青森行き急行「しらゆき」。現在もこの区間を同名の電車特急が走るが運転距離・編成など、スケールの面で及ばない。◎青海川〜鯨波 1975年4月 撮影:寺本光照

とがくし1号 信越本線長野〜新潟間の都市間連絡急行「とがくし」が海辺を行く。変哲もない165系ローカル急行だが、サロ165の淡緑色の帯が編成を引き締める。◎青海川〜鯨波 1975年4月 撮影：寺本光照

ゆけむり3号 残雪の谷川岳を車窓に眺めながら終点水上を目指す急行「ゆけむり」。ここ上牧付近では春の息吹が感じられるが、清水トンネルから先はまだまだ春が遠い雪国だろう。◎後閑〜上牧 1975年4月 撮影：寺本光照

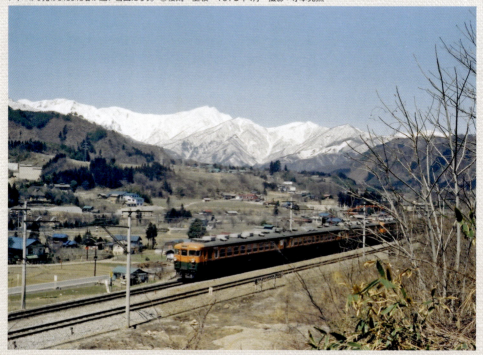

信州3号 浅間山をバックに軽井沢を目指す上野行き急行「信州3号」。碓氷峠をEF63と協調運転できる169系により、信越本線電車急行も12両運転が可能になる。2連サロとサハシは幹線電車急行の象徴。◎軽井沢〜中軽井沢　1978年3月　撮影：寺本光照

佐渡1号 からっ風吹きすさぶ上州平野を行く新潟行き急行「佐渡1号」。上越新幹線開業後も「佐渡」は残存するが、10両で帯のないサロを入れた編成には以前の精悍さが消え失せていた。◎八木原〜渋川　1983年12月　撮影：寺本光照

妙高2号・軽井沢53号 横川駅で顔を合わせた169系と165系。碓氷峠を下りてきた169系「妙高2号」が、無動力で峠に挑む165系「軽井沢53号」に挨拶。ホームは峠の釜めしを求める客で賑わう。◎横川 1969年8月 撮影 寺本光照

信州3号 現在は第三セクターしなの鉄道の管轄下にある信濃追分付近の大カーブを行く169系12連の上野行き急行「信州3号」。電車急行としては最後(1976年11月)までビュフェ営業が続けられた列車のひとつだった。◎信濃追分〜御代田 1975年4月 撮影:寺本光照

佐渡1号 岩原の大カーブを行く新潟行き急行「佐渡1号」。上越新幹線開業も1年先に迫った当時、特急「とき」に押されていたが、それでも2連サロ付きの堂々たる編成だった。サロの帯が消えたのはなんとしても残念。◎岩原スキー場前付近 1981年7月 撮影：寺本光照

ゆけむり3号 上牧駅付近を行く165系7連の上野行き急行「ゆけむり」。温泉からの引き揚げ客を乗せ、奥利根の渓谷沿いに勾配を下る。◎後閑〜上牧 1975年4月 撮影：寺本光照

天竜2号 165系4連の長野発小淵沢行き急行「天竜2号」が辰野駅付近を行く。大八回りと呼ばれた単線の岡谷〜塩尻間は、当時はまだ幹線として機能していた。◎平出(信)〜辰野 1978年3月 撮影：寺本光照

中央・房総

きそ2号 中央西線の単線区間を行く名古屋行き気動車急行「きそ2号」。ポールも立ち架線も張られ、キハ58の活躍もあとわずか。電化で追われゆくのは蒸気機関車だけではない。◎宮ノ越〜原野 1973年1月 撮影:寺本光照

ちくま 朝日を浴びて終点大阪を目指す急行「ちくま」。急行としては気動車でスタートしたが、1978年10月に客車化された変わり種列車だった。14系寝台車と12系との組み合わせも違和感はない。◎高槻〜山崎 1990年9月 撮影 寺本光照

赤倉 名古屋〜新潟間のロングラン急行で、中央西線全線電化後もかなり長い期間、気動車のままで残された。2連キロの編成がキハ58系栄華の名残といえた。◎南木曽 1978年11月 撮影:長渡 朗

きそ2号 165系堂々12連の名古屋発松本行き急行「きそ2号」。電化の時期が1973年8月としては、電車急行の設定は珍しい。◎高蔵寺〜定光寺 1977年2月 撮影:寺本光照

みのぶ 新宿〜身延間を甲府経由で運転された季節急行。4両だけでの運転となる身延線内をのんびり走る。◎甲斐上野 1981年7月 撮影:長渡 朗

こまがね 高速道路が未発達の時代は利用客が多かった新宿〜飯田間直通急行「こまがね」。クハ165が2両続く4両編成は松本運転所165系の特徴。◎1975年 撮影:篠原 丞

アルプス17号 新宿発南小谷行き夜行電車急行「アルプス17号」くずれの普通2427Mが、明け方の大糸線を行く。終点南小谷到着が7:25で一日をフルに使えるため、スキーヤーから人気のある列車だった。◎信濃大町〜南大町 1981年2月 撮影:長渡 朗

アルプス 桜と菜の花の組み合わせが美しい東中野駅付近を165系急行「アルプス」が通過する。信濃路への旅もまだまだ序曲。
◎1978年4月 所蔵:フォト・パブリッシング

そとうみ 新宿・両国から外房方面に向かう気動車急行。「外房」や「そと房」に馴染みのある房総地区で「そとうみ」の列車名が見られたのは1967年10月から1968年7月までなので、この写真は貴重。◎船橋 1967年10月 撮影:矢崎康雄

うち房 未電化時代の房総西線を行くキハ58系の編成も美しい急行「うち房」。房総各線は平坦路線であるため、キハ58系の2等車はオール・キハ28だった。◎岩井　1968年8月　撮影：矢崎康雄

鹿島1号 鹿島線のハイライト・北浦橋梁を渡る両国発鹿島神宮行き季節急行。東京都内から100kmそこそこの鹿島神宮までは、こうした電車急行のほうが適切なサービスといえた。◎延方〜鹿島神宮　1981年3月　撮影：高橋義雄

東海道

桜島・高千穂 山陽道を夜通し走り、ようやく関西入りした東京行き急行「桜島」「高千穂」。関門トンネル開通以来、伝統の東京〜九州間急行も余命はあとわずか。機関車も客車も疲れが見えるようだ。
◎西ノ宮〜芦屋 1975年2月 撮影：寺本光照

銀河 東海道夜行の「銀河」は数ある寝台急行の中でもトップを切って20系に置換えられた。イラスト入りテールサインも入り、特急に遜色はない。◎岸辺 1981年3月 撮影：野口昭雄

比叡1号 東海道新幹線開業前は数自慢だった「比叡」も、1972年3月からは2往復になり、編成も8両に減車。往年の姿を偲ぶべくもないが、グリーン車が健在なのが救い。◎近江長岡〜柏原 1977年7月 撮影：寺本光照

おくいず1号 伊豆急線内を行く153系10連の東京行き急行「おくいず1号」。座席指定の「伊豆」に対し、普通車がオール自由席の「おくいず」は気軽に乗れる列車だった。◎伊豆高原〜伊豆大川 1974年12月 撮影：寺本光照

東海1号 東海道本線の撮影名所だった白糸川橋梁を行く静岡発東京行き「東海1号」。新幹線の恩恵がない駅からの旅客にとっては便利な列車で、準急や急行の種別が似合った。◎真鶴〜根府川　1974年12月　撮影：寺本光照

伊那3号　1972年3月改正で165系化され、名実ともに急行にふさわしい姿になった「伊那3号」が飯田線の山中を行く。◎三河大野〜湯谷　1973年8月　撮影：寺本光照

伊豆 157系を使用した座席指定急行「伊豆」が伊豆箱根鉄道に入線。157系の車両史ではもっとも"格"にふさわしい扱いをされた期間ではなかったかと思う。◎大仁 1965年1月 撮影：J.WALLY HIGGINS

東海2号 富士をバックに走る急行「東海2号」東京行き。153系の活躍が長かった「東海」も、1982年11月からは165系の編成になる。◎三島～函南 1984年1月 撮影：長渡 朗

北陸

立山2号 米原経由時代の475系電車急行「立山2号」。関西〜北陸間の主役を特急「雷鳥」に譲っていたが、自由席車が多く気軽に乗れることで、「立山」の乗車率は高かった。◎米原〜坂田 1976年9月 撮影 寺本光照

越前51号 1982年の旧盆に運転された上野〜福井間臨時急行が発車を待つ。EF62と一般形客車のコンビは定期列車と変わらない。◎上野 1982年8月 撮影：長渡 朗

越前51号 オハ46が組み込まれている。通勤形電車でも冷房が常識となった当時でも、非冷房とは恐れ入る。国鉄サン、これに指定料金500円はないですよ。◎上野 1982年8月 撮影：長渡 朗

はしだて 急行区間が小浜・宮津線の敦賀〜天橋立間となった末期の姿。2両編成とはいえ、クルマ社会のJR化後まで運転されていたのが、むしろ不思議だった。◎敦賀 1991年8月 撮影：寺本光照

能登路5号 金沢駅で発車を待つ輪島行き季節急行「能登路5号」。当時の「能登路」は本数が多く、活気がみなぎっていた。◎金沢 1977年3月 撮影：長渡 朗

のりくら3号 JR化直後の急行「のりくら」。キハ85系が「ひだ」に進出しているものの、本数上では特急と勢力を分け合っていた。キハ58系は長大編成が似合う。◎岐阜〜木曽川 1988年8月 撮影：寺本光照

たかやま 専用塗装となった急行「たかやま」晩年の姿。高山本線では唯一の急行で、さらにJR西日本が車両を受け持つ唯一の優等列車となっていた。◎白川口〜下油井 撮影：篠原 丞

のりくら3号 キハ58系が11両編成で運転されていた富山行き急行「のりくら3号」。当時の高山本線は急行・普通とも編成が長かった。◎白川口〜下油井 1976年8月 撮影：寺本光照

たかやま 東海道本線内を行く国鉄塗装時代の急行「たかやま」。大阪からは唯一の高山本線直通列車なので、年配客を中心に人気があった。◎高槻〜山崎 1990年9月 撮影：寺本光照

能登路3号 現在はのと鉄道の管轄になっている区間を行く蛸島行き急行「能登路3号」。金沢〜蛸島間単独列車では、キハ26・28だけでの編成が可能だった。◎能登中島〜西岸 1970年7月 撮影：寺本光照

能登路3号 金沢発輪島・蛸島行きの2階建て列車。夏休みのせいか、キハ53が輪島編成に入る。◎金沢 1974年7月 撮影：寺本光照

北アルプス 名鉄のキハ8000系の編成も美しい神宮前行き急行「北アルプス」。旅客を満載して走ったこのころが最盛期だった。◎美濃太田 1974年7月 撮影：寺本光照

能登路3号 イエロー基調の塗装となった七尾線電化後の「能登路」。列車としては最末期の姿。◎津幡〜中津幡 1992年8月 撮影：寺本光照

能登路4号 七尾線急行色になったキハ58系で運転される急行「能登路」。ヘッドマークもなく急行にふさわしい風格はない。◎津幡 1991年8月 撮影：寺本光照

立山2号 北陸本線のループ区間を行く475系急行「立山」。トンネルに入った列車が山肌を一周し、トンネル上の線路を走るシーンを線路際から見られる。◎新疋田～敦賀 1971年9月 撮影：寺本光照

わかさ1号 穏やかな小浜湾を見ながら走る小浜線内急行「わかさ1号」。キハ55系だけの編成もなかなかよい。◎加斗～若狭本郷 1971年9月 撮影：寺本光照

きたぐに 583系の姿がすっかり板についた急行「きたぐに」が終点大阪を目指す。1960年代後半に昼夜兼用がもてはやされた583系にとっても最後の職場だった。◎高槻～山崎 1990年9月 撮影：寺本光照

近畿

丹波 福知山線経由で大阪と北近畿の都市・観光地を結んだ急行「丹波」。キハ58にとって、ひなびた風景の中を行く姿もなかなかマッチする。◎1977年3月 撮影：篠原 丞

きのくに 海南駅で顔を合わせた紀勢本線の両雄。電化後も南海電鉄から、社形キハ55による急行「きのくに」の白浜・新宮乗り入れが実施されていた。◎海南 1984年8月 撮影：長渡 朗

みやづ 福知山線内を行く運転開始当日の急行「みやづ」。宮福鉄道は未電化での開業だったので、キハ58系が使用された。◎1988年7月 撮影：篠原 丞

くまの・志摩2号 関西本線の撮影名所を行く京都発紀伊勝浦・鳥羽行き気動車急行。両端がキハ55で中間がキハ58系の編成は意外と珍しい。観光列車らしくキロは2両。◎中在家(信)～加太 1970年8月 撮影 寺本光照

丹波1号 大阪からの「丹波1号」が由良川橋梁を渡り、終点天橋立を目指す。福知山・綾部経由の迂回経路のため、起終点間で4時間近く要した。◎丹後神崎〜丹後由良 1984年4月 撮影：寺本光照

きのくに 海南駅での野上電鉄モハ31。気動車急行と地方私鉄電車との並びは国鉄にはよく見られた光景だった。◎海南 1979年8月 撮影：長渡 朗

丹後12号 城崎発京都行きで、同区間の特急「あさしお」の補完列車的存在。未電化時代の豊岡駅は構内が広く感じられた。◎豊岡 1984年4月 撮影：寺本光照

かすが 関西本線の主とも言うべき急行「かすが」も、晩年はJR東海キハ75での運転。急行仕業のため、中央ドアは締め切られている。◎柘植 撮影：篠原 丞

かすが JR化後キハ65＋キハ58の強力編成で走る関西本線の急行「かすが」。リクライニングシート化やキハ75への置換えなどが実施されたが、失地回復とはいかなかった。◎平城山〜木津 1991年4月 撮影：寺本光照

中国

だいせん 20系としては末期の急行「だいせん」が大阪に向けて最後の力走。撮影区間は線路付け替えのため、すっきりした風景が残されていた。◎生瀬〜武田尾 1986年7月 撮影：篠原 丞

さんべ5号 郷に入れば郷に従えとばかり、「さんべ5号」もここからの牽引機は関門・EF30に交替。「さんべ」も10月からは20系＋12系の編成になるので、一般形客車もそろそろ見納め。◎下関 1978年6月 撮影：長渡 朗

さんべ5号 米子から夜を徹して走ってきた「さんべ5号」が下関に到着。山陰本線牽引機DD51もここでお役御免。荷物車＋ハネ3両＋普通車4両だが「ロ」のつく客車がないのが惜しい。◎下関 1978年6月 撮影：長渡 朗

だいせん キハ58系長大編成の急行「だいせん」が山中の小駅を通過。今や大阪近郊の通勤路線と化した福知山線の30年前の姿である。◎武田尾 1986年7月 撮影:篠原 丞

砂丘4号 国鉄色時代の急行「砂丘4号」。岡山駅では本線からやや外れた14番線に発着していた。2両目は半室グリーンのキロハ28。◎岡山 1992年8月 撮影:寺本光照

たいしゃく1号 「ちどり2号」から切り離され、身軽な2両編成となった新見行き急行「たいしゃく1号」。駅のおでんと熱燗がおいしかった。◎備後落合 1975年2月 撮影:寺本光照

さんべ2号 ロングラン急行「さんべ2号」が岡見付近の海岸を行く。実質3階建て列車とはいえ、キハ58系9両編成が山陰西部を走っていたのは今や伝説。◎岡見〜三保三隅 1972年8月 撮影:寺本光照

ちどり 落ち着きがあるとは思えないキハ58系"広島色"をまとった晩年の姿。伝統ある列車も2両の編成はさびしい。◎備後庄原 1999年1月 撮影：篠原 丞

吉備1号 岩国〜岡山間を呉線経由で結んだ都市間連絡列車。撮影当時、広島地区の気動車急行はヘッドマーク付きだった。◎忠海 1969年8月 撮影：寺本光照

さんべ2号 蒸気機関車時代から撮影名所だった惣郷川のコンクリート橋を行く急行「さんべ」。6両の編成でやっと絵になる。◎須佐〜宇田郷 1972年8月 撮影：寺本光照

山陽 セノハチを行く153系電車急行「山陽」。所定編成は10両だが、新幹線博多開業を前に編成減車が行われたため、7両で運転。◎撮影：長渡 朗

つやま 岡山駅津山・吉備線ホームで発車待ちの「つやま」。急行の表示がないと一般のローカル列車と変わらない。◎岡山 2004年10月　撮影：寺本光照

つやま 岡山駅でJR四国アンパンマン列車・特急「しおかぜ」との並ぶキハ48形急行「つやま」。JRとしては最後の昼行急行となる。◎岡山　2008年8月　撮影：寺本光照

砂丘1号 専用塗装となった「砂丘1号」が岡山に到着。この日は団体客の乗車もあり7両で運転。◎岡山　2007年8月　撮影：寺本光照

ちどり2号 木次線内を行く急行「ちどり」。1984年2月改正でキロ28が外され、3両で走る姿は斜陽列車そのもの。◎亀嵩〜出雲横田 1984年3月　撮影：寺本光照

四国

よしの川 南海フェリーからの乗り継ぎ客待ちのキハ58系「よしの川」。青函や宇高には規模的に及ばないが、鉄道連絡船としての機能を果たしていた。急行として走るのは徳島から。◎小松島港 1979年8月 撮影：長渡 朗

土佐 キユニ26を先頭とする土讃線急行「土佐」。四国では郵便または荷物気動車が多く在籍し、急行に連結される運用もあった。◎多度津 1982年11月 撮影：長渡 朗

うわじま1号 キニ56先頭の「うわじま1号」が深夜の高松駅で連絡船からの乗客を待つ。キニの前面補強がなんとも不細工。◎高松 1982年11月 撮影：長渡 朗

あしずり 行き止まり式ホームの高松では連絡船からの旅客の誤乗を防止するため、急行にヘッドマークがつけられていた。土讃線のラインカラーは赤。◎高松 1978年8月 撮影：長渡 朗

あしずり7号 キハ65が先頭に立つ「あしずり7号」が長躯中村を目指す。四国では急行のグリーン車が廃止され、座席指定車として運用されていた。◎国分〜讃岐府中 1988年1月 撮影：寺本光照

うわじま6号 予讃線の終点・宇和島でのスナップ。右はキハ181系特急「しおかぜ2号」。その右手にはキニ15の姿も見える。◎宇和島 1978年8月 撮影：長渡 朗

うわじま3号 法華津峠を軽やかに下る高松発宇和島行き急行「うわじま3号」。四国は暖地のため、気動車の冷房化は早期に実施された。◎立間〜下宇和 1972年9月 撮影：寺本光照

土佐3号 コーポレート色化されたキハ58系による急行「土佐」。本州と陸続きになっても、キハ58系が定期急行として瀬戸大橋を渡ることはなかった。◎多度津 1989年3月 撮影:寺本光照

あしずり4号 四国最初の電化区間を行く急行「あしずり4号」。瀬戸大橋線開業後も四国急行は残されたが、その活躍は長く続かなかった。◎国分〜讃岐府中 1989年3月 撮影:寺本光照

よしの川 1990年11月に四国最後の急行となった徳島線の「よしの川」は、1998年3月から同線特急「剣山」と同じキハ185系で運転された。◎阿波池田 1999年1月 撮影:寺本光照

九州

大隅 バス窓のキハ26を先頭に鹿児島市内を行く急行「大隅」。油津・志布志の両駅を起点に、国分で併結のうえ鹿児島県都を目指すビジネス急行だが、経路の大半は今や廃線。◎西鹿児島〜鹿児島 1977年8月 撮影：長渡朗

西九州 別府〜長崎・佐世保間を久大本線経由で結ぶ列車だが、セオリーに反して佐世保行きの編成が長いという変わり種。かつて蒸機が悪戦苦闘した区間を行く。◎武雄温泉〜永尾 1976年7月 撮影：寺本光照

えびの1号 特急「おおよど」とともに博多〜宮崎間で活躍していたころの「えびの」。編成もキロ28を含む7両で、起終点間を通す旅客も少なくなかった。◎吉松 1977年8月 撮影：寺本光照

えびの1号 日豊本線青井岳付近を行く宮崎行き急行「えびの1号」。当時「えびの」は3往復運転され、熊本始終着の2往復も編成は5両で活気があった。◎門石(信)〜青井岳 1976年3月 撮影：寺本光照

出島2号・ちくご 島原鉄道加津佐からの冷房・空気バネ台車装備のネユ形キハ26を連結した小倉・熊本行き。「ちくご」は佐賀線経由で熊本に直通する。
◎里(信)～肥前大浦 1976年7月 撮影 寺本光照

はんだ 北九州と由布院を結ぶ温泉観光急行で汎用キハ66系を使用。転換クロスに座れれば乗り得列車、ロングシート部分だと遜色急行と、設備に差があった。
◎筑前垣生～筑前植木 1977年8月 撮影：寺本光照

日南3号 日向路をのんびり走る都城行き急行「日南3号」。2両目がオハネ12でなくオロ11なら1950年代後半の特急「かもめ」と同じ編成だ。
◎佐土原～日向新富 1972年2月 撮影：寺本光照

えびの5号 JR化後の1989年3月改正で、「えびの」3往復中2往復が博多始終着に復帰。キハ58・65の座席も特急車なみに改装されるが、高速バスの前には非力だった。3両の編成は過去の栄華を思うと淋しい。◎木葉〜田原坂 1989年8月 撮影：寺本光照

かいもん1号 古戦場として知られる田原坂付近を行く西鹿児島行き475系電車急行「かいもん1号」。整った編成もヘッドマークの取り付けがないのが残念。サハシのビュフェも営業休止。◎木葉〜田原坂 1976年3月 撮影：寺本光照

くまがわ2号 門司港〜人吉間の時代が長かった「くまがわ」も、本数自慢の県内急行にイメージチェンジ。九州急行色となり、編成もキハ58＋キハ65でパワーアップ。◎八代 1991年8月 撮影：寺本光照

つくし1号 山陽新幹線岡山開業後も大阪直通急行として残った「つくし」。小倉で大分からの「べっぷ」と併結される。60Hz対応車を示す裾部のラインが編成を引き立てる。◎福間〜古賀 1972年8月 撮影：寺本光照

急行券あれこれ

(所蔵：フォト・パブリッシング)

列車名などの情報を書き込むため、横長（Dサイズ）が採用された座席指定券。455系の夜行急行「きたかみ」用。

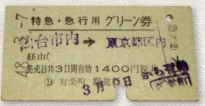

モノクラス制に伴って登場した特急・急行用グリーン券。急行券は別途購入しなければならない。

1964年当時の座席指定券。Dサイズに移行する前のもので、狭いスペースに必要な情報を書き込まなければならなかった。

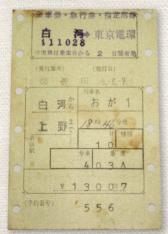

初期のマルスによる乗車券と座席指定券を合わせた急行券。印字と活字枠がなつかしい。

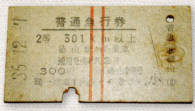

急行を示す2本の種別表示が縦に変更された、1958年9月以降の普通急行券。

普通急行券と種別赤線が斜め2本で、購入した際に緊張感を覚えた頃の急行券。戦前からの様式で、写真は末期のもの。

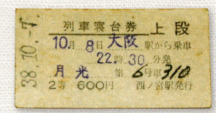

大阪発東京行き急行「月光」の寝台券。310の300台は3段式の上段を示す。ちなみに中段は200台となる。

1965年9月から券面名称は急行券となり、種別赤線が廃止される。200kmまで200円の表示は貴重。

モノクラス制実施後の急行券。等級制時代の1等・2等の文字はなくなっている。

第1章
急行列車の誕生から戦禍による壊滅まで〔1882 〜 1945〕

Farewell, Express Trains" Table of Contents
Chapter 1. From the Birth of Express Trains until Their Destruction in War (1882-1945)

下関発東京行きの第6急行列車。右奥の建物は帝国ホテル。◎有楽町付近　大正10年頃　所蔵：生田 誠

01 京浜間"快速"列車が急行のはじまり

The birth of express trains The "rapid-transit" train between Tokyo and Yokohama

1 鉄道建設の夜明け

　1867（慶応3）年の大政奉還を受けて成立した明治政府は、欧米列強からの独立を守るとともに、人民の争いを抑えるためにも、天皇を中心とした中央集権国家の構築と富国強兵を目指した。要は先進諸国に負けぬ強力な国家を建設しようというのである。そのためには基盤となる教育・軍事・財政の制度確立はもちろん、交通や近代産業の整備も不可欠だった。

　そうしたなか、早くも1869（明治2）年11月には政府直営による鉄道建設計画が決定される。東京～京都間を東西幹線とし、それに接続して開港場を結ぶ東京～横浜、京都～神戸、琵琶湖～敦賀間を支線とするものだった。

　しかし、建設は支線である京浜間と京阪神から着手される。両区間は距離が短く短期間での開通が可能なほか、当時から沿線人口が多く採算面で期待できること。それにわが国最初の鉄道ということで、車両や設備、そして技術面は試作・試行的要素が強いが、1日にまとまった本数の列車が運転できるので、欠陥や改善点などは早期に発見でき、以後の鉄道建設や車両投入に生かすことができるというのが理由だったようだ。

　一方、東西幹線については江戸時代の交通路である東海道と中山道のうち、どちらに沿ったルートにするかは、国益にかかわる問題ということもあってなかなか決まらなかった。そうこうしているうちに新橋（のち汐留、現・廃止）～横浜（現・桜木町）間が1872（明治5）年9月12日（太陽暦10月14日、同日以後は太陽暦で表記）、大阪～神戸間が1874（明治7）年5月11日に、京都～大阪間が1877年2月5日開業を迎える。日本の首都が江戸改め東京に移されたのが1869（明治10）年3月だから、京阪神間でもまだ10年と日が経過していなかったわけである。

2 新橋～横浜間開業

　さて、話を新橋～横浜間開業時に戻すが、当時同区間の中間駅として品川・川崎、鶴見、神奈川の4カ所が設けられ、9往復の列車が各駅に停車し、28.9kmを53分で結んだ。錦絵に見られる1号機関車や同系の小型1Bタンク機が、形式の制定もない"マッチ箱"と呼ばれるイギリス製小型2軸客車を従えて走った。その編成は上等車1両、中等車2両、下等車5両の8両が基本で、車体幅との関係から、上・中等車の定員はそれぞれ18・22人で、今でいう布張りのロングシート。下等車は横手5人向かい合わせで10人分を1区画とし、総定員30人のコンバートと書けば聞こえはいいが、座面・背ずりとも板張りで、乗り心地や座り心地とも現代人なら耐えられるものではなかった。

　起終点間の運賃は開業時、上等1円12銭5厘、中等75銭、下等37銭5厘で、これは1873（明治6）年6月から上等1円、中等60銭、下等30銭に値下げされるが、当時の米価1升（約1.5kg）が4銭だったので、下等でもかなり高価だった。

　また、上等・中等・下等の等級制度だが、車内設備の快適度で値段に差をつけるだけでなく、利用客を車両ごとに選別する狙いもあった。すなわち「四民平等」による封建社会の身分制度が廃止されたといっても、天皇を除くすべての人が皇族・華族・士族・平民の4種の身分になったため、上等車は皇族・華族、中等車は士族専用車のようなものであり、平民である一般

庶民は下等車がふつうだった。しかし、上等と下等といった言葉は鉄道利用客の大半を占める下等客にとって、いい感じがするものではなく、1897（明治30）年11月以後は車両等級が1・2・3等に改められた。

3 急行列車の誕生

開業当初の列車は機関車の馬力が弱い上、列車の生命であるブレーキ装置が一般客車にはなく、停車は機関車のブレーキと、後部に連結の緩急車の手ブレーキによって行うという簡素なものだったが、それでも新橋〜横浜間で表定速度32.7km/hになるスピードは当時としてはかなり高速だった。しかも、開通前は徒歩で1日がかりでたどりついた区間を、目的地での仕事を挟んでその日のうちに往復が可能というのだから、革命的な乗り物であることには違いな
かった。

京浜間の鉄道は当初は単線で建設されたが、利用実績と将来的な列車本数の増加を見込み、1881（明治14）年5月7日には全区間の複線化が完成。翌1882（明治15）年3月16日ダイヤ改正では、新橋〜横浜間の旅客列車14往復中2往復が急行列車として、途中、品川、神奈川のみの停車。所要45分で運転される。これがわが国で「急行」の名がつく列車の始まりである。当時は"急いで行く列車"のネーミングと通過駅のある魅力が受けたのか、ビジネス客から好評だったという。

この種の列車は以後、首都圏はもちろん各地の都市と近郊を結ぶ高速のサービス列車として発展を遂げるが、のちの都市間連絡の快速列車（大半は電車）のルーツであっても、現在の「はまなす」にいたるまでの急行群とは系譜が無関係であることは記すまでもない。

東海道を走る急行列車。機関車はアメリカ製の大型テンダー機関車が使用された。◎明治30年代後半　所蔵：生田 誠

第1章：急行列車の誕生から戦禍による壊滅まで(1882〜1945)

02 官民並立期における長距離急行列車

Long-distance express trains in the age of both public and private train lines

1 東西幹線の建設計画

　京浜間と阪神間で相次いで開業した鉄道は、それまで徒歩や馬力に頼っていた交通事情を一変させたが、計画中の京都～大阪間以外への延長については政府内でも慎重論があり、東西幹線の建設も棚上げされていた。

　しかし、京阪神間が鉄道でつながった直後の1877（明治10）年2月12日に西南戦争が勃発し、全国的にはわずかな延長距離でありながらも鉄道が軍事輸送に重要な役割を果たしたことで、鉄道の有用性が注目され、とくに中山道経由の幹線を建設しようという動きが高まっていった。中山道が優勢だったのは、長大鉄橋を設けるほどの大河川が存在しないことや、有事の際に海上からの艦砲射撃を受けることがないという軍部の意向に沿ったものだった。

　だが、この幹線建設にも大きな壁が立ちはだかる。明治政府は西南戦争で軍隊の総力を投入した結果、財政が極度に逼迫し、東西幹線をはじめとする鉄道網計画を推進するにも財源がなかったのである。そうしたなか、鉄道建設に民間資本を投入する動きが政府内部に生まれ、東西幹線や東京～青森間など全国主要幹線の建設を担い、1881（明治14）年11月に日本鉄道会社が設立される。同社は1883（明治16）年7月に上野～熊谷間、1891（明治24）年9月1日には上野～青森間を全通させる。

　東西幹線は日本鉄道により高崎まで開通の目途が立ち、西側も同時期には途中に長浜～大津間の連絡船を挟むものの、官設鉄道により大垣～京都間が開業に向けて工事が進められていたため、政府は1883（明治16）年8月に中山道幹線の高崎～大垣間の建設を正式に決定する。そして同区間は官設鉄道として高崎～横川、武豊～大垣、直江津～長野～上田間の建設が進められる。

　武豊と直江津は中山道のルートから外れているが、資材を輸入に頼っていた同時期では資材運搬線としてのほか、幹線から分岐する支線として活用する狙いがあったことは記すまでもない。

2 官民並立による建設促進

　しかし、こうした中山道幹線の構想はあえなく挫折する。1885（明治18）年10月に高崎～横川間が開業したものの、立ちはだかる碓氷峠を越えるルート選定に時間を要するほか、岐阜までは大部分が山岳地帯なので工事が難航することが予想された。加えて開業後も勾配区間が連続するため、輸送能力の低さは軍事輸送に向いていないことは明白だった。そこで、政府は1886（明治19）年7月になって東西幹線ルートを東海道沿いに変更し、同年11月に横浜～熱田間の建設に着手。1889（明治22）年7月1日には新橋～神戸間が全通する。この間、わずか3年を要しただけだった。

　なお、横浜（現・桜木町）駅は行き止まり式の構造のため、新橋から程ヶ谷（現・保土ヶ谷）以西に向かう列車はスイッチバックを余儀なくされた。

　一方、日本鉄道の青森全通までに私設鉄道としては山陽鉄道、水戸鉄道、甲武鉄道、大阪鉄道、九州鉄道、讃岐鉄道、関西鉄道、それに両毛鉄道が設立され、現在の水戸・両毛・日光・草津の全線が開通したほか、山陽・常磐・中央・関西・和歌山・予讃・土讃・鹿児島・長崎線の一

部が開業を見ている。北海道内では官設幌内鉄道の払い下げを受けた北海道炭礦鉄道が岩見沢を中心に歌志内と室蘭方面への路線を開通させている。

これにより、わが国の鉄道は官・私鉄を合わせると延長距離が2,500km以上にまで及ぶが、中には営利本意の局地鉄道もあり、全国の鉄道幹線網を形成するうえで好ましくなかった。そこで、1892（明治25）年6月に鉄道敷設法が公布され、建設予定線が示されるとともに、以後の幹線鉄道は政府自らが建設するという、創業期の方針に戻される。

その結果、北陸線や奥羽線、函館線の砂川以北が官設鉄道として開業するが、その一方では私鉄の既得権として路線延長が認められたほか、建設予定線上にあれば新たな私鉄出願も許可されたため、官民並立制は変わらなかった。そのため、1905（明治38）年度末には官設鉄道が2,410kmであるのに対し、私鉄は5,287kmで、路線延長は私鉄が大きく上回っていた。会社数は37に上り、うち北海道炭礦・日本・関西・山陽・九州の各鉄道会社が5大私鉄と呼ばれた。

なお、北陸線や奥羽線などの線路名称は官民並立期には制定がなく、"○○〜○○間の鉄道"として『時間表（時刻表）』などで表示されていたが、本文を記すうえで便宜的に使用させていただくことにする。

3 現在につながる急行が山陽鉄道に誕生

このように官設鉄道と私鉄により、1906（明治39）年9月の時点で、函館〜名寄、上野〜青森（常磐・奥羽線を含む）、同〜長野〜新潟、新橋〜下関、米原〜富山、門司〜八代・長崎間といった幹線ルートが形成される。こうなると列車の運転距離も必然的に長くなるので、長距離客の便宜を図るためにも「急行」が運転されても不思議ではないが、1889（明治22）年に全通した東海道線でも数年間はそうした列車の設定はなかった。

客車もこのころからはもっぱら車体の長いボギー車が製造され、それもトイレ付きの中央通路式となるほか、真空ブレーキの採用で機関車を含む列車全体での制動も可能となり、居住性とともに安全面も強化される。しかし、長距離客は途中駅で下車し、旅館で何度かの宿泊を重ねながら終点に向かうというのが、当時の旅スタイルだった。もっとも、鉄道開業前は東京〜大阪間は2週間以上をかけて徒歩移動していたのだから、これでも大幅なスピードアップには違いなかった。

そうしたなか、1894（明治27）年に広島までの開業を果たした山陽鉄道は、同年10月10日から神戸〜広島間列車3往復中、昼行1往復の神

山陽鉄道の1等寝台車。定員は上段・下段あわせて16人だった。
◎明治後期　所蔵：青木浩二

山陽鉄道の食堂車。1等車との合造で、食堂の座席は8人分のみだった。◎明治後期　所蔵：青木浩二

戸～岡山間に通過駅を設け、急行として運転する。時刻は神戸発 9:00→広島着17:56、広島発10:45→神戸着19:32だった。

当時、「急行」の名がつく列車といえば、前述の官鉄東海道線新橋～横浜間の区間列車しかなかったので、この山陽鉄道列車が現在にまで系譜が続く長距離急行の嚆矢となる。山陽が速達列車というよりは小駅通過の列車に急行の種別を設けたのは、瀬戸内海汽船への対抗があったためで、「急行」は旅客誘致のためのコピーで、もちろん急行料金を徴収するといった考えはなかった。

この急行は翌1895(明治28)年10月から官鉄に乗り入れ、京都始終着列車として運転される。さらに1898(明治31)年3月17日までに路線が徳山を経て三田尻(現・防府)まで開業したため、急行の終点もそれに合わせ、徳山・三田尻へと延長された。

4 官設鉄道も急行設定

長距離急行の運転では山陽鉄道に先を越された官設鉄道は、2年後の1896(明治29)年9月1日になって新橋～神戸間に急行を設定する。時刻は新橋発6:00→神戸着23:22、神戸発 6:00→新橋着23:09で、全区間を有効時間帯に収めるため途中停車駅を20とし、40マイル(64.4km)以上の利用客にのみ乗車券を発売した。これは短距離客をオミットすることにより、一部の区間が異常に混雑するのを防ぐ作戦だった。

1898(明治31)年8月1日に神奈川～程ヶ谷間の短絡線が完成し、横浜でのスイッチバックが解消したのを機に、新橋～神戸間夜行3往復のうち1往復が急行に格上げされる。同日には山陽鉄道でも改正が行われ、大阪～三田尻間に夜行急行が登場する。これにより、官鉄・山陽とも急行は昼行・夜行とも各1往復ずつの体制になり、官鉄昼行急行は山陽夜行急行に、夜行は昼行にという形で、京阪神間で相互に接続するダイヤになった。広島には軍事基地が置かれていたため、官鉄と山陽を通し乗車する旅客も少なくなかったのである。

急行2往復体制が軌道に乗ると、山陽鉄道は1899(明治32)年5月にまず昼行急行に食堂付き1等車を、翌1900(明治33)年4月には夜行急行に食堂付き1等寝台車を連結する。これがわが国における食堂車と寝台車の始まりだが、合造の車種から車内で食事を味わえるのは1等客、つまり特権階級に限られた。

山陽がこうした接客サービスに先進的だったのは、私鉄ならではの小回りが利く長所もあるが、設備的に太刀打ちの難しい瀬戸内海汽船にサービス水準を近づけるのが狙いだった。当時のボギー客車の車長はせいぜい17mだったが、山陽では優等車両に3軸ボギーを採用したのも、貧弱な線路であっても乗り心地の改善を図ったからにほかならなかった。

一方の官鉄は、食堂車はともかく1等寝台車は山陽と同じ1900年春ごろからの連結を予定し、イギリスとアメリカに車両を発注していたが、到着が遅れ1900年10月からの連結となる。こちらは1両すべてが寝台で、側廊下式の車内に4人用コンパートメントが5組並ぶ構造だった。

ちなみに山陽の車両は自社の兵庫工場製で、寝台は中央通路式で線路方向に寝る2段式ながら、昼間は長手(ロングシート)となるツーリストタイプだった。官鉄の食堂車は1901(明治34)年12月から東海道急行2往復に連結される。

これにより、官鉄・山陽とも急行列車の編成に豪華さが加わるが、当時の機関車は動輪が2軸のテンダー機で、平坦区間ではスピードが出るものの、動輪周最大出力が500PSにも満たないため、木造ボギー車でもせいぜい6～7両くらいの牽引が限度だった。

そこに1・2・3等の座席車の連結は必須条件で、しかも1・2等の着席は確保しなければならないので、贅沢な食堂車や寝台車を連結するには、利用数が多いはずの3等車の両数を減らすしかなかった。山陽はもちろん、官鉄の食堂車も2等座席との合造で登場したのも、少し

でも座席定員を確保するための苦肉の策でもあった。

なお、山陽鉄道では1等寝台車に続き、1903（明治36）年5月には京都〜下関間急行に2等寝台車が連結される。寝台というより現在のリクライニングシートに近い構造だった。

5 最急行〜最大急行運転

現在の関西本線の前身である関西鉄道は1888（明治21）年の創業後、大阪地区の私鉄を買収するなど紆余曲折を経ながらも、1900（明治33）年9月1日に名古屋〜湊町（現・JR難波）を本線に編入することに成功する。もっとも、名古屋から大阪へは新木津（現在の木津西方、廃止）から四条畷経由で網島（現在の桜ノ宮付近、廃止）へ乗り入れ、1898（明治31）年11月18日から名古屋〜網島間に急行1往復を運転して官鉄に対抗する。

しかし、官鉄急行の名古屋〜大阪間5時間20分に対し、関西は5時間38分と劣勢なうえに、奈良を経由しないことや網島駅の立地が良くないことなどで、ローカル急行に甘んじるしかなかった。

そこで、関西鉄道は大阪側のターミナルを湊町とし、名古屋〜湊町間急行を4時間58分で運転することにより、官鉄への"再挑戦"に打って出る。これにより、実力をつけた関西鉄道は名阪間のさらなる旅客を自社に取り込むため、往復運賃の値下げや景品の配布を行うが、官鉄も応戦したため、競争はますますエスカレートし、収拾がつかない事態にまで進展する。

こうした競争はサービスの向上や技術の進展につながり、歓迎される面もあるが、1904（明治37）年の日露戦争による戦時ダイヤへの移行で終止符が打たれてしまったのは残念である。

また、これとは別に山陽鉄道は1901（明治34）年5月27日に待望の馬関（現・下関）全通を果たす。同日の改正では京都／大阪〜馬関間に急行4往復が設定され、そのうちの昼行1往復は停車駅を整理し、山陽鉄道内の神戸以西を急行の中でも最も速い12時間35分で結んだことで「最急行」と呼ばれた。表定速度が40km/h台に達したのもこの最急行が最初で、当時は官鉄の新橋〜神戸間昼行急行ですら表定速度は36.6km/hだったから、驚異的な数字だった。

なお、最急行については、鉄道史研究者の間でも列車種別とするか、愛称（列車名）とするかで意見が分かれるところだが、筆者としては前者を推したい。

その2年後の1903（明治36）年1月20日改正は、官鉄と一体化して実施されるが、最急行は1・2等のみの編成となった官鉄の夜行急行に接続する列車として種別も「最大急行」に"格上げ"され、京都発7:50→神戸発10:30→下関着22:00、下関発6:00→神戸着17:20→京都着19:38の時刻になる。

とくに神戸〜下関間所要が11時間20分となる上りの表定速度は46.5km/hにまでスピードアップされる。利きが今ひとつ良くない真空ブレーキでの停車時の減速を考慮すると、平坦区間では常に70km/h以上のスピードで走っているわけで、当然ながら客車の揺れは激しいものだったといわれる。そうした限界を超えたようなスピード運転は危険とされたのか、同年7月1日の

東海道を走る最急行列車（新橋〜神戸間）。機関車はアメリカ製6400形。◎明治末期　所蔵：生田誠

第1章：急行列車の誕生から戦禍による壊滅まで（1882〜1945）　51

改正では神戸～下関間所要は速いほうの上りでも11時間31分にダウンさせられてしまった。

その後は日露戦争の影響で戦時ダイヤに移行され、兵員輸送が優先されたため、山陽鉄道内での急行運転は取り止められる。戦局が膠着状態となり、講和の気運が高まった1905(明治38)年8月1日に、新橋～下関間を35時間以上かけて結ぶ官設直通の急行が運転されたことは、大型乗り入れとして注目された。

6 日本鉄道でも急行運転開始

鉄道官民並立期の5大私鉄のうち最大の規模を誇りながらも、急行列車の運転に消極的だったのが日本鉄道である。1900年代に入り、山陽鉄道や関西鉄道が汽船や官鉄をライバルにサービス合戦を行っているなかにあっても、普通列車の運転に終始していた。上野～青森間の旅客を独占できることもあるが、それよりも沿線人口が少なく、しかも上野から北へ行くにつれ利用客が減るため、急行の運転にはためらいがあったようだ。

そうした日本鉄道にも1903(明治36)年7月11日から急行が設定され、上野～青森間で2往復、同～仙台間を海岸線(常磐線)経由で結ぶ1往復が設定される。上野～青森間急行は途中停車駅を半分以下の41としたが、海岸線経由列車ともども、なぜか市販の『時間表』には「急行」の文字が入れられていなかった。

北海道炭礦鉄道では同年の8月21日、手宮～室蘭間直通列車のうち1往復の岩見沢～室蘭間に通過駅が設けられる。これも『時間表』に「急行」の文字がなく、運転距離などから質的に快速列車の仲間といえよう。

九州鉄道も1898(明治31)年には本線にあたる門司(現・門司港)～八代と鳥栖～長崎(現・浦上)間が開通しているが、こちらも急行運転とは縁がなかった。なお、1902(明治35)～1903(明治36)年当時における急行列車の運転状況については**表-1**に記すとおりである。

表-1 官民並立期における長距離急行列車一覧

ダイヤ改正年月日	鉄道会社名	種別(名称)	列車番号	起終点駅ならびに時刻				記事
1903(明36).1 現行	官設鉄道	急行	107	新橋	6:20	→	神戸 22:45	食堂車連結
		〃	117	〃	18:05	→	〃 11:19	★寝台車・食堂車連結
		〃	106	神戸	6:00	→	新橋 22:31	食堂車連結
		〃	118	〃	18:00	→	〃 10:48	★寝台車・食堂車連結
1902(明35).11	関西鉄道	急行		名古屋	11:05	→	湊町 16:03	
		〃		湊町	14:30	→	名古屋 19:28	
1902(明35).12現行	山陽鉄道	最急行	303	京都	6:00	→	下関 21:10	食堂車連結
		急行	309	〃	10:37	→	〃 5:00	★寝台車連結
		〃	315	大阪	18:24	→	〃 11:08	★
		〃	319	〃	22:20	→	〃 15:41	★
		最急行	316	下関	8:05	→	京都 23:28	食堂車連結
		急行	302	〃	12:50	→	大阪 6:11	★寝台車連結
		〃	306	〃	19:45	→	〃 12:31	★
		〃	314	〃	23:40	→	京都 16:50	★
1903(明36).12.30	日本鉄道	(急行)	321	上野	10:40	→	青森 7:10	★寝台車連結
		〃	331	〃	19:45	→	〃 16:31	★寝台車・食堂車連結
		〃	324	青森	11:05	→	上野 7:50	★寝台車連結
		〃	332	〃	19:30	→	〃 16:15	★寝台車・食堂車連結
		〃	809	上野	8:35	→	仙台 17:45	水戸経由
		〃	822	仙台	10:40	→	上野 20:00	〃

庚寅新誌社『汽車汽船旅行案内』明治36年1月(110号)と明治37年7月(118号)により作成
日本鉄道列車は実際には急行だが、『旅行案内』に表記がないのでカッコ書きで示す
★は夜行列車、寝台車はすべて1等寝台

03 鉄道国有法公布と急行列車券の発売

The promulgation of the Railway Nationalization Act and the sale of express train tickets

1 鉄道国有法成立による私鉄買収

　1904(明治37)年2月から1905(明治38)年6月にわたる日露戦争で、日本は軍事的に勝利して列強の仲間入りを果たす。この間、鉄道は兵士や馬、貨物など軍事輸送に最大限の能力を発揮したが、その半面、主要鉄道は官設鉄道と私設鉄道とが分立しているため、軍用列車が官鉄から私鉄にまたがって運転される場合は、車両や乗務員の手配に手間どったほか、運賃の算定も複雑になるという問題が発生した。さらに戦時ダイヤによる「特別運行」中は軍事列車が主体のダイヤが組まれるため、その分一般の旅客列車は大幅に削減されるといった事態も招いた。

　そうした背景もあり、1906(明治39)年3月6日の帝国議会で鉄道国有法案が提出される。主要鉄道を国有化することによって輸送機能の向上を図り、輸送費の低廉化を実現するというものだが、軍事輸送の増強と円滑化を推進する狙いがあることは記すまでもなかった。

　この法案は3月27日に可決成立し、3月31日には鉄道国有法が公布され、**表-2**に示した私設鉄道17社が買収の対象とされる。明治政府が鉄道創業当初から掲げてきた鉄道の官設・官営の方針は、ここに実現されるのである。

2 急行料金の制定

　鉄道国有法公布からわずか2週間後の1906(明治39)年4月16日、官設鉄道と山陽鉄道、そ

表-2 鉄道国有法公布により買収の指定を受けた私設鉄道17社一覧　　1923(大正12)年7月1日改正

私設鉄道名	設立年月日	最初の開通区間とその年月日		国有法公布当時の保有区間	買収年月日	国有化後の線路名称
北海道炭礦鉄道	1889(明22).11.19	岩見沢～歌志内	1881(明14). 7. 5	室蘭～岩見沢、小樽～砂川ほか	1906(明39).10. 1	室蘭線、函館線
甲武鉄道	1888(明21). 3.31	新宿～立川	1889(明22). 4.11	御茶ノ水～新宿、新宿～八王子	〃	中央線
日本鉄道	1881(明14).11.11	上野～熊谷(仮開業)	1881(明14). 7.28	上野～青森、日暮里～岩沼、大宮～高崎ほか	1906(明39).11. 1	東北線、常磐線、高崎線ほか
岩越鉄道	1896(明29). 1.20	郡山～中山宿	1898(明31). 7.26	郡山～喜多方	〃	磐越西線
山陽鉄道	1888(明21). 1. 9	兵庫～明石	1888(明21).11. 1	神戸～下関、姫路～和田山、厚狭～大嶺ほか	1906(明39).12. 1	山陽線、播但線、美祢線ほか
西成鉄道	1896(明29). 2. 8	大阪～安治川口	1898(明31). 4. 5	大阪～天保山(現・桜島)	〃	西成線
九州鉄道	1888(明21). 6.27	博多～千歳川(仮)	1889(明22).12.11	門司～八代、鳥栖～長崎、宇土～三角ほか	1907(明40). 7. 1	鹿児島線、長崎線、佐世保線ほか
北海道鉄道	1897(明30).3.31	函館(旧駅)～本郷(現・渡島大野)	1902(明35).12.10	函館～小樽	〃	函館線
京都鉄道	1894(明27).11. 5	二条～嵯峨(現・嵯峨嵐山)	1897(明30). 2.15	京都～園部	1907(明40). 8. 1	山陰線
阪鶴鉄道	1896(明29). 4.30	池田(現・川西池田)～宝塚	1897(明30).12.27	尼崎(のち尼崎港)～福知山	〃	福知山線
北越鉄道	1894(明27). 4.-	春日新田～鉢崎(現・米山)	1897(明30). 5.13	直江津～新潟	〃	信越線
総武鉄道	1889(明22).12.26	市川～本所(現・錦糸町)	1894(明27). 7.20	本所(現・錦糸町)～銚子	1907(明40). 9. 1	総武線
房総鉄道	1893(明26). 9. 7	蘇我～大網	1896(明29). 1.20	千葉～大原、大網～東金	〃	房総東線、東金線
七尾鉄道	1896(明29). 4.30	津幡(現・本津幡)～七尾	1898(明31). 4.24	津幡～七尾	〃	七尾線
徳島鉄道	1896(明29). 5. 4	徳島～鴨島	1899(明32). 2.16	徳島～船戸(川田付近、現廃止)	〃	徳島線
関西鉄道	1888(明21). 3. 1	草津～三雲	1889(明22).12.15	名古屋～湊町、柘植～草津、天王寺～大阪ほか	1907(明40).10. 1	関西線、草津線、城東線など
参宮鉄道	1889(明22).11. 5	津～宮川	1893(明26). 3.31	津～山田(現・伊勢市)	〃	参宮線

第1章：急行列車の誕生から戦禍による壊滅まで(1882～1945)　53

れに日本鉄道の3社でダイヤ改正が行われる。実際に私鉄の買収が実施されるのは同年10月からだが、規模的には国有化を前提としての全国改正であり、その80年後の"国鉄最後の改正"とは正反対と言えるものだった。

この改正で官設鉄道新橋～神戸間急行は3往復体制となり、うち昼行の1・2列車は20m級3軸ボギーの専用車両による郵便手荷物車＋2等洋食堂車＋1・2等車＋2等車の4両編成となり、スピードが速いことで以前の山陽鉄道列車同様「最急行」と呼ばれた。短い編成は国内最高の列車としては物足りないが、出力の小さい蒸気機関車で高速運転を行うためには牽引定数を抑える必要があり、致し方ないところだった。

また、夜行の2本は既設の1・2等急行である3・4列車と、3等のみで組成される5・6列車で、前者には洋食堂車が、後者には初の試みとして両側の窓に向かって長いテーブルがある和食堂車が連結される。これらのうち5・6列車は"庶民専用の急行"として社会史的にも評価されるが、東海道線では夜行急行利用客の需要に供給が追いつかず、1本の列車では各等の旅客を運び切れず、1・2等と3等の客を2本の列車に分離したと考えるほうが適切だろう。

これら3本の急行には、この改正から制定された「急行列車券規定」により急行料金が制定される。距離が150哩（マイル）以上である新橋～大阪間は、1等1円50銭、2等1円、3等50銭とされた。当時同区間の2等運賃は6円95銭、3等運賃は3円97銭だったので、旅客側からはさほどの負担ではなかったようだ。"有料急行"

3往復の時刻は**表—3**のとおりである。

山陽鉄道では大阪～下関間に昼行の「最大急行」1往復と、夜行の急行2往復が運転されるが、官鉄の"有料急行"と差をつける含みもあってか、神戸～下関間の所要は13時間30分に後退。その結果、1901（明治34）年5月の「最急行」時代よりも遅くなり、以前の独創性は影を潜めてしまった。

一方、日本鉄道では急行の本数は1903（明治36）年7月と同じながらも、上野～青森間2往復のうち1往復は海岸線経由に、同～仙台間急行は本線経由に変更される。海岸線経由急行は平坦な線形を味方につけ、上野～青森間所要は下りが19時間15分、上りが19時間35分となり、20時間の大台を割った意義は大きかった。

なお、この改正では種別は普通ながら新橋～下関間に直通列車が新設されたほか、官設鉄道ではダイヤ上で軍用列車のスジが設定される。これにより、有事の際には一般の列車に影響を及ぼすことなく、軍用列車を運転できる体制がとられた。

3 鉄道院の発足

1906（明治39）年5月10日には先の4月16日改正の締めくくりとして九州鉄道でダイヤ改正が実施され、門司～八代、同～長崎間に初めて急行が運転される。時刻は門司発7:10→八代着13:37、八代発15:17→門司着21:39、ならびに門司発15:40→長崎着23:12、長崎発5:45→門司着13:16で、山陽・日本鉄道同様、料金不要列車としての設定だった。

表—3 有料急行列車運転一覧(1)　　　　　　　　1906（明治39）年4月16日改正

種別（名称）	等級	列車番号	起終点駅ならびに時刻				急行券発売区間	記事
最急行	1・2等	1	新橋	8:00	→	神戸	21:40	全区間	洋食堂車連結
急行	〃	3	〃	18:30	→	〃	9:00	〃	★1等寝台車・洋食堂車連結
〃	3等	5	〃	19:30	→	〃	11:20	〃	★和食堂車連結
最急行	1・2等	2	神戸	8:00	→	新橋	21:40	全区間	洋食堂車連結
急行	〃	4	〃	18:30	→	〃	9:00	〃	★1等寝台車・洋食堂車連結
〃	3等	6	〃	19:30	→	〃	11:18	〃	★和食堂車連結

★は夜行列車

山陽鉄道国有化後の1907（明治40）年3月16日、東海道・山陽線でダイヤ改正が実施され、有料の急行として新橋〜下関間に5・6列車（各等、1等寝台・洋食堂車付き）、新橋〜神戸間に11・12列車（各等、洋食堂車付き）が新設される。このうち5・6列車は山陽鉄道の「最大急行」を新橋へ延長し、東海道線の静岡〜大阪間を夜行運転としたような列車だった。山陽線内では山陽鉄道時代の急行も京都以西で存続するので、『時間表』山陽線ページでは料金の要る5・6列車は「最急行」、不要の線内急行については「急行」の文字が記されていた。

この改正直後の4月1日、帝国鉄道庁が設置され、買収済みの旧私鉄を含め全国の主要鉄道は国有鉄道として管理される。そして、翌1908（明治41）年12月5日には帝国鉄道庁と鉄道行政部門である逓信省鉄道局を統合する形で、一大官庁としての鉄道院が発足する。本文では帝国鉄道庁設置以後の事項については、それまでの官設鉄道に代わり国有鉄道（国鉄）の表記を使用することとする。

鉄道院の庁舎。1908年に内閣鉄道院が新設され、初代総裁は後藤新平。
◎大正初期　所蔵：生田誠

4 賃率、路線名、車両称号の統一

明治政府の懸案だった私設鉄道の国有化は**表—2**で示すように、1907（明治40）年10月1日の関西鉄道と参宮鉄道の買収をもって終了。それを受け11月1日には旅客運賃の改訂が実施され、それまでマチマチだった旧官鉄線と買収線の各種賃率が統一され、国鉄旅客運賃として全線に適用される。とくに旧私鉄線から国鉄線への直通客にとっては、運賃が通しとなるうえに遠距離逓減も適用されるのだから朗報だった。

さらに1909（明治42）年10月12日には線路名称の制定と呼称統一が実施され、東海道本線や山陽本線、北陸本線といった線名が定められる。現在の常磐線や上越線のように距離の長い幹線が、"本線"とされていないのは、この制定の産物で、旧日本鉄道系の路線を"東北線グループ"とし、上野〜青森間の東北本線の下に常磐線、高崎線、両毛線などを支線として配置したためである。

上越線は全線が国有化後の開通であるが、1921（大正10）年に両毛線新前橋から渋川までが上越南線として開業した際に、両毛線の支線として東北線グループに加えられたのが理由である。

そして賃率の統一、線路名称の制定に続く"国有化による改善策"第3弾として、1911（明治44）年1月16日に車両称号規定が制定される。当時の国鉄は旧官鉄と旧私鉄各社との巨大な寄り合い所帯に過ぎず、形態や規格が異なる多種多様な車両が国鉄の所属となったため、管理が大変だった。

そこで、蒸気機関車ではタンク式に1〜4999、テンダー式には5000〜9999の番号を定め、さらに動輪数によりB形タンク機は1〜999のように細分化のうえ、その最初の番号を形式とし、同様に客車では等級・種類・重量等

の区別によって記号と番号を定め、機関車同様に最初の番号を形式とする方式がとられる。これにより、国鉄に所属する車両はすべて記号と番号により、管理できるようになった意義は大きかった。

これら一連の"改善策"による成果は多少の変更点を加えながらも、基本的には100年以上を過ぎた現在にまで引き継がれている。その点では、先見の明がある完成度の高い施策といえた。車両については以後、国産化が基本方針となり、標準形式の制定により量産化が開始される。

5 急行列車に2等寝台車を連結

ところで、本州〜北海道間を結ぶ青函航路は1908(明治41)年3月7日に国鉄直営となる。その直後の5月1日改正から上野〜青森間急行2往復と連絡船、それに北海道内列車との接続が大幅に改善される。

そして、1909(明治42)年12月28日改正では常磐線経由の801・802列車の上野〜平(現・いわき)間、翌1910年4月21日には東北本線通る201・202列車の上野〜郡山間で急行券が発売される。両列車とも上野口での利用客数が増加しているので、短距離客を締め出すことにより長距離客の着席サービスに充てるのと、急行料金の徴収という一石二鳥の効果を狙ったものだった。

一方、本州からの乗客を受ける北海道側では1911(明治44)年7月1日になって函館〜釧路間で3・4列車が運転され、急行として走る函館〜旭川間で料金が徴収される。東海道線をはじめとする急行運転路線ではいずれも料金不要の速達列車としてスタートしているのに、いきなり有料の急行とは思い切った設定だった。

釧路行きなのに旭川経由であるのは、当時、石勝線はもとより滝川経由の路線も未開通で、現在の富良野線が釧路線の一部を形成していたからである。そのため、函館〜釧路間列車は札幌〜新得間では"大迂回"を強いられていた。そのスケールたるや、その後に建設され政治路線の代表格といわれる大船渡線などの比ではなかった。

北海道では翌1912(明治45)年5月11日に、函館〜旭川間に昼行急行が新設され、こちらは全区間に急行券が発売される。

その少し前の1909(明治42)年11月21日、九州では鹿児島本線が人吉経由で全通し、門司〜鹿児島間に急行が運転されるが、こちらは料金不要のままなので、対照的だった。このほか、料金不要急行としては、同年9月25日に新設された山田(現・伊勢市)〜湊町間列車があり、同区間を5時間32分で結んだ。国有化により関西本線はそれまでの名阪間輸送から、名古屋・湊町双方から伊勢神宮参詣への鉄道として使命の転換を余儀なくされたわけである。

この時期の急行は料金の有無とは関係なく、運転距離が長いうえに速度が遅いとあって、途中区間が夜間運転となる列車が多かった。そのため、列車によっては寝台車を連結するが、"特権階級用の車両"として登場したこともあり、鉄道国有化完了直後は旧山陽鉄道引き継ぎ車に2等寝台が存在する以外は、すべて1等寝台だった。

しかし、利用客の要望もあって1910(明治43)年からは2等寝台車が量産されるようになり、その第一陣として同年9月21日から新橋〜神戸間急行3・4列車に連結される。この車両はオロネ9140形で、中央部のプルマン式寝台4個を挟み、その両側が昼間長手となるツーリストタイプという構造が特徴だった。

プルマン部分は少し前まで特急「日本海」や急行「銀河」に組み込まれていたオロネ24と同じ構造だが、当時は夫婦や子ども連れ用として「二人床」と称され、好評を博した。"お役所の鉄道"で実際に堅物の職員が多い国鉄にあっては画期的な車両だが、公序良俗に反する利用客が見られたことで、1918(大正7)年11月以後は大型寝台と改称のうえ、大人2人での使用は禁止された。なお、本格的な2等寝台車登場に伴い、旧山陽鉄道の2等寝台車は2等軽便寝台車と改称された。

04 特急の登場と急行の運転線区拡大

The birth of the limited express and expansion of the express train area of operations

1 特急列車登場

　1912（明治45）年6月15日、東海道・山陽本線でダイヤ改正が実施され、新橋～下関間にわが国初の特急1・2列車が登場。従来の新橋～神戸間「最急行」を下関まで延長したようなもので、山陽線内が夜行運転となる。当時の急行列車の本数やスピード面から、特急設定は時期尚早の感はあったが、日露戦勝により日本が列強の仲間入りを果たしたこともあり、国際列車を運転することで国力を世界各国にアピールするのが狙いだった。

　特急は正式には「特別急行列車」だが、その名にふさわしく車両はすべて専用の新製3軸ボギー客車とし、寝台車と座席車は1・2等のみ、列車最後尾には1等展望車が連結された。1・2等座席車の指定制と展望車はもちろん、初の試みだった。特急の設定に伴い従来の急行は「普通急行列車」に改称される。

　特急には3等がないので2等特急料金を見ると、距離が400哩（マイル）以下になる新橋～大阪間は2円とされ、急行料金の2倍だった。ちなみに急行はこの改訂でキロ地帯が廃止され、3等料金は一律に50銭とされた。いずれにしても特急は"殿様列車"そのもので、庶民には縁のない存在だった。

　特急が設定された1912年6月15日（東北・北海道は5月11日）における国鉄有料急行の運転状況は**表—4**のとおりである。函館～旭川間の1往復を除き、夜行区間を走る列車のオンパレードだが、東海道・山陽本線では新参の2等寝台車も1等寝台車とともに編成に入っているのがわかる。

　しかし、3等座席車はのちに中型木製客車に分類されるホハ12000形が最新鋭車とはいえ、ボックスシートの背ずりは木製で、シートピッチも狭いとあっては、一夜を明かすのも大変だった。当時ですら国鉄運賃収入の過半数は3等客からのものだったが、身分制度を引きずっているのか、3等車への冷遇ぶりは1930（昭和5）年ごろまで続いた。もっとも、2等車もまた中型木製客車では長手で、大型木製車になって転換クロスシートやのちの583系電車のような固定クロスになるのだから、こちらもさほど優秀とはいえなかった。

　また、表中で異色の存在としては新橋から名古屋までを昼行急行として走り、以遠は夜行普通列車として米原を経て北陸本線泊まで直通する537・538列車がある。東京市内から富山・金沢方面へ行こうにも、北陸本線が親不知の難所に阻まれ未開通だった当時、鉄道で移動するには米原を迂回するしか手段がなかったのである。

　明治時代と呼ばれた1912年までに全通した主要幹線路線には、北から函館・東北・奥羽・常磐・高崎・信越・総武・東海道・中央・関西・山陽・鹿児島・長崎の各線がある。営業キロ数は8,400km近くに及んでいた。

2 九州にも有料急行運転開始

　九州の鉄道は玄関口の門司から長崎、鹿児島までのルートがすでに開通しているにもかかわらず、急行は料金不要のサービス列車として運転されていた。しかし1913（大正2）年11月25日改正では、昼行が門司～鹿児島・長崎間併結の1・2列車に統合され、門司～熊本間で急行料金が徴収される。

第1章：急行列車の誕生から戦禍による壊滅まで(1882～1945)　57

表―4 有料急行列車運転一覧(2)　　　※1912（明治45）年6月15日改正

線区	種別	等級	列車番号	起終点駅ならびに時刻				急行券発売区間	特殊設備 寝台	特殊設備 食堂	記事
東海道・山陽	特急	1・2等	1	新橋	8:30	→	下関 9:38	全区間	1・2等	洋	★展望車連結
	急行	1・2・3等	537	〃	12:25	→	泊 11:34	新橋〜名古屋	…	…	★名古屋着21:55、名古屋から普通
	〃	〃	5	〃	15:50	→	下関 20:24	全区間	1・2等	洋	
	〃	1・2等	3	〃	19:00	→	神戸 9:00	新橋〜京都	1・2等	洋	★
	〃	〃	11	〃	19:30	→	〃 9:40	〃	1・2等	洋	★不定期
	〃	3等	7	〃	20:00	→	〃 11:00	〃	…	和	★
	〃	2・3等	9	〃	21:00	→	〃 12:05	〃	…	洋・和	★
	〃	1・2・3等	538	泊	17:30	→	新橋 16:45	名古屋〜新橋	…	…	★名古屋まで普通、名古屋発 7:30
	特急	1・2等	2	下関	19:10	→	〃 20:25	全区間	1・2等	洋	
	急行	〃	4	神戸	18:30	→	〃 9:00	京都〜新橋	1・2等	洋	★
	〃	〃	12	〃	19:10	→	〃 9:40	〃	1・2等	洋	★不定期
	〃	3等	8	〃	19:30	→	〃 10:30	〃	…	和	★
	〃	2・3等	10	〃	21:00	→	〃 12:06	〃	…	洋・和	★
	〃	1・2・3等	6	下関	9:50	→	〃 13:50	全区間	1・2等	洋	
東北	急行	1・2・3等	201	上野	9:30	→	青森 5:50	上野〜福島	1等	洋・和	
	〃	〃	801	〃	22:30	→	〃 18:30	上野〜平	1等	洋・和	★常磐線経由
	〃	〃	202	青森	16:00	→	上野 12:05	福島〜上野	1等	洋・和	
	〃	〃	802	〃	1:00	→	〃 20:05	平〜上野	1等	洋・和	★常磐線経由
北海道	急行	1・2・3等	1	函館	5:05	→	旭川 17:55	全区間			
	〃	〃	3	〃	13:50	→	釧路 15:15	函館〜札幌	1等	…	★札幌着23:07、札幌から普通
	〃	〃	2	旭川	5:00	→	函館 17:30	全区間			
	〃	〃	4	釧路	8:20	→	〃 8:00	旭川〜函館	1等	…	★旭川まで普通、旭川発19:15

※東北と北海道は1912（明治45）年5月11日改正のデータを示す
★は夜行区間を含む列車、洋は洋食堂、和は和食堂

時刻は、門司発10:45→鹿児島着21:18・長崎着17:10、鹿児島発 7:10・長崎発11:20→門司着17:59で、上下とも新橋〜下関間特急1・2列車に接続した。ここになって区間限定ながら急行券を発売したのは、九州内旅客の便宜を図り各等（1・2・3等）列車としたため、門司〜博多間などの区間旅客を締め出し、混雑緩和を図るのが狙いだったことは記すまでもない。本州内特急に接続する関係で、洋食堂車が連結されるという"豪華列車"でもあった。

その少し前の1913年4月1日、北陸本線米原〜直江津間が全通し、前述の537・538列車は新橋〜米原〜直江津間運転となる。これにより、関西から新潟までレールがつながるが、一方で上野からは直江津経由で金沢方面への旅行が可能となったことにより、537・538列車の価値が薄れてしまったのか、翌1914（大正3）年2月1日には全区間が普通に格下げされてしまった。

3　東京駅開業

鉄道創業以来、東海道本線の起点駅として賑わってきた新橋駅は、旅客および貨物駅としての機能はもとより、構内には機関庫、客車庫、工場も併設されているため、列車の増加により鉄道国有法公布のころには、構内は立錐の余地がないほどまでに施設が林立していた。

そこで、新橋に替わる新ターミナルの構想が持ち上がり、世界の一等国の首都にふさわしい中央駅として、1908（明治41）年から皇居東面に新駅の建設が開始される。これが東京駅で、ルネッサンス風様式を取り入れた両翼300m以上に及ぶ堂々たる建築物だった。

この東京駅は1914（大正3）年12月20日に開

業。東海道本線の起点になり、従来新橋に発着していた特急1・2列車ほか全列車が東京に移るほか、京浜間や山手線電車も同駅に乗り入れる。同日のダイヤ改正で、東海道本線列車の配列には変更がなかった。東京駅開業に伴い、新橋は駅名を汐留に改称して貨物駅に転身。京浜間や山手線の電車駅である烏森を新橋に改称し、東海道本線列車ホームが併設される。

東京駅については、1945（昭和20）年5月の空襲で大破。復興工事でややシンプルな形態に修復されるが、2012（平成24）年10月に創建当時の姿への復原工事が完成し、往時の威容を取り戻したのは周知のとおりである。

4 急行はすべて有料列車に

東京駅の新築工事が大詰めを迎えている1914（大正3）年7月、第1次世界大戦が勃発し、ヨーロッパが戦場となる。日本も日英同盟を理由にイギリス・フランスを中心とする連合国の一員として参戦し、中国にあるドイツの租借地の青島を占領するほか、連合国側への軍需品供給を行う。これにより造船など重工業は空前の活況を呈した。

そうしたなか、1917（大正6）年6月1日に東京以北で、同年10月1日には九州でダイヤ改正が実施され、両地区の急行は全区間で急行料金が徴収される。これにより、急行券発売区間が限定されるのは北海道内列車だけになるが、北海道の場合は料金不要区間が各駅停車の普通として走る区間だけなので、実質的に急行はすべて有料の優等列車となる。

当時長距離で料金不要の速達列車は、京都～下関間や鳥羽～湊町間、上野～新潟間にも設定されており、なかには「急行」を名乗る列車もあったようだが、当時の『時間表』巻頭の案内ページには、急行はすべて有料列車として掲載されているので、本書では以後、料金不要の速達列車については、一律に「快速」として表記することとする。なお、東京～神戸間急行については、1912（明治45）年6月ダイヤでは東京～京都間が有料とされていたが、1917年10月改正前後に全区間有料に戻された。

第1次大戦後の好景気で、「戦争成金」と呼ばれる"階層"が出現したのもこのころで、その傍若無人な振る舞いは社会的な問題ともなるが、鉄道利用時の行動も例外ではなかった。

このほか、1等車については皇族や華族、政府高官、高級軍人といった層の利用時を考慮し、優等列車はもちろんのこと、支線区の普通列車にまで連結されていたが、元来から利用客が少ないこともあり、1913（大正2）年10月1日からは主要幹線の急行や直通列車を除き連結が廃止される。そして、1919（大正8）年10月1日にはさらに強化され、幹線でも"エリート列車"と呼ばれる一部に残るのみとなる。

同時期に登場したナハ22000形を筆頭とする大型木製客車では車幅が広くなったため、2等座席車もゆったりしたクロスシートを採用できるようになり、1等座席車と差がなくなったのも理由といえた。

5 地方幹線にも急行登場

急行列車はそのルーツといえる山陽鉄道の神戸～広島間列車以来、北は旭川から南は鹿児島・長崎まで列島を縦貫する幹線筋で運転されてきたが、1922（大正11）年3月15日改正では、従来から要望のあった地方幹線にも拡充することになり、神戸～富山間に681・680列車、上野～新潟間に101・102列車、同～金沢間に773・772列車、それに同～青森間を奥羽本線経由で結ぶ701・702列車と、急行が一挙に4往復設定される。これらはすべて日本海側の諸都市を下り方の始終着駅もしくは経由先としており、地域の活性化に寄与したことは記すまでもない。

また、これら4急行は夜行列車としての設定だが、いずれも2・3等列車で2等寝台車は連結するものの、701・702列車を除き食堂車は省略されていた。1等寝台車の連結がないのはし

かるべき利用層が利用するルートから外れているためである。

また、食堂車は有効時間帯での走行時間が短いことに加え、信越本線を行く新潟・金沢行き急行ではアプト式の碓氷峠を越えるため、牽引定数との関係で座席数確保が優先で、連結どころではなかったのである。

これとは別に北海道では、1922年11月1日に旭川～稚内（現・南稚内）間の宗谷線が浜頓別経由で全通する。これにより、北海道では網走・根室に続き稚内までの鉄道ルートが完成する。当時、宗谷海峡を挟んで位置する樺太（現・サハリン）のうち南半分は日本の領土で、豊原（現・ユジノサハリンスク）には樺太庁が置かれていた。このため国鉄はこの樺太連絡には力を入れ、1923（大正12）年5月1日には稚内～大泊（現・コルサコフ）間の鉄道連絡船の開設とともに、函館桟橋～釧路間急行1・2列車の行き先を稚内に変更する。

当初は挿入式ダイヤのため急行区間は滝川までだったが、幌延経由の天塩線（現・宗谷本線）が開業した1926（大正15）年9月25日からは同線経由になり、夏季ダイヤでは全区間が急行となる。以後、樺太が日本領である間、稚内急行が北海道のエース列車として君臨する。

6　関東大震災とその復興

1923（大正12）年7月1日、東海道・山陽本線でダイヤ改正が実施され、東京～下関間に特急3・4列車が新設される。この列車の特徴は編成中の和食堂車と郵便・荷物車以外はすべて3等座席車で固めたことである。3等のみの急行は東海道・山陽本線では別段珍しくなかったが、それまで1・2等旅客に限られていた特急を3等客に開放したところに意義があった。

これは日本経済の成長に伴う社会構造の変化のなか、今でいう"企業戦士"の要望によるところが大きかったものと思われるが、3等列車といっても特急は特急。利用できるのは平民層でも"選ばれた人たち"だけで、一般大衆にとってハードルの高い列車であることには違いなかった。3・4列車登場に伴い3等特急料金が制定されるが、東京～大阪間など500マイルまでの料金は2円で、急行の2倍だった。

さらに、この改正では18900（のちのC51）形蒸気機関車の増備などで、東京～下関間では特急が所要24時間を切るなど、各列車のスピードアップが実施された。この改正における急行列車の運転状況を 表─5 に示す。

この改正から2カ月後の1923年9月1日正午ごろ、関東地方を大地震（関東大震災）が襲い、東京を中心とする市街地が焼き尽され、全体で10万人以上の死者・行方不明者を出した。鉄道の被害も甚大で都心の高架鉄道も一部が崩落したほか、熱海線（現・東海道本線）根府川駅付近で発生した山津波により、駅舎と駅にさしかかった列車、それに周辺の住宅が相模湾に押し流されるなど、乗客・周辺住民300人以上が犠牲となる。東海道本線も東京～御殿場間が約2カ月間不通となり、完全に復旧するのは3年後の1926（大正15）年8月15日のことだった。

その間にも各地で鉄道建設は進み、1924（大正13）年7月31日に羽越線の全通で日本海縦貫線が完成。神戸～青森間に急行503・504列車が運転される。従前の急行680・681列車の富山以北を普通として青森まで延長したため、全区間では車中2泊になるが、震災復興を機に全国ダイヤ改正が実施された1926年8月15日には、全区間急行の505・506列車に改称され、神戸発21:35→青森着23:36、青森発5:30→神戸着7:28の時刻になる。

さらに国鉄全体の大事業として1925（大正14）年7月15・16の両日を期して、全国一斉に車両がそれまでのネジ式連結器から自動連結器に取り換えられる。また、真空ブレーキに替わる空気ブレーキの取り付けも1921（大正10）年から実施され、自動連結器採用の時点で終了していたため列車の保安度が向上し、列車のさらなるスピードアップや牽引定数の向上が可

表—5　急行列車運転一覧(1)　　　　　　　　　　　　　　　　1923（大正12）年7月1日改正

線区	種別	等級	列車番号	起終点駅並びに時刻				特殊設備		記事
								寝台	食堂	
東海道・山陽	特急	3等	3	東京	8:45	→	下関 8:05	…	和	★
	〃	1・2等	1	〃	9:30	→	〃 8:30	1・2等	洋	★展望車連結
	急行	3等	9	〃	18:00	→	神戸 7:25	…	洋	★
	〃	1・2等	11	〃	19:30	→	〃 8:55	1・2等	洋	★
	〃	2・3等	13	〃	19:45	→	〃 9:25	2等	洋	★
	〃	3等	5	〃	20:25	→	下関 21:38	…	和	★
	〃	1・2等	7	〃	20:40	→	〃 22:00	1・2等	洋	★
	〃	2・3等	15	〃	22:00	→	神戸 12:00	2等	洋・和	★
	特急	1・2等	2	下関	20:45	→	東京 19:35	1・2等	洋	★展望車連結
	急行	3等	4	〃	21:05	→	〃 20:40	…	和	★
	〃	〃	10	神戸	18:00	→	〃 7:45	…	洋	★
	〃	1・2等	12	〃	19:00	→	〃 8:20	1・2等	洋	★
	〃	2・3等	14	〃	20:00	→	〃 9:35	2等	洋	★
	〃	〃	16	〃	20:50	→	〃 11:05	2等	洋・和	★
	〃	1・2等	8	下関	9:45	→	〃 11:45	1・2等	洋	★
	〃	3等	6	〃	10:10	→	〃 12:06	…	和	★
九州	急行	1・2・3等	1	門司	9:40	→	鹿児島 19:35	…	洋	
	〃	〃	101	〃	9:55	→	長崎 16:07	…	洋	
	〃	〃	7	〃	23:05	→	鹿児島 8:56	1・2等	…	★
	〃	1・2・3等	8	鹿児島	22:25	→	門司 8:20	1・2等	…	★
	〃	〃	2	〃	9:25	→	〃 19:20	…	洋	
	〃	〃	102	長崎	13:30	→	〃 19:40	…	洋	
北陸	急行	2・3等	680	神戸	21:50	→	富山 8:35	2等	…	★
	〃	〃	681	富山	20:05	→	神戸 6:40	2等	…	★
東北・奥羽・信越	急行	1・2・3等	203	上野	18:00	→	青森 6:30	1・2等	洋	★
	〃	2・3等	773	〃	19:00	→	金沢 8:25	2等	…	★信越本線経由
	〃	〃	701	〃	20:00	→	青森 15:35	2等	和	★奥羽本線経由
	〃	〃	101	〃	20:30	→	新潟 8:04	2等	…	★信越本線経由
	〃	〃	801	〃	22:00	→	青森 15:15	1・2等	…	★常磐線経由
	急行	1・2・3等	102	新潟	18:00	→	上野 6:50	2等	…	★信越本線経由
	〃	2・3等	802	青森	13:30	→	〃 7:00	1・2等	…	★常磐線経由
	〃	〃	702	〃	13:00	→	〃 8:45	2等	和	★奥羽本線経由
	〃	〃	772	金沢	19:30	→	〃 9:15	2等	…	★信越本線経由
	〃	1・2・3等	204	青森	23:20	→	〃 16:30	1・2等	洋	★
北海道	急行	1・2・3等	1	函館桟橋	22:15	→	稚内 21:14	1・2等	洋	★滝川着 9:54、滝川から普通
	〃	〃	2	稚内	7:25	→	函館桟橋 6:27	1・2等	洋	★滝川まで普通、滝川発18:47

★は夜行区間を含む列車、洋は洋食堂、和は和食堂

　能となった。

　ただ、好事魔多しというか、1926年8月改正後の9月23日、山陽本線安芸中野〜海田市間で特急1列車が、折からの豪雨により築堤が崩壊し、線路が浮き上がる中に突っ込み、脱線転覆して死者34名、重軽傷者39名の大惨事になる。国鉄の最重要列車で犠牲者も大半が上流階級と呼ばれる人々だったから、関係者のショックも大きかった。

　しかし、車両が木製だったことが惨事を大きくしたことは否めず、これを機に翌年度からの新製客車はすべて鋼製に切り替えられる。関西私鉄では1924年に鋼製電車が登場しており、国電も関東大震災を教訓に1926年度からは鋼製のモハ30形を製造中だったので、客車に関しては安全性への対応が鈍いと非難されても仕方がなかった。

　なお、大正時代と呼ばれる1912年から1926年までには、北から宗谷・名寄・網走・根室・留萌・羽越・横黒（現・北上）・陸羽東西・磐越東西・北陸・徳島の各本線区が全通する。山陰本線は石見益田〜小郡間は山口線、日豊本線は都城〜鹿児島間は吉松経由でレールがつながっており、全通したも同然だった。営業キロ数は12,600km近くになり、四国を除き現在に近い幹線鉄道網が張り巡らされていた。

第1章：急行列車の誕生から戦禍による壊滅まで（1882〜1945）

05 丹那トンネルの開通で戦前の黄金時代到来

The advent of a pre-war golden age due to the opening of Tanna tunnel

1 初の列車愛称名「富士」「櫻」

　1920年代、すなわち大正10年から昭和5年ごろにかけての日本は、第1次世界大戦中の好景気の反動といえる不況に加え、関東大震災による多額の損害や金融恐慌が社会を襲い、多数の失業者を出すなど、経済は大きな打撃を受けていた。当然ながら鉄道利用客も減少の傾向をたどっていた。こうしたジリ貧の状況を打開するため、国鉄は温泉や観光地向けの快速列車を運転するなど、旅客誘致に努める。憂さ晴らしの旅行といったケースもあり、この作戦は大成功だった。

　鉄道の建設は世相の動向とは関係なしに継続され、1927（昭和2）年10月17日に八代～川内～鹿児島間が開通し、鹿児島本線は九州新幹線開業前のルートに、翌1928（昭和3）年9月10日には現在の室蘭本線が全通する。門司～鹿児島間急行2往復と函館桟橋～稚内間急行はそれぞれ新線経由に変更される。後者は長万部～岩見沢間をそのまま進むため札幌を無視する形になるが、起終点間のスピードアップを図るための手段だった。

　しかし、さすがに北海道の"首都"に立ち寄らない列車は利用客からの評判が悪く、1931（昭和6）年11月1日改正では函館～長万部間に小樽経由の札幌行き編成を併結し、札幌と樺太連絡の双方を立てるダイヤに変更される。

　こうしたなか、1929（昭和4）年9月15日に全国規模のダイヤ改正が実施され、各線区のスピードアップと都市対観光地間の快速列車が増発される。この改正で特筆されるのは、東京～下関間特急の1・2等車に「富士」、3・4列車に「櫻」の列車名がつけられたことである。

　もともと国鉄では列車番号さえあれば列車を一括管理できるので、列車愛称などには無関心だったが、旅客誘致の作戦として国民に鉄道への関心を高めてもらうため、看板列車の愛称公募を行ったのである。当時、1等客車には白、2等には青、3等には赤の帯が窓下に入れられていたので、愛称名は列車の連結等級ともマッチし、好評で迎えられたことは記すまでもない。

2 3等寝台車の登場

　国鉄の客車は特急1列車転覆事故を教訓に1927（昭和2）年度新製車からは安全度の高い鋼製となり、幹線の旅客用機関車も1928（昭和3）年には高速性能に加え、牽引能力にも優れた3シリンダ装備のC53が登場する。そして、東海道本線東京～国府津間では電化が完成し、電気機関車も国産化されるとあって、狭軌ながらも国鉄の技術力は欧米先進国なみの水準に達していた。1929（昭和4）年9月当時、東京～大阪間最速列車は特急「富士」の10時間52分で、表定速度は52.3km/hだったが、技術陣はさらなるスピードアップが可能と研究や試験に励む。

　そして迎えた1930（昭和5）年10月1日には東京～神戸間に特急「燕」が登場。同区間をC51とC53のリレーで9時間、大阪までは表定速度が70km/hに近い8時間20分で結ぶ。当時としては常識外と思えるスピードのため、"超特急列車"としてPRされるが、それにふさわしい内容の列車だった。「燕」の陰に目立たなかったが、東京～大阪間に関しては「富士」が所要9時間12分、同区間を昼行で行く急行9列車も改正前の特急なみの10時間40分になるなど、スピードアップは着実に実施されていた。この改正における急

62

行列車の運転状況は**表—6**のとおりである。

国鉄の優等列車は相変わらず夜行運転となるものが多かったが、2等寝台でゆったりと睡眠をとりながら旅行できる客層となると、会社経営者、大地主、将校クラスの職業軍人、財閥系の管理職など"名士"と呼ばれる人々に限られていた。だから、3等客が夜行列車で移動と

なれば、一方向き座席のスハ33900（のちの初代スハ33）形で編成される特急「櫻」を除き、座面と木製の背ずりとが直角になる車両に身をゆだねるしかなかった。これは急行といえども同様だった。

しかし、長距離を移動するビジネス客はもちろん、懐具合に余裕のある用務客や観光客の

表—6　急行列車運転一覧(2)　　　　　1930(昭和5)年10月1日改正

線区	種別	等級	列車番号	起終点駅ならびに時刻				特殊設備		記事
								寝台	食堂	
東海道・山陽	特急	1・2・3等	11	東京	9:00	→	神戸 18:00	…	洋	列車名「燕」、展望車連結
	急行	2・3等	9	〃	10:00	→	下関 7:40	2等	和	★
	特急	3等	3	〃	12:15	→	〃 8:35	…	和	★列車名「櫻」
	〃	1・2等	1	〃	13:00	→	〃 8:50	1・2等	洋	★列車名「富士」、展望車連結
	急行	3等	13	〃	19:10	→	神戸 7:46		和	★
	〃	〃	15	〃	19:30	→	〃 7:15	1・2等	洋	★
	〃	2・3等	5	〃	20:25	→	下関 20:15	2等	★	
	〃	1・2等	17	〃	21:25	→	神戸 9:40	1・2等	洋	★
	〃	1・2・3等	7	〃	21:45	→	下関 21:40	1・2等	洋	★京都〜下関間展望車連結
	〃	2・3等	19	〃	22:55	→	神戸 11:31	2等	和	★
	急行	3等	14	神戸	17:56	→	東京 6:55		和	★
	〃	〃	16	〃	18:32	→	〃 7:15	1・2等	洋	★
	〃	〃	8	下関	9:00	→	〃 8:20	1・2等	洋	★下関〜京都間展望車連結
	〃	1・2等	18	神戸	20:38	→	〃 9:00	1・2等	洋	★
	〃	2・3等	6	下関	10:10	→	〃 10:00	2等	★	
	〃	〃	20	神戸	21:52	→	〃 10:15	2等	和	★
	特急	3等	4	下関	20:15	→	〃 16:40	…	和	★列車名「櫻」
	〃	1・2等	2	〃	20:30	→	〃 16:55	1・2等	洋	★列車名「富士」、展望車連結
	急行	2・3等	10	〃	21:50	→	〃 20:25	2等	和	★
	特急	1・2・3等	12	神戸	12:25	→	〃 21:20	…	洋	列車名「燕」、展望車連結
九州	急行	1・2・3等	1	門司	9:40	→	鹿児島 18:00	…	洋	
	〃	〃	101	〃	9:55	→	長崎 15:32	…	洋	
	〃	2・3等	5	〃	21:20	→	鹿児島 7:15	2等	…	★
	急行	2・3等	6	鹿児島	23:00	→	門司 8:55	2等		★
	〃	1・2・3等	2	〃	10:45	→	〃 19:15	…	洋	
	〃	〃	102	長崎	14:00	→	〃 19:30	…	洋	
北陸	急行	2・3等	501	大阪	15:50	→	青森 16:20	2等	和	★
	〃	〃	502	青森	13:00	→	大阪 13:14	2等	和	★
東北	急行	2・3等	103	上野	14:30	→	青森 6:20	2等	和	★
			401		21:55	→	秋田 11:49	2等		★車両の一部、501列車に併結で青森直通
	〃	1・2・3等	201	〃	22:30	→	青森 16:10	1・2等	洋	★
	〃	〃	202	青森	13:30	→	上野 6:50	1・2等	洋	★
	〃	2・3等	402	秋田	17:20	→	〃 7:55	2等		★車両の一部、青森から502列車に併結
			104	青森		→	〃 14:30	2等	和	★
信越	急行	2・3等	601	上野	19:25	→	金沢 7:40	2等	和	★
			301		21:15	→	新潟 8:21	2等	和	★
	〃	2・3等	602	金沢	18:30	→	上野 6:40	2等	和	★
			302	新潟	21:30	→	〃 9:00	2等	和	★
北海道	急行	1・2・3等	203	函館	12:30	→	稚内港 6:32	2等	和	★長輪線回り、札幌を経由せず
	〃	2・3等	401	〃	17:20	→	釧路 19:35	1・2等	和	★滝川着9:52、滝川から普通
	急行	1・2・3等	204	稚内港	21:45	→	函館 16:30	2等	和	★長輪線回り、札幌を経由せず
	〃	2・3等	402	釧路	9:55	→	〃 6:21	1・2等	洋	★滝川まで普通、滝川発19:44

定期列車のみ記載。★は夜行区間を含む列車、洋は洋食堂、和は和食堂

間からは、多少の料金を支払っても横になって旅行したいという希望が多く、それに応えるように1931（昭和6）年2月には3等寝台車が登場し、東京〜神戸間急行2往復に連結される。開放式コンパートメントの3段寝台で、当初はシーツや枕はもちろん、遮光用のカーテンもなかったが、利用客からは早々に大歓迎を受ける。

上段では80銭、中・下段は1円50銭と値段が比較的安いこともあるが、それにも増して自然体に足を伸ばせるという魅力は何物にも代えがたかった。3等車もこのころの新製車（のちのスハ32形）から背ずりが高くなり、1935（昭和10）年からは背ずりにモケットが取り付けられる。そして、1939（昭和14）年には広窓のスハ33650（のちのオハ35）形が登場するなど、急ピッチで改善が図られる。これらの施策は先の旅客誘致策の一環ともいえた。国鉄も大不況を体験することにより、国有化当時の「乗せてやる」というお役所気質から、「乗っていただく」という考えに転換を迫られたわけである。

3　清水トンネル開通

1931（昭和6）年9月1日、当時としては日本最長となる延長9,702mの清水トンネルの完成により、上越線新前橋〜宮内間が全通。上野〜新潟間の距離は332.3kmで、それまでの信越本線長野経由に比べ98.2kmも短縮され、一躍メインルートに躍り出る。しかも、清水トンネルと前後の連続20‰勾配を挟む水上〜石打間は電化されたため、スピードアップと長大編成での運転が可能となり、上野〜新潟間の輸送事情は飛躍的に改善されたばかりか、秋田へのサブルートとしても期待された。

同日の改正では、上野〜秋田・新潟間に昼行急行として701・702列車が新設され、上野〜秋田間を11時間56分、同〜新潟間を7時間10分で結んだ。さらに上野〜新潟間には上越線経由の夜行快速列車が登場したため、従前の信越線経由急行101・102列車は使命を譲り廃止される。

同じころ、日本は満州事変勃発を契機に中国大陸に進出することにより1920年代初頭から続いた不況から脱する。経済活動の活発化で、とくに都市部では人々の服装が洋風になり、食生活も「洋食」が家庭生活に溶けこむなど生活水準の向上をみた。

1931年から1934（昭和9）年にかけては、上越線のほか釧網線と石北線、それに高山本線が開通。山陰本線と日豊本線も末端部分の開通で現在の形になる。新線部分はいずれも山中の急勾配区間とトンネルを抱える難所揃いだった。

4　丹那トンネル開通

1934（昭和9）年12月1日には、丹那トンネル開通により国府津〜沼津間、山口県下の麻里布（現・岩国）〜櫛ヶ浜間、そして九州では肥前山口〜諫早を結ぶ新線が一挙に開通。それぞれ東海道本線、山陽本線、長崎本線に編入され、迂回していた路線を大幅に短絡する。

これを機に同日には昭和戦前としては最大、国鉄史上でも五指に入る規模の全国ダイヤ改正が実施される。この改正はそれまでの国鉄技術の総決算といえるもので、ショートカットが実施された前記の3本線はもちろん、主要幹線のスピードアップに力が注がれたのが特色だった。急行列車の運転状況については　表—7　に示すとおりだが、東海道・山陽本線では特急「燕」が東京〜大阪間を8時間、「富士」は同〜下関間を18時間30分で結ぶ。また門司〜長崎間急行も5時間を切る運転となる。新線開業を伴わない区間でも、上野〜青森間急行201・202列車は4時間55分の短縮で12時間45分所要となったほか、同区間の103・104列車も全線を昼行で通す画期的なダイヤが実現。さらに日本海縦貫の大阪〜青森間も約3時間短縮され、21時間台での到達となる。

これらの到達時分は、東海道・山陽本線の直通列車では1956（昭和31）年11月、上野〜青森間では1958（昭和33）年10月、大阪〜青森間に

いたっては1961（昭和36）年10月まで破られることがなかった。しかも、後二者についてはこの記録を更新したのは新設の特急だった。ということは、上野／大阪～青森間では急行に関する限り、その後もしばらくは"昭和ヒトケタの列車"のほうが速かったわけである。途中戦争を挟むものの、二十数年間もスピード記録を保持したのは、敬服という言葉以外にはない。

また、列車の編成も夜行に3等寝台車が加わるなど、充実したものになるが、特筆すべきは東京～神戸間急行17・18列車で、1・2等寝台車だけで8両、しかも洋食堂車付きという豪華版で、「燕」の"超特急"に対し、こちらは"名士列車"と呼ばれた。利用客層はもちろん政財界の要人など特権階級ばかりだった。

東京～神戸間には2等寝台連結急行としては他に15・16・19・20列車があるが、2等寝台券は17・18列車から売り切れ、入手できなかった旅客が15列車などの切符を求めたと聞く。東京～関西間で2等寝台を利用できるだけの地位にある人々の間でも、17・18列車に乗車し、洋食堂車で食事をとるのは一種のステータスだったのだろう。

この17・18列車は2等座席車も連結していたので、「寝台列車」の称号は持たないが、実質的にはその嚆矢といえた。編成内容は現在の「カシオペア」や「ななつ星in九州」の原形といえるが、列車としての格となると比較の対象とはならなかった。「カシオペア」などは乗車に必要な切符さえ購入すれば誰でも乗れるが、17・18列車に乗るには、料金よりもまず自らがしかるべき社会的地位に就いている必要性があったからである。そのため、17・18列車がホームに入っていれば、庶民層は近づくこともはばかれるほどのオーラがただよっていたという。

年配の鉄道ファンの間では、昭和戦前における最重要列車となると、特急1・2列車「富士」でなく、急行17・18列車を推す人がかなりの割合を占める。1934年12月改正では「富士」も3等車を連結し、やや格落ちした部分が見られるの

で、この見解もうなずけよう。

5 戦前の国鉄黄金時代到来

本州の最長幹線のひとつでありながら、山陰本線は国土軸から外れていることもあって、優等列車とは縁がなかったが、1935（昭和10）年3月15日から大阪～大社間で急行401・402列車が運転を開始する。スジそのものは1934（昭和9）年12月改正で引かれていたが、水害の影響もあり、この日の復旧ダイヤでようやく日の目を見た。大阪口は福知山線経由とされ、以後、関西～山陰間のメインルートとなる。

同年の新線としては呉線、高徳本線の全線と土讃線多度津～須崎間が開通する。貧弱な感が免れなかった四国の鉄道も、玄関口の高松を拠点にようやく愛媛・徳島・高知県都を結ぶルートができあがった。さらに1936（昭和11）年12月11日には門司～鹿児島間を日豊本線経由で結ぶ急行203・204列車が運転を開始する。

1937（昭和12）年7月1日、ダイヤ改正が実施される。先の1934年12月改正の総仕上げというべきもので、東京～神戸間を「燕」と逆時刻で走る特急「鷗」が新設されたほか、東海道・山陽本線急行も増発され、ここに国鉄は昭和戦前の黄金時代を迎える。

急行運転線区は長距離路線に限られていたが、関西・紀勢西・四国・高山・中央の各線では快速列車を運転。さらに、急行運転線区ではそれを補佐する形で長距離の快速や普通が設定されており、中には食堂車や寝台車を連結する列車もあって『時間表』は賑わいを見せていた。快速を含む普通列車は急行運転のない地方幹線はもとより、主要幹線でも重要な使命を帯びていたのである。

こうした賑わいの半面、3等車の座席となると背ずりがモケット張りの車両が使用されるのは特急と急行の一部だけで、それ以外の列車は相変わらず木製背ずりが幅を利かせていた。このことは、おもに明治期の鉄道国有化以後に創

設された都市部の私鉄が3等だけのモノクラス制であっても、看板列車には転換クロスシート車を投入するのとは好対照で、車両の制式化を図ってきた国鉄の"泣き所"ともいえた。木製車は製造を終了したもののまだまだ健在で、オイテ27000が東京〜下関間急行7・8列車の最後尾についていたほか、大阪〜青森間急行501・502列車などは木製車を中心に組成されていた。

表—7 急行列車運転一覧(3)

1923(大正12)年7月1日改正

線区	種別	等級	列車番号	起終点駅ならびに時刻				寝台車連結両数			食堂車種別	記事
								1等	2等	3等		
東海道・山陽	特急	1・2・3等	11	東京	9:00	→	神戸	17:37	…	…	…	洋	列車名「燕」、展望車連結
	急行	2・3等	9	〃	10:30	→	下関	7:00	…	2	1	和	
	特急	〃	3	東京	13:30	→	〃	8:00	…	1	1	和	★列車名「櫻」
	〃	1・2・3等	1	東京	15:00	→	〃	9:30	1	1	1	洋	★列車名「富士」、展望車連結
	急行	3等	13	〃	19:30	→	神戸	7:20	…	…	2	和	★
	〃	2・3等	15	〃	20:30	→	〃	7:47	…	3	2	和	★
	〃	〃	5	〃	21:00	→	下関	18:00	…	2	1	和	★柳井線経由
	〃	1・2等	17	〃	21:30	→	神戸	9:17	3	5	…	洋	★
	〃	2・3等	19	〃	22:00	→	〃	9:40	…	2	2	和	★
	〃	1・2・3等	7	〃	22:30	→	下関	21:00	1	2	1	洋	★京都〜下関間展望車連結
	急行	3等	14	神戸	18:20	→	東京	6:40	…	…	2	和	★
	〃	1・2・3等	8	下関	9:15	→	〃	7:10	1	2	1	洋	★柳井線経由、下関〜京都間展望車連結
	〃	2・3等	16	神戸	19:50	→	〃	7:30	…	3	2	和	★
	〃	1・2等	18	〃	20:50	→	〃	8:00	3	5	…	洋	★
	〃	2・3等	20	神戸	21:20	→	〃	8:30	…	2	2	和	★
	〃	〃	6	下関	12:50	→	〃	9:30	…	2	1	和	★
	特急	1・2・3等	2	〃	20:30	→	〃	15:25	1	1	1	洋	★列車名「富士」、展望車連結
	〃	2・3等	4	〃	22:00	→	〃	16:40	…	1	1	和	★列車名「櫻」
	急行	〃	10	〃	23:00	→	〃	21:40	…	2	1	和	★
	特急	1・2・3等	12	神戸	12:20	→	〃	21:00	…	…	…	洋	列車名「燕」、展望車連結
山陰	急行	2・3等	401	大阪	7:57	→	大社	16:20	…	…	1	和	1935.3.15から運転
	〃	〃	402	大社	14:00	→	大阪	22:20	…	…	1	和	
九州	〃	〃	3	門司	8:50	→	鹿児島	16:55	…	…	1	和	
	〃	〃	101	〃	10:15	→	長崎	15:05	…	…	1	和	
	〃	〃	7	〃	22:00	→	鹿児島	7:10	…	0.5	1	…	★
	急行	2・3等	8	鹿児島	22:30	→	門司	8:10	…	0.5	1	…	★
	〃	〃	4	〃	12:10	→	〃	21:05	…	…	1	和	
	〃	〃	102	長崎	14:45	→	〃	19:40	…	…	1	和	
北陸	急行	2・3等	501	大阪	10:00	→	青森	7:25	…	0.5	1	和	★
	〃	〃	502	青森	22:25	→	大阪	19:30	…	0.5	1	和	★
東北	〃	〃	103	上野	10:00	→	青森	23:30	…	…	1	和	
	〃	〃	201	〃	19:00	→	〃	7:45	…	2	1	和	★常磐線経由
	〃	〃	405	〃	22:00	→	〃	16:54	…	1	1	和	★秋田着11:45、秋田から普通
	急行	2・3等	406	青森	12:50	→	上野	7:50	…	1	1	和	★秋田まで普通、秋田発17:20
	〃	〃	202	〃	22:00	→	〃	10:25	…	2	1	和	★常磐線経由
	〃	〃	104	〃	6:00	→	〃	17:05	…	…	1	和	
上越	急行	2・3等	701	上野	9:00	→	新潟	16:10	…	…	1	和	編成の一部秋田着21:06
	〃	〃	702	新潟	13:15	→	上野	20:30	…	…	1	和	編成の一部秋田発 8:20
信越	急行	2・3等	601	上野	20:55	→	金沢	8:10	…	1	1	…	★
	〃	〃	602	金沢	19:15	→	上野	7:00	…	1	1	…	★
北海道	急行	2・3等	3	函館	6:00	→	札幌	12:14	…	…	1	和	
	〃	〃	1	〃	13:20	→	〃	19:40	…	…	1	和	
	〃	〃	203	〃	→		稚内港	6:48	…	0.5	1	和	★長万部まで1列車に併結、札幌を経由せず
	急行	2・3等	2	札幌	9:50	→	函館	16:23	…	…	1	和	
	〃	〃	202	稚内港	22:15	→	〃		…	0.5	1	和	★長万部から2列車に併結、札幌を経由せず
	〃	〃	4	札幌	16:55	→	〃	23:37	…	…	1	和	

定期列車のみ記載。★は夜行区間を含む列車、洋は洋食堂、和は和食堂
連結両数中0.5は半室構造車(2等寝台と2等座席の合造など)

06 太平洋戦争、そして敗戦により急行列車全廃

The abolition of express trains as a result of the Pacific War and defeat

1 戦争への道と急行列車の増発

　東京～神戸間特急「鷗」登場の余韻もさめない1937（昭和12）年7月7日、北京郊外の盧溝橋で起きた事件により、やがて戦火は中国全土に拡大し、日中全面戦争に突入する。
　この影響により、同年12月には東京～湘南間や岐阜～高山間、白浜口（現・白浜）～天王寺間を結ぶ温泉客輸送の快速列車が廃止される。戦場で兵士が多数戦っているため、国民に緊張感を持たせ不要不急の観光旅行を控えさせるのが目的だった。その翌年4月には国家総動員法と陸上交通事業調整法が公布されるが、国民の間では日中戦争は早い段階で決着がつき、法律は発効されないというのが大半の見方だったようだ。
　だが、戦争は長期戦の様相を呈してきたうえに1939（昭和14）年9月、ヨーロッパではポーランドに進撃してきたドイツにイギリス・フランスが宣戦し、第2次大戦に突入する。日本は先の満州事変における満州国の承認をめぐって国際連盟を脱退していることや、中国をめぐる問題、それに加えドイツ・イタリア両国と三国防共協定を結んでいることもあり、米英両国との関係は悪化の一途をたどっていった。
　こうした背景のなか、日本の戦時体制は強化され、巨額の国家資金が軍事工業に投入される。当然ながら重化学工業の生産高は伸び、ビジネス客や工場への通勤客の増加には著しいものがあった。また、国外では日本軍占領下の大陸諸地域の経営のため、内地と大陸との往来客は激増していた。そこで1939年11月15日改正では、そうした需要に応えるように東海道・山陽本線で急行4往復が新設される。両線区の象徴となっていた2桁の番号はストックが尽きたのか、先の1937年7月改正同様、1000番代の列車番号が特徴で、とくに東京～大阪間を昼行で結ぶ1021・1022列車のダイヤは画期的だった。また、大阪～下関間でも急行2往復が設定されるが、こちらは従来の長距離快速の格上げだった。
　信越本線では、上野～金沢間急行601・602列車の金沢以西が大阪まで延長された結果、北陸本線では急行2往復体制が実現する。しかし、アプト通過の関係で食堂車の連結がないのは相変わらずだった。

2 太平洋戦争直前の急行列車

　日中戦争が長期化の様相を呈したことで、日本はその局面を打開するためヨーロッパにおけるドイツの勝利に便乗して東南アジアに進出し、米英両国の利害と対立。1939（昭和14）年7月、アメリカが日米通商条約を破棄し、経済制裁を加えると、日本は1940（昭和15）年9月に日独伊三国軍事同盟を成立させ、米英を中心とする連合国との関係はますます険悪になる。この年は皇紀2600年にあたり、橿原神宮や宮崎神宮では盛大な国家的祝典が挙行された。
　国鉄では、軍需工場への通勤輸送や内地対大陸間の往来客輸送が相変わらず旺盛であるため、1940年10月10日にダイヤ改正が実施され、東海道・山陽本線のほか、東北・北海道筋で急行が増発される。その運転状況は**表―8**に示すとおりで、東京～名古屋間の1040・1041列車や上野～仙台間の105・106列車のような中距離急行の設定が目を引いた。幹線列車であるにもかかわらず食堂車の連結がないシンプルな編成だが、東京志向のビジネスダイヤは好評だった。

表―8　急行列車運転一覧(4)

1940(昭和15)年10月10日改正

線区	種別	等級	列車番号	起終点駅ならびに時刻					特殊設備			記事	列車統廃合年月日
									展望車	寝台	食堂		
東海道・山陽	特急	1・2・3等	11	東京	9:00	→	神戸	17:37	○	…	洋	列車名「燕」、展望車連結	廃1943.10. 1
	急行	2・3等	1035	〃	10:00	→	下関	6:30	…	2・3等	和	★	(敗戦当日も現役)
	〃	〃	9	〃	10:30	→	〃	6:50	…	2・3等	和	★	延1942.11.15
	〃	〃	1027	大阪	21:35	→	〃	7:42	…	2・3等	和	★	廃1943.10. 1
	特急	1・2・3等	1031	東京	13:00	→	神戸	21:58	○	…	洋	列車名「鷗」	廃1943. 2.15
	〃	2・3等	3	〃	13:30	→	下関	8:00	…	2・3等	和	★列車名「櫻」	統1942.11.15
	急行	〃	1021	〃	13:35	→	大阪	22:50	…	…	和		廃1945. 3.20
	特急	1・2・3等	1	〃	15:00	→	下関	9:35	○	1・2・3等	洋	★列車名「富士」、展望車連結	統1942.11.15
	急行	2・3等	1041	〃	15:40	→	名古屋	22:24	…	…	…		廃1943. 2.15
	〃	〃	13	〃	19:40	→	神戸	7:21	…	2・3等	和	★	廃1943. 2.15
	〃	〃	15	〃	20:00	→	大阪	7:10	…	2・3等	和	★	廃1944. 4. 1
	〃	〃	5	〃	20:40	→	下関	18:01	…	2・3等	和	★柳井線経由	延1942.11.15
	〃	〃	1033	〃	21:10	→	大阪	8:37	…	2・3等	和	★	廃1944. 4. 1
	〃	1・2等	17	〃	21:25	→	神戸	9:37	…	1・2等	洋	★	廃1943. 2.15
	〃	〃	1023	〃	21:40	→	〃	10:00	…	1・2等	洋	★	廃1943.10. 1
	〃	〃	19	〃	22:10	→	下関	19:35	…	1・2等	洋	★	廃1944. 4. 1
	〃	1・2・3等	7	〃	23:00	→	〃	21:05	○	1・2・3等	洋	★呉線経由	統1942.11.15
	〃	2・3等	1025	大阪	12:15	→	〃	21:50	…	…	和		廃1943.10. 1
	急行	2・3等	1026	下関	8:25	→	大阪	18:25	…	…	和		廃1943.10. 1
	〃	〃	14	〃	8:45	→	東京	6:56	…	2・3等	和	★	廃1944. 4. 1
	〃	1・2・3等	8	〃	9:25	→	〃	7:30	○	1・2・3等	洋	★柳井線・呉線経由	統1942.11.15
	〃	2・3等	16	神戸	19:48	→	〃	8:00	…	2・3等	和	★	廃1944. 4. 1
	〃	〃	1034	大阪	21:01	→	〃	8:15	…	2・3等	和	★	廃1944. 4. 1
	〃	〃	1024	〃	21:30	→	〃	8:30	…	2・3等	和	★	廃1943.10. 1
	〃	1・2等	18	神戸	20:58	→	〃	8:45	…	1・2等	洋	★	廃1943. 2.15
	〃	2・3等	20	〃	21:40	→	〃	9:30	…	2・3等	和	★	廃1943.10. 1
	〃	〃	6	下関	12:50	→	〃	10:07	…	2・3等	和	★	延1942.11.15
	〃	〃	1040	名古屋	8:20	→	〃	14:55	…	…	…		廃1943. 2.15
	特急	1・2・3等	2	下関	20:30	→	〃	15:25	○	1・2・3等	洋	★列車名「富士」、展望車連結	統1942.11.15
	急行	2・3等	1028	〃	21:20	→	大阪	7:45	…	2・3等	和	★	廃1943.10. 1
	特急	〃	4	〃	22:00	→	東京	16:40	…	2・3等	和	★列車名「櫻」	統1942.11.15
	〃	1・2・3等	1032	神戸	8:23	→	〃	17:20	○	…	洋	列車名「鷗」	廃1943. 2.15
	急行	2・3等	10	下関	22:50	→	〃	21:45	…	2・3等	和	★	(敗戦当日も現役)
	〃	〃	1038	〃	23:10	→	〃	20:30	…	2・3等	和	★	延1942.11.15
	特急	1・2・3等	12	神戸	12:20	→	〃	21:00	○	…	洋	列車名「燕」、展望車連結	廃1943.10. 1
	〃	2・3等	1022	大阪	13:30	→	〃	22:55	…	…	和		廃1945. 3.20
山陰	急行	2・3等	401	大阪	7:57	→	大社	16:20	…	…	和		廃1943. 2.15
	〃	〃	402	大社	14:00	→	大阪	22:20	…	…	和		〃
九州	急行	2・3等	3	門司	8:50	→	鹿児島	17:05	…	…	和		統1942.11.15
	〃	〃	203	〃	9:00	→	宮崎	16:30	…	…	和		統1942.11.15
	〃	〃	101	〃	10:15	→	長崎	15:30	…	…	和		統1942.11.15
	〃	〃	7	〃	22:05	→	鹿児島	7:10	…	2・3等	…	★	統1942.11.15
	急行	2・3等	8	鹿児島	22:30	→	門司	8:05	…	2・3等	…	★	統1942.11.15
	〃	〃	4	〃	12:45	→	〃	21:05	…	…	…		統1942.11.15
	〃	〃	204	宮崎	13:25	→	〃	20:55	…	…	…		廃1943. 2.15
	〃	〃	102	長崎	14:40	→	〃	19:40	…	…	…		統1942.11.15
北陸	急行	2・3等	501	大阪	10:00	→	青森	7:35	…	2・3等	和	★	廃1943.10. 1
	〃	〃	502	青森	22:35	→	大阪	19:37	…	2・3等	和	★	〃

表―8の続き

線区	種別	等級	列車番号	起終点駅ならびに時刻				特殊設備			記事	列車統廃合年月日
								展望車	寝台	食堂		
東北	急行	2・3等	103	上野	10:00	→	青森 23:45	…	…	和		廃1944. 4. 1
	〃	〃	105	〃	13:30	→	仙台 20:05	…	…	…		廃1943. 2.15
	〃	〃	201	〃	19:00	→	青森 7:45	…	2・3等	和	★常磐線経由	廃1945. 3.20
	〃	〃	401	〃	20:34	→	秋田 9:10	…	2・3等	和	★	廃1943.10. 1
	〃	〃	207	〃	21:40	→	青森 10:45	…	2・3等	和	★常磐線経由	廃1943.10. 1
	急行	2・3等	402	秋田	20:25	→	上野 8:50	…	2・3等	和	★	廃1943.10. 1
	〃	〃	208	青森	19:50	→	〃 8:55	…	2・3等	和	★常磐線経由	廃1943.10. 1
	〃	〃	202	青森	22:40	→	〃 12:00	…	2・3等	和	★常磐線経由	廃1945. 3.20
	〃	〃	106	仙台	10:30	→	〃 17:15	…	…	…		廃1943. 2.15
	〃	〃	104	青森	6:10	→	〃 19:50	…	…	和		廃1944. 4. 1
上越	急行	2・3等	701	上野	8:00	→	新潟 14:35	…	…	和		廃1943. 2.15
	〃	〃	702	新潟	13:05	→	上野 20:18	…	…	和		
信越	急行	2・3等	601	上野	21:00	→	大阪 13:50	…	2・3等	…	★金沢着 8:05	廃1944. 4. 1
	〃	〃	602	大阪	14:00	→	上野 7:36	…	2・3等	…	★金沢発20:05	
北海道	急行	2・3等	3	函館	5:55	→	網走 23:06	…	…	和	旭川着15:09、旭川から普通	廃1942.11.15
	〃	〃	1	〃	13:25	→	稚内桟橋 6:42	…	2・3等	…		廃1945. 3.20
	〃	〃	7	〃	16:22	→	根室 13:05	…	2・3等	…	★釧路着 9:00、釧路から普通	廃1943.10. 1
	〃	〃	8	根室	16:00	→	函館 13:59	…	2・3等	…	★釧路まで普通、釧路発20:05	廃1943.10. 1
	〃	〃	2	稚内桟橋	22:10	→	〃 16:45	…	2・3等	和	★	廃1945. 3.20
	〃	〃	4	網走	6:00	→	〃 23:45	…	…	和	旭川まで普通、旭川発14:04	廃1942.11.15

※定期列車のみ記載。★は夜行区間を含む列車、洋は洋食堂、和は和食堂。
※列車統廃合年月日欄で、統は列車統合。本州内と九州内の記号は統合の相方列車を示す。延は九州島内への延長。廃は列車廃止を示す。

　また、北海道では函館～根室間7・8列車の登場で、急行は3往復体制になるとともに、上野からは青函連絡船を介して、末端までの一貫輸送が実現する。ただ、時刻だけはわずかではあるが、全体的にダウンしている。これは通勤列車や貨物列車の増発により、都市圏ではスジが込み合うため致し方ない措置といえた。

　その4カ月後の1941（昭和16）年2月15日改正で、東京～下関間に急行1037・1036列車が増発される。特急を含む定期急行の本数は36往復を数え、戦前としては最高に達する。列車の配列もすばらしく、寝台車や食堂車など連結車種も1937（昭和12）年7月当時に比べ遜色がなかった。

3 太平洋戦争突入

　急行列車が本数のうえでの全盛を謳歌するなかにあっても、戦争の影響は国民生活にも影を落とし、1941（昭和16）年4月には生活必需物資統制令が公布され、米穀配給通帳には摂取量が記載されるなど、消費生活の自由は狭められていた。その影響は鉄道にも表れ、同年7月16日を期して全国の夜行列車から3等寝台車の連結が廃止される。長距離列車の混雑緩和が理由で、スハネ30・31の両形式は3等座席車オハ34に改造された。

　ところで、膠着した日中戦争については、その解決を図るべく1941年4月に日米交渉が開始されるものの結論が出ず、7月に日本軍がフランス領インドシナに進駐したため、アメリカは在米日本資産の凍結と日本への石油輸出禁止を断行する。これにより開戦は避けられない状況となり、同年12月8日、日本海軍はハワイ・オアフ島真珠湾を急襲。ここに太平洋戦争が始まる。日本軍は緒戦こそ東南アジアを占領する

第1章：急行列車の誕生から戦禍による壊滅まで(1882～1945)

など優位に立つが、1942（昭和17）年6月のミッドウェー海戦に敗北してからは、劣勢の一途をたどる。

そうした折、同年11月15日に関門海底トンネル開通に伴うダイヤ改正が実施される。戦略物資の輸送を貨物船から、より安全性の高い貨車に切り換えられることで待望されていたが、旅客列車についても本州～九州間の直通が実現する。しかし、実際に九州に乗り入れたのは5往復のみで、東京～長崎間運転となった特急「富士」も改正前の東京～下関間特急と門司～長崎間急行のスジを統合しただけの列車で、新鮮味がないばかりか、特急「櫻」にいたっては東京～鹿児島間のロングランとなったものの、急行7・8列車に格下げされてしまった。

この改正は、関西～九州間で実施された局地的なものであるため、**表－9**には同区間を通過する定期列車のみを掲載する。平和な世の中であれば、東京・関西～九州間直通急行ももっと増発されただろうし、これを機に全国改正となるところだが、貨物優先になったのは戦局からして当然といえた。

しかし、1・2桁と4桁とが混同した列車番号に関しては、九州行きを含む東海道・山陽直通列車が1または2桁、東京～神戸間列車は100番台、大阪～山陽間列車は200番台に整理され、わかりやすいものに改正された。

4 臨戦ダイヤの実施

太平洋の島々を戦場とした戦争は、日本軍にとってその後も悪化の一途をたどる。そのため、鉄道輸送も1943（昭和18）年からは軍を支援するための貨物輸送と、工場への通勤輸送に切り替えられる。学徒動員による工具が増加したため、首都圏や関西の20m級2ドア・クロスシートの国電が4ドア・ロングシートに改造されたのもこのころからである。

貨物輸送を優先としたダイヤ改正は、まず1943年2月15日に「臨戦ダイヤ」として実施され、貨物列車の増発に伴い、不急となった優等列車の大幅削減が実施される。これにより、特急「鷗」は廃止。「燕」は大阪打ち切りとされたほか、東京～鹿児島間急行7・8列車は東京～熊本間に短縮される。急行の廃止としては"名士列車"の流れを汲む1・2等急行113・114列車が目に付くが、それ以外は東京～名古屋間、大阪～大社間など後発の列車が多かった。

また、これとは別に陸運非常体制確立の一環として、地方私鉄の中でも資材の輸送など、国鉄が管理する必要のある路線は国有化されたほか、広島以西に単線区間が残る山陽本線など、輸送力増強が必要な路線は複線化が急がれた。国内での資材不足が目立ってきたため、レールは列車密度の低い路線を廃止したり、複線区間でも単線化が可能な路線は1線を撤去する方法で調達された。

同年7月1日には急行料金の改訂が実施さ

表―9 東京・関西～山陽・九州間急行列車運転一覧　1942（昭和17）年11月15日改正

種別	等級	列車番号	起終点駅ならびに時刻				特殊設備			記事	列車廃止年月日
							展望車	寝台	食堂		
急行	2・3等	9	東京	20:25	→	下関 17:10	…	2等	和	★	廃1943.10. 1
〃	〃	11	〃	20:40	→	門司 17:40	…	2等	和	★	廃1945. 3.20
〃	〃	13	〃	22:10	→	下関 19:45	…	2等	和	★	廃1944. 4. 1
〃	1・2・3等	3	〃	23:00	→	鹿児島 7:00	…	1・2等	洋	★呉線経由、鹿児島着翌々日	廃1943.10. 1
〃	2・3等	15	〃	10:00	→	下関 6:05	…	2等	和		（敗戦当日も現役）
〃	〃	5	〃	10:30	→	博多 8:36	…	2等	和		廃1943.10. 1
〃	〃	203	大阪	21:35	→	下関 7:36	…	2等	和	★	廃1943.10. 1
〃	〃	7	東京	13:05	→	鹿児島 17:10	…	2等	和	★	廃1945. 3.20
〃	〃	205	大阪	22:15	→	下関 8:40	…	2等	和	★	廃1943. 2.15
特急	1・2・3等	1	東京	15:00	→	長崎 14:30	○	1・2等	洋	★列車名「富士」、展望車連結	廃1944. 4. 1
急行	2・3等	202	下関	8:20	→	大阪 18:21	…	…	和		廃1943.10. 1
〃	〃	10	〃	8:40	→	東京 6:51	…	2等	和	★	廃1944. 4. 1
〃	〃	14	〃	11:10	→	〃 9:21	…	2等	和	★	廃1944. 4. 1
〃	1・2・3等	4	鹿児島	22:30	→	〃 7:36	…	1・2等	洋	★呉線経由、東京着翌々日	廃1943.10. 1
〃	2・3等	12	門司	13:00	→	〃 10:06	…	2等	和	★	廃1945. 3.20
〃	〃	204	下関	20:35	→	大阪 6:34	…	2等	和	★	廃1943.10. 1
〃	1・2・3等	2	長崎	15:40	→	東京 15:25	○	1・2等	洋	★列車名「富士」、展望車連結	廃1944. 4. 1
〃	2・3等	8	鹿児島	12:55	→	〃 17:00	…	2等	和	★	廃1945. 3.20
〃	〃	16	下関	22:55	→	〃 19:45	…	2等	和	★	（敗戦当日も現役）
〃	〃	6	博多	21:27	→	〃 20:30	…	2等	和	★	廃1943.10. 1

神戸～下関～九州間を通過する定期列車のみ記載。
定期列車のみ記載。★は夜行区間を含む列車、洋は洋食堂、和は和食堂。

関門トンネル開業の一番列車となった特急「富士」の門司（旧大里）出発式。これから関門トンネルを潜り本州に抜ける。実際には旅客よりも軍事輸送に期待が込められていた。◎門司 1942年11月　提供：朝日新聞社（陸軍下関要塞司令部検閲済み写真）

第1章：急行列車の誕生から戦禍による壊滅まで(1882～1945)

れ、特急「富士」「燕」と旧「櫻」の流れを汲む東京〜熊本間急行7・8列車が第1種急行、それ以外の列車が第2種急行となり、双方とも距離による地帯区分が廃止される。料金を一本化することで、短距離旅客を締め出すのが狙いだった。なお、第1種と第2種の区分は料金だけによるもので、『時間表』には従来どおり「特急」「急行」の種別記号が記されていた。

5　決戦ダイヤへ

1943（昭和18）年10月1日には「決戦ダイヤ」と銘打ち、先の2月改正に続き貨物列車の増発分と優等列車の削減が実施される。この改正では第1種急行「燕」が廃止され、同7・8列車もスジが東京〜鹿児島間第2種急行3・4列車にシフトされたため、第1種急行として残るのは東京〜博多間運転に変更された「富士」だけになる。

この改正では列車密集区間で貨物列車と平行ダイヤを組むことや、酷使による車両の傷みなどで優等列車はスピードダウンを余儀なくされたため、同じ列車削減でも1942（昭和17）年11月15日ダイヤからスジを抜いていった前回とは異なり、東京〜九州間は「富士」のほか、鹿児島・長崎・門司行きとして各1往復の急行を配置するなど、白紙に戻して列車体系を再編したのが特徴といえた。

これにより、東海道・山陽急行は東京〜下関間が3往復、同〜大阪間が4往復になる。このうち東京〜下関間5・6列車はのちの特急「あさかぜ」に見られるように京阪神を深夜に通過するダイヤが特徴。東京〜大阪間を昼行で結ぶ101・102列車は「燕」の代替ともいえた。

しかし、1941（昭和16）年2月には19往復設定されていた東海道・山陽優等列車は九州直通を含めても11往復に整理され、しかも東海道本線の終点である神戸駅を始終着とする列車が全廃されたのだから、時世が厳しさを増しているとはいえ寂しい話だった。

その他の路線では、日本海縦貫の大阪〜青森間急行や上野〜青森間後発の207・208列車、それに奥羽本線急行や北海道の根室本線急行が姿を消す。表—8と表—9には列車の統廃合、並びに廃止年月日を記したが、あくまでも1940（昭和15）年10月と1942年11月改正ダイヤを基準にしているため、東海道〜山陽〜九州間列車の一部については、筆者がスジの有無で判断したものも存在することをお断りしておきたい。

このダイヤ改正直後の10月5日に関釜連絡船崑崙丸が潜水艦攻撃を受け沈没するほか、10月16日には常磐線土浦駅で列車衝突事故が発生し、多大な死傷者を出す。土浦事故の場合は病院に収容されたものの、召集により医師の人数が少なかったことや、医薬品が不足していた悪条件も重なって十分な治療が受けられず、助かるべき命を落とした犠牲者も少なくなかった。

6　ついに終戦へ

1944（昭和19）年になると戦局は著しく悪化。国内でも学徒出陣などでその状況は薄々把握できるようになり、国民はいよいよ本土決戦の覚悟も強いられる。そうしたなかで実施された4月1日改正では、第1種急行「富士」が廃止になり、特急が消滅するとともに、1等車、寝台車、食堂車といった優等車両の連結も全廃される。

同時に第2種急行も極限までに削減され、残存列車は東京〜下関間と同〜大阪間が各2往復、それに東京〜鹿児島間、同〜門司間、上野〜青森間（常磐線経由）、函館〜稚内桟橋間が各1往復の計8往復となる。それらも長大編成を維持するものの、2・3等の座席車のみという普通列車と変わらない姿だった。

同年10月1日のダイヤ改正では、これら8往復の急行はスピードダウンを強いられるものの、存続を果たすが、11月には米軍B29の本土空襲が開始されるなど、いつ運休や廃止になってもおかしくない状況だった。

この間、柳井線の岩国〜櫛ヶ浜間が複線化さ

れたのを機に以前の山陽本線に戻され、高水経由の旧本線は岩徳線に改称される。同区間の短絡を狙ったエリート路線も欽明路トンネルを抱えているため、早急に複線化できないのが、支線に転落する要因となってしまった。

1945 (昭和20) 年になると空襲はいよいよ激化し、とくに軍需工場や大工業地帯、鉄道施設はその爆撃の対象となる。そして3月20日には急行は東京〜下関間の1・2列車を除き全廃される。その1・2列車の時刻は東京発8:30→下関着9:00、下関発20:00→東京着20:21で、1920年代に戻ったように丸一昼夜を要した。

その直後の4月1日にはアメリカ軍が沖縄に上陸。8月6日に広島、9日には長崎に原子爆弾が投下され、15日に日本の無条件降伏で戦争は終結する。当日、正午に昭和天皇自らの声による「終戦の詔勅」を告げる放送が流れるが、その日も損傷を受けていない路線では列車はダイヤどおりに運転され、敗戦に打ちひしがれるなかにあっても、汽笛やいつもと変わらぬ走行音に勇気づけられた人々も少なくなかったという。

国鉄の看板列車だった特急「燕」もついに廃止される。戦局がかなり悪化していることの象徴的出来事で、以後は軍事輸送にさらなる重点が置かれる。◎大阪　1943年9月　提供：朝日新聞社

第1章：急行列車の誕生から戦禍による壊滅まで(1882〜1945)　73

COLUMN
鉄道における車両設備、制度のことはじめ

現在の車両はスピードが速ければ乗り心地もよく、車内温度も適切に保たれて居住性がよい。しかもJRの優等列車(特急や急行)では、普通車でも座席はリクライニングシート、それに付帯設備といえる便所や洗面所、バリアフリー対策の諸設備も利用客の視点に立ち、使い勝手のよいものが整備されている。

では、こうした接客設備がどのように発展を遂げてきたのか。急行のみならず、わが国の列車史を語るうえでも基礎的かつ重要な事項なので、照明、暖房、トイレ、その他のサービス設備の順に、客車を中心に創業期から見て行くことにしよう。

さて、陸蒸気と呼ばれた小型蒸気機関車が、単車の客車を牽いていた鉄道創業期は、今から140年以上も昔とはいえ、客車には座席以外に接客設備らしいものはなかった。しかし、これでは夜間の室内は真っ暗で危険極まりないので、車内照明用に石油ランプが使用され、夕暮れ近くになると主要駅では駅員が客車の屋根に上り、天井の蓋を開けてランプを差し込んでいた。当時の客車の屋根に数個の円筒形の出っ張りが見えるのはそのためで、駅には石造りのランプ小屋が置かれていた。

客車に電灯がつけられるのは1898(明治31)年1月からで、関西鉄道が蓄電池方式を採用。同年には山陽鉄道も蓄電池を積んだ"電源車"を連結し、列車単位の照明サービスを実施した。大正年間(1912年以後)になると車軸発電機による車内電灯が普及し、この方式は国鉄末期の50系客車にまで受け継がれた。なお、自車で動力を持つ電車は電動発電機、気動車は蓄電池と充電発電機を使用している。

暖房については、創業期の客車には装備がないので、冬季には上・中等に限り湯タンポのサービスが実施されていた。そのため、下等客は毛布を持ち込むか、駅構内か付近の貸座ぶとん屋で座ぶとんを借りるしかなかった。人の弱みにつけ込んで商売をする"頭のよい人"は、どの時代にもいるものだ。しかし、上・中等客もまた温まるのは足元だけで、窓からの隙間風は容赦なく入ってくるので、冬場は厚着をして耐えるしかなかった。

その後、車内で石炭を焚くダルマストーブが使用された時期もあるが、1900(明治33)年12月からは、機関車の高圧蒸気をホースを通して客車に送る蒸気暖房が、東海道線の急行で試用され好評を博したことと、装備がさほど難しくなかったため、以後は全国的に普及した。ただし、電気機関車では蒸気発生装置を積むか、そうでない場合は別に暖房車を連結するか、客車に電気暖房併用式の装置を取り付けるしかなかった。

また、蒸機牽引であっても、暖房用ホースがつながらない混合列車では、自車で暖房するしかなかった。そのため、国鉄線上では1970年代の初頭まで、暖房車やダルマストーブ客車の活躍が見られた。

なお、電車では電動発電機による電気暖房、国鉄時代の気動車では走行用機関の廃熱を利用する温水暖房が一般的だった。

車両トイレは、列車を利用する際には電灯、暖房に次ぐほどの重要な地位を占め、とくに長時間の乗車には必要欠くべからざる設備である。創業期の鉄道では運転距離が短いこともあって、特殊な例を除けば車両にトイレは設置されていなかった。

その後、鉄道網が発達し、1887(明治20)年には上野~仙台間を12時間以上かけて結ぶような列車も運転されるが、官・私鉄とも車両トイレの導入には消極的で、主要駅の停車時間を長くとり、乗客には駅ホームのトイレ利用を促していた。

しかし、用便直後に発車した列車に飛び乗ろうとした利用客が線路に転落して亡くなるという痛ましい事故が発生したこともあり、1889(明治22)年に官鉄東海道線列車にトイレがつけられ、以後、全国的に普及する。

このトイレは垂れ流し式で、面倒な処理施設がいらないことで、以後も延々とこの方式が続くが、さすがに1960年代ごろから"黄害"として社会的

な問題になる。1964（昭和39）年に開業した東海道新幹線ではタンク式とし、車両基地で汲み取る方法がとられたが、在来線では処理施設をつくるにも住民の反対などがあり、こちらはタンク式の普及まで時間がかかった。

現在の日本では夏の生活に切り離せない冷房が、一般の家庭に普及するのは1970年代前後で、通勤冷房車もそのころから本格的に導入されるが、鉄道車両ではごく一部ながら、それよりかなり前の1936（昭和11）年からサービスが開始される。対象となったのは、東海道本線特急の食堂車である。当時は特急とはいえ蒸気機関車の牽引なので、食堂車にとって夏の暑さは大敵だった。扇風機をまわしても室内温度が体温以上になると効き目はないし、窓を開けると煤煙は料理のうえに飛び込むといったように、落ち着いて食事を楽しむといったものではなかった。そこで冷房が採用されるのだが、車軸発電によるものなので、現在ほど効きがよくなかったといわれる。

鉄道の「ことはじめ」について1つひとつを細かく扱うと、それこそ1冊の本になってしまうので、残る事象については 表一① を参照されたい。鉄道創業期から1906（明治39）年の鉄道国有法公布まで、私鉄の名がよく出てくるのは官鉄に負けじとばかり、接客サービスに励んでいたからにほかならない。また設備や制度には、現在では廃止されているものも少なくない。しかし、定期列車ではほぼ壊滅状態とはいえ、食堂車や寝台車は陸上交通機関では鉄道でしか実現できない空間を提供するとともに、通勤特急然とした新幹線列車では味わうことのできない"旅情"を持ち合わせた車両でもある。

JR旅客各社には会社間の垣根を取り払い、一般庶民にとって"少しの背伸び"をした程度の値段で利用できるような、食堂・寝台付きの観光列車の運転はできないものだろうか。

表一① 鉄道における車両設備、制度のことはじめ

事項	鉄道会社名	年月日	具体例	備考
鉄道郵便	官設鉄道	1872(明5).6.13	仮開通時の品川〜横浜間2往復で実施	1986.10.1廃止
ボギー車	官設鉄道	1875(明8).	側面10カ所の出入口がある下等車。新橋〜横浜間で使用	イギリスから輸入
鉄道連絡船	官鉄・太湖汽船	1885(明17).4.16	神戸(列車)大津〜長浜(列車)金ヶ崎間で実施	汽船営業は1882.5.1から
会社間直通乗り入れの開始	官鉄・日本鉄道	1885(明18).3.1	新橋〜品川〜赤羽間で3往復	同日日鉄品川〜赤羽間開業
定期乗車券の発売	官設鉄道	1886(明19).1.1	新橋〜横浜間で上・中等に限り実施	
一般車両のトイレ	官設鉄道	1889(明22).5.10	東海道線列車に設置	同年7.1、東海道線全通
途中下車制度の制定	官設鉄道	1890(明23).11.1		
国産機関車の製造	官設鉄道	1893(明26).6	官鉄神戸工場で1B1の860形製造	1形式1両。当時阪神地区で使用
長距離急行の運転開始	山陽鉄道	1894(明27).10.10	神戸〜広島間で運転(料金不要)	官鉄は1896.9.1新橋〜神戸間
至急小荷物の取り扱い	山陽鉄道	1898(明31).1.1	社線内旅客列車で実施	
客車への電灯設置	関西鉄道	1898(明31).1	蓄電池方式による	それまではランプ使用
列車ボーイの乗務	山陽鉄道	1898(明31).9.22	社線内旅客列車で実施	
食堂車の連結	山陽鉄道	1899(明32).5.25	京都〜三田尻間急行に連結	1等・食堂合造車
蚊帳の貸与	山陽鉄道	1899(明32).8.24	夏季の夜行列車で実施	対象は1・2等客
1等寝台車の連結	山陽鉄道	1900(明33).4.8	大阪〜三田尻間夜行急行の連結	1等寝台・食堂合造車
女子職員の採用	官設鉄道	1900(明33).12.1		
蒸気暖房の導入	官設鉄道	1900(明33).12.1	東海道線客車に装備	
扇風機の設置	官設鉄道	1902(明35).7	東海道線の寝台車と食堂車に設置	同時期の山陽寝台車の説あり
2等寝台車の連結	山陽鉄道	1903(明36).5.1	京都〜下関間夜行急行に連結	
電車の運転開始	甲武鉄道	1904(明37).8.21	飯田町〜中野間で実施(汽車との併用)	
有料急行の運転開始	山陽鉄道	1906(明39).4.16	新橋〜神戸間で「最急行」を含む3往復	
電気機関車の使用開始	国鉄	1912(明45).5.11	信越本線横川〜軽井沢間。600Vアプト式	1500V区間は1925.12.13から
特急列車の運転開始	国鉄	1912(明45).6.15	新橋〜下関間。1・2等のみ。全車座席指定制。1等展望車、1・2等寝台車、食堂車など連結	3等特急(号車指定・定員制)は1923.7.1から運転
ドアエンジン(自動扉)の使用	国鉄	1926(大15).9.28	京浜線電車で実施	
列車愛称名の採用	国鉄	1929(昭4).9.15	特急1・2列車を「富士」、3・4列車を「櫻」と命名	急行は1950.11.8
3等寝台車の連結	国鉄	1931(昭6).2.1	東京〜神戸間夜行急行2往復に連結	3段式、ベッド幅52cm
冷房車の連結	国鉄	1936(昭11).8.19	特急「つばめ」に冷房付きスシ37850連結	
準急列車(有料)の運転開始	国鉄	1946(昭21).11.10	上野〜秋田間など	1968.10.1 制度廃止
リクライニングシート車導入	国鉄	1950(昭25).4.10	特急「つばめ」に特別2等車スロ60連結	
電車優等列車の運転開始	国鉄	1950(昭25).10.7	東京〜伊東・修善寺間準急「あまぎ」(週末運転)	私鉄では1947.10.8の近鉄特急
気動車優等列車の運転開始	国鉄	1955(昭30).3.22	名古屋〜湊町間準急1往復に導入	
均一周遊券の発売	国鉄	1956(昭31).7.1	記名式で「北海道周遊券」を発売。以後九州なども	2013.3.31 発売終了
座席予約装置の導入	国鉄	1960(昭35).2.1	東京と9か所でマルス1を運用	1965.9.24「みどりの窓口」登場
モノクラス制の導入	国鉄	1969(昭44).5.10	1・2等制を廃止。旧1等車はグリーン車になる	
バリアフリー対応設備	国鉄	1974(昭49).9.5	新幹線0系27形に車椅子のまま使用できる個室設置	

おもに急行列車の運転に関連する事項を記載。1972年の年月日は旧暦(太陰暦)による

COLUMN
急行が途中駅で準急に変身

　優等列車が特急・急行・準急の3種別制だった時代、上り方の起点駅を急行として発って行った列車が、途中駅から準急に格下げになって走るといった例が多々見られた。末端区間の線路等級が低く、スピード運転ができないことや、その区間の相互間で、少ないながらも需要が存在することが理由だった。

　その第1号は、戦後の1949(昭和24)年9月15日改正により函館〜釧路間で運転を開始した急行3・4列車で、夜行運転となる札幌〜釧路間が準急とされた。この場合、急行区間と準急区間をまたがって乗車する場合には、全区間を急行に乗車したとみなしたうえで、そのキロ地帯に応じた急行料金を適用することとし、以後も継続された。なお、函館〜釧路間3・4列車は1950(昭和25)年10月改正で全区間急行となり、翌年には「まりも」と命名される。

　北海道では、1953(昭和28)年4月5日から函館〜札幌間に急行「あかしや」が運転開始するが、図らずも小樽〜札幌間では、上下列車とも既設の小樽〜旭川間準急「石狩」と運転時刻が似通ってしまう。そこで、1954(昭和29)年5月1日には両列車が「あかしや」に統合され、種別は函館〜小樽間が急行、小樽〜旭川間が従来どおり準急となる。このときは「あかしや」だけの特例として、函館〜江別以北間など301km以上を乗車する旅客には、300kmまでの急行料金200円と150kmまでの準急料金60円を合算した「普通・準急行券」が発売された。

　その後、1960年代になり気動車急行が大増発されると、中央東線急行では小海・飯田・大糸の各線、北陸本線急行では七尾線のように、支線区直通の付属編成は支線区では準急として運転される。しかし、1966(昭和41)年3月に101km以上走行の準急は自動的に急行に格上げされたため、こうした変則運転は姿を消した。

「交通公社の時刻表」昭和40年11月号。急行「アルプス」に併結されて新宿を出発した「赤石」は辰野から飯田線内は準急として運転。

第2章
長距離客車急行の全盛時代
〔1945～1958〕

Chapter 2. The Golden Age of Long-distance Passenger Express Trains (1945-1958)

鹿児島から長駆2夜行をかけて上京した「筑紫」が客車区へ引き上げる。◎東京　1954年4月　撮影：伊藤威信

01 連合国の日本支配と急行列車の全廃

Allied control of Japan and the abolition of express trains

1 終戦とその後の混乱

　1945（昭和20）年8月15日、日本は連合国に無条件降伏したことで、1937（昭和12）年7月から長きにわたって続いた戦争から解放され、ようやく平和が訪れる。鉄道は戦災や酷使、整備不良により車両・施設の双方とも傷みが激しかったが、1日とて活動を休止することはできなかった。国内外にいる旧日本軍の軍人や兵士、地方に疎開している学童を速やかに帰郷させるほか、国外に居住していた一般人を帰国させる必要もあった。また、逆に戦時中に強制連行していた中国や朝鮮の人々を帰還させなければならなかった。戦争中とはまったく異なったこうした輸送は、その大半を国鉄が受け持つこととなった。

　さらに、戦争が終わったといっても食糧難が続くため、都市部から農村への買い出し客が押し寄せるほか、一般の通勤・通学客も利用するとあって、鉄道はそうした輸送に忙殺された。かかる異常事態であっても、車両が稼働できる状態であればなんとかなるのだが、敗戦当時の国鉄在籍車のうち、使用可能なものは機関車で60％、電車で45％といわれているので、どの列車も機関車のデッキや炭水車、客車の便所や洗面所のほか、座席間にも人が立つといった具合に飽和状態をはるかに超えており、1945年から翌年にかけての運転事故件数は、鉄道創設以来最高の数字を記録した。

　そうした混乱のなか、1945年8月28日にアメリカ軍が厚木飛行場に上陸。9月2日には降伏文書の調印式が行われ、ここに日本政府を仲介とする間接統治の形で、連合国による日本占領が開始される。国鉄は連合軍総司令部（GHQ）、民間運輸局（CTS）の管理下に置かれ、あらゆる面にわたって指導と監督が行われることになる。

2 連合軍専用列車の運転

　その連合軍が国鉄に対し、最初に要求したのは車両の接収である。道路事情のよくない当時の日本にあって、連合軍関係者の国内視察や、各地に配置された基地間の移動、物資の輸送に鉄道の力は欠かせなかった。そこでそれらの目的を遂行するために専用列車を運転することになり、1,000両前後に達する車両が必要となったのである。

　これについては展望車や寝台車、食堂車などの優等車両のほか、2・3等車でも状態のよいものが充てられた。国鉄としては1944（昭和19）年4月改正時に連結を外していた優等車両は、3等座席車への格下げ改造を計画していたものの、幸か不幸か戦局のさらなる悪化と終結で、大半はそうした事態を免れていた。だが、ここになって一網打尽に連合軍の手に渡ってしまったのである。

　連合軍は、1945（昭和20）年9月から専用列車の運転を開始する。当初は国内の飛行場や港に到着した兵士を各地の基地に輸送する部隊輸送だったが、それが一段落すると連合軍司令官や高級将校の視察旅行用として、豪華編成で仕立てられた特別列車や、連合軍一般将校の国内旅行ならびに荷物輸送を目的に、定期ダイヤによる専用列車が登場する。とくに後者は1946（昭和21）年1月から3月にかけて東京～九州間と同～北海道間に設定され、「駐留軍専用列車」といわれた。国鉄の急行運転史にも大きな

かかわりを持つので、連合軍が独自に命名した"愛称名"と、同年5月当時における時刻を記す。

・1005・1006列車"Allied Limited"
　東京発19:30→門司着20:50
　門司発 6:10→東京着 8:03
・1001・1002列車"Dixie Limited"
　東京発 9:30→博多着13:06
　博多発15:13→東京着18:47
・1201・1202列車"Yankee Limited"
　上野発22:00→青森着 2:10
　函館発11:40→札幌着20:42
　札幌発19:30→函館着 6:00
　青森発12:00→上野着 7:30

　これらの列車は1・2等の寝台車と2等座席車、それに食堂車と荷物車を基本に編成されており、3等車の連結はなかった。また、"Yankee Limited"は通しの列車番号に見られるように、上野～札幌間を同一の列車とみなしており、寝台車や荷物車の一部は青函連絡船でそのまま航送された。のちに、連合軍基地との関係で九州方面の2列車は東京～佐世保間、"Yankee Limited"の上り方の始終着駅は横浜を経て東京に変更されるとともに、北海道内は室蘭・千歳線経由になる。
　"Yankee Limited"の青函連絡船での航送や、東京～上野間通過、それに戦時下での買収路線である千歳線経由は前例がなかったが、連合国軍の"鶴の一声"で決定したものだった。

Tōkyō, to Kyōto, Ōsaka Ku—						
SPECIAL MILITARY TRAIN Table A		SOUTH BOUND				
Kms.		BCOF Train No. 1011 SAT	Dixie Limited No. 1001 Daily	Lest Camp Train No. 1007 TUE	Allied Limited No. 1005 Daily	Osaka Limited No. 1009 FRI
0.0	Tōkyō Lv	0600	SAT	0930	1000 TUE	1940 2030 FRI
26.1	Yokohama ......Ar	0630	〃	1000	1033 〃	2010 2101 〃
26.1	Yokohama Lv	0635	〃	1010	1037 〃	2026 2111 〃
43.8	Ōfuna .... 〃	↓		1028	1058 〃	2047 2132 〃
81.2	Odawara ...... 〃	↓		↓	1141 〃	↓ ↓
101.9	Atami .... 〃	↓		↓	1206 〃	↓ ↓
118.0	Mishima ...... 〃	↓		↓	↓ 〃	↓ ↓
123.5	Numazu .... 〃	0818	〃	1154	1240 〃	2224 2309 〃
177.5	Shizuoka ..... 〃	0916	〃	1258	1335 〃	2322 0005 SAT
254.4	Hamamatsu .... 〃	1044	〃	1425	1457 〃	0050 0130 〃
307.9	Gamagori ..... 〃	↓		1523	1554 〃	0148 ↓
323.2	Okazaki ...... 〃	↓		↓	↓ 〃	↓ ↓
363.3	Nagoya ....Ar	1234	〃	1623	1648 〃	0248 0332 〃
363.3	Nagoya Lv	1240	〃	1629	1653 〃	0256 0338 〃
393.6	Gifu .... 〃	↓		1707	1734 〃	0331 ↓
421.1	Sekigahara ... 〃	1358	〃	↓	↓ 〃	0417 0504 〃
443.2	Maibara ...... 〃	1432	〃	1828	1847 〃	0452 0543 〃
500.9	Ōtsu .... 〃	↓		1943	2002 〃	0546 0646 〃
510.9	Kyōto ....Ar	1544	〃	1954	2018 TUE	0558 0700 〃
510.9	Kyōto Lv	1554	〃	2010	...	0615 0710 〃
553.7	Ōsaka ....Ar	1633	〃	2057	...	0709 0756 SAT
553.7	Ōsaka Lv	1642	〃	2110	...	0725 ...
584.3	Sannomiya .... 〃	1717	〃	2152	...	0759 ...
586.8	Kōbe .... 〃	1726	〃	↓	...	↓ ...
641.6	Himeji .... 〃	1819	〃	2305	...	0910 ...
730.2	Okayama ......Ar	2006	〃	0055	...	1056 ...
730.2	Okayama Lv	2014	〃	0105	...	1104 ...
780.6	Fukuyama .... 〃	2122	〃	0216	...	1207 ...
808.6	Onomichi .... 〃	↓		0242	...	1231 ...
817.7	Itozaki ......Ar	2155	〃	0254	...	1243 ...
817.7	Itozaki Lv	2203	〃	0302	...	1251 ...
880.3	Hiro .... 〃	↓		0427	...	1415 ...
887.1	Kure ....Ar	2335	SAT	0437	...	1426 ...
887.1	Kure Lv	...		0442	...	1431 ...
907.1	Kaitaichi .... 〃	...		0512	...	1501 ...
913.5	Hiroshima ....Ar	...		0521	...	1510 ...
913.5	Hiroshima Lv	...		0529	...	1518 ...
954.9	Iwakuni ...... 〃	...		0620	...	1610 ...
966.6	Yanai .... 〃	...		0708	...	1657 ...
1050.2	Mitajiri ..... 〃	...		0826	...	1810 ...
1068.0	Ogōri .... 〃	...		0858	...	1840 ...
1136.9	Shimonoseki... 〃	...		1040	...	2020 ...
1143.2	Moji ....Ar	...		1050	...	2030 ...
1143.2	Moji Lv	...		1100	...	... ...
1149.4	Kokura ....Ar	...		1121	...	... ...
1149.4	Kokura Lv	...		1121	...	... ...
1168.8	Orio .... 〃	...		1156	...	... ...
1173.0	Ongagawa .... 〃	...		1159	...	... ...
1208.5	Kashii ....Ar	...		1249	...	... ...
1208.5	Kashii Lv	...		1255	...	... ...
1216.7	Hakata ....Ar	...		1306	...	... ...

占領下の日本で発行された英文時刻表（1946年12月現在）。BCOF trainは、「英連邦軍専用列車」、Dixie Limited「南部（九州行き）特急」、Rest Camptrainは「休暇客向け列車」、Allied Limitedは「連合軍専用特急」を意味していた。

3　急行列車の復活

　話を日本人向け列車に戻すと、大戦中から唯一急行として生き残った東京～下関間1・2列車は、鉄道が連合軍の支配下に置かれてもそのまま活躍を続ける。しかし、1往復だけではあまりにも不便すぎるのか、敗戦から3ヵ月後の1945（昭和20）年11月20日には急行が増発され、東京～博多間（うち1往復は1・2車の区間延長）、同～大阪間各2往復、東京～門司間、上野～青森間（東北本線経由）、同～新潟間、函館～旭川間各1往復となって、本数的に1944（昭和19）年10月の水準に復旧する。もちろん

第2章：長距離客車急行の全盛時代(1945 ～ 1958)　79

2・3等座席車だけの編成で、日本側としてはまだまだ列車がほしいところだったが、逆にいえば"急行8倍増"をCTSから認めてもらえたものである。

しかし、同年12月からは石炭事情が悪化したため、列車の中にはせっかく復活しても運休を余儀なくされるものもあった。『時刻表』1946（昭和21）年2月号では8往復中、実際に運転されているのは東京と博多、門司、大阪を結ぶ3往復だけだった。

当時埋蔵量が豊富だったはずの石炭業界に"悪化"という言葉はなじまないが、敗戦に伴い離職した坑夫が多く、人手不足による生産減が、国内大手の消費者である国鉄を直撃したのである。以後しばらくの間、運休中の5往復は石炭事情に振り回される形で稼働や運休を繰り返す。

4　石炭事情悪化による急行の全廃

1946（昭和21）年11月10日にはダイヤ改正が行われ、新しい優等列車として準急行が設定される。門司港〜鹿児島間（日豊本線経由）や上野〜金沢間のように、本来なら急行として復活すべきところを、車両を含む設備の傷みで当面は急行にふさわしい運転ができないという理由で準急として再登場したもののほか、戦前に各地で快速として活躍していた速達列車も格上げの対象となった。

国鉄としても復興のためには、少しでも料金収入がほしいところだった。ちなみに準急料金が筆者の知るところで初めて掲載される『時刻

東京〜九州間を東海道本線内昼行ダイヤで運転された駐留軍専用列車"Dixie Limted"。ヘッドマーク付きにふさわしい豪華な組成だった。◎静岡　1946年10月　所蔵：米国公文書館

表』1947（昭和22）年12月号（特輯号）では、800kmまでの地帯での3等急行料金50円に対し、25円とされている。大戦末期にあたる1945（昭和20）年1月における急行の3等料金が距離に関係なく2円50銭だったので、戦後のインフレが続く状況にあったとはいえ、大幅値上げもいいところだった。

国鉄の準急設定などの増収政策にもかかわらず、1947年になると石炭事情は極限にまで悪化し、同年1月4日からは列車運転キロの制限のほか、急行列車の全廃と2等座席車の連結中止が実施される。東京〜博多間を直通する普通は残存するが、32時間以上の到達時分を要した。

ただ、こうしたなかにあっても駐留軍専用列車3往復は運転された。そして相変わらず、ぎゅうぎゅう詰めの日本人向け列車を尻目に、連合国関係者は快適な汽車旅を楽しんでいた。戦勝国と敗戦国との違いといえばそれまでだが、日本国民にとってはこのうえない屈辱だった。

02 急行、そして特急列車の復活

The revival of express and limited express trains

1 石炭事情好転で急行が復活

　長距離急行としては山陽鉄道列車以来52年、有料列車としては官設鉄道新橋〜神戸間の3往復以来41年にわたる活躍を続け、一時は壊滅に近い状態になりながらも、平和な世の中の訪れとともに復活の兆しを見せてきた急行も、動力源である石炭を奪われてはどうにもならず、歴史にひとまずピリオドを打つ。

　しかし、俗に「朝の来ない夜はない」などと言われるように、石炭事情も雪解けとともに徐々に好転し、1947（昭和22）年3月1日からは通勤列車の一部が復活。次いで4月24日には東京〜門司間の2往復ながら急行が運転を再開。同時に2等車も復活する。

　そして同年6月21日と29日、それに7月5日の3度に分け、"第3次復活"と称して東京〜門司間1・4列車が博多へ延長されたのをはじめ、東京〜大阪、門司港〜鹿児島、上野〜仙台、上野〜秋田、上野〜青森（常磐線経由）、上野〜金沢・新潟（上越線経由）、大阪〜青森、函館〜旭川間に急行が設定される。

　このうち門司港〜鹿児島11・12列車は編成の一部が東京〜博多間1・4列車に併結されるので、実質的には両列車で東京〜鹿児島間急行を形成していた。このほか、1922（大正11）年3月の運転開始以来、信越本線経由で通していた上野〜金沢間急行605・606列車は、新潟行きの305・306列車に併結とはいえ、上越線経由に変更される。"急行列車運休中"の4月1日に高崎〜水上間が電化され、輸送力が増強されたことが大きかった。これにより、上越線のうち未電化で残るのは石打〜長岡（宮内）間となるが、同区間も10月1日に電化が完成する。

2 戦後初の全国ダイヤ改正

　1945（昭和20）年11月から1947（昭和22）年6月にかけてのダイヤ改正は、こと急行列車に視点をあてれば壊滅状態に陥った列車群を、取り急ぎ1944（昭和19）年10月の水準にまで引き戻す目的で行われた。しかし、世の中もわずかながら落ち着きを見せ始め、都市間を結ぶ旅客も増えてきたため、1948（昭和23）年7月1日には戦後としては初の全国ダイヤ改正が実施される。

　この改正での最大の特色は、石炭飢饉が去ったものの、石炭の質が低下していることや、線路や設備がまだ万全ではない事情のなかで優等列車を増発するため、スピードを低下させた点にある。

　そのため、純粋な意味での急行増発は東京〜大阪間の2017・2018列車と上野〜金沢間急行から分離した新潟行きの701・702列車だけで、それに代わって準急が増発されたのが特色だった。準急の中には東京〜長崎間の2023・2024列車（8月2日運転開始）のような長距離のものもあるが、運転路線名を記載することで、詳細についての記述は省略させていただく。

　なお、1948年7月1日改正における急行の運転状況については、表ー10 に示すとおりである。

3 1等寝台車の連結へ

　国鉄の急行列車は1944（昭和19）年4月改正で、寝台車や食堂車が姿を消して以来、2・3等の座席車だけという貧相な編成で運転されていた。しかし、ひょんなことから1948（昭和23）年11月10日になって東京〜大阪間急行11・12列車、12月15日には東京〜鹿児島間急行1・

第2章：長距離客車急行の全盛時代(1945〜1958)　81

表—10 急行列車運転一覧・戦後(1)　　　　　　　　　　　1948(昭和23)年7月1日改正

欄	種別	等級	列車番号	起終点駅ならびに時刻			記事
東海道・山陽	急行	2・3等	1	東京 7:35 →	鹿児島	翌20:38	★
	〃	〃	2017	〃 17:55 →	大阪	5:49	★不定期列車(毎日運転)
	〃	〃	5	〃 19:00 →	門司	20:10	★
	〃	〃	11	〃 21:30 →	大阪	9:23	★
	急行	2・3等	12	大阪 17:30 →	東京	6:15	★
	〃	〃	2018	〃 21:50 →	〃	9:45	★不定期列車(毎日運転)
	〃	〃	6	門司 8:55 →	〃	10:30	★
	〃	〃	2	鹿児島 7:35 →	〃	翌21:30	★
北陸	〃	2・3等	501	大阪 12:00 →	青森	14:22	★
	〃	〃	502	青森 13:00 →	大阪	15:27	★
上越	急行	2・3等	601	上野 20:00 →	金沢	9:42	★
	〃	〃	701	〃 21:30 →	新潟	6:00	★編成の一部不定期で秋田着11:45
	急行	2・3等	702	新潟 22:00 →	上野	6:05	★編成の一部不定期で秋田発15:45
	〃	〃	602	金沢 18:50 →	〃	6:50	★
東北	急行	2・3等	103	上野 9:00 →	青森	2:07	★仙台から不定期。仙台着16:55
	〃	〃	401	〃 19:20 →	秋田	10:10	★
	〃	〃	201	〃 20:30 →	青森	13:45	★常磐線経由
	急行	2・3等	402	秋田 15:30 →	上野	6:25	★
	〃	〃	202	青森 14:00 →	〃	8:45	★常磐線経由
	〃	〃	104	〃 23:25 →	〃	18:05	★仙台まで不定期。仙台発10:00
北海道	急行	2・3等	1	函館 22:50 →	旭川	9:40	★
	〃	〃	2	旭川 17:30 →	函館	4:38	★

※定期(毎日運転の不定期列車を含む)の急行列車のみ記載。急行列車は2・3等座席車のみ連結。★は夜行区間を含む列車
※定期の準急列車運転路線は、紀勢西線・山陰本線・福知山線・予讃本線・土讃線・長崎本線・大村線・佐世保線・日豊本線・中央本線・篠ノ井線・信越本線(全区間)

2列車の東京〜博多間、上野〜青森間急行201・202列車、それに函館〜旭川間急行1・2列車の函館〜札幌間に特別寝台車が連結される。

それまで国鉄には日本人向けの寝台車は接収により1両も残っていなかったが、連合国軍は専用列車用寝台車はまだ両数が不足しているとして、区分室とプルマン式からなるタイプの車両の新製を要求。ここにマイネ40が21両製造されるわけだが、その途中でひと悶着があり、最終的には"外国人観光客輸送を主たる用途"として国鉄が購入し、急行4往復に連結となったのである。これにより制限こそあるものの、日本人の乗車も可能となる。この特別寝台車は1949(昭和24)年5月の運賃・料金改訂を機に1等寝台車に改称された。

4 特急「へいわ」、急行「銀河」運転

その1ヵ月後の1949(昭和24)年6月15日、国鉄はGHQからの命令により、国営から公共企業体へ移行し、「日本国有鉄道」として再出発する。また、前年度から開始された戦災復興5ヵ年計画で、車両の増備や整備がなされたほか、奥羽本線福島〜米沢間、東海道本線沼津〜静岡〜浜松間の電化も完成したことで、9月15日に全国規模のダイヤ改正が実施される。この改正では特急が「へいわ」の列車名で東京〜大阪間に復活し、国民に大きな希望を与えるほか、急行列車の増発とスピードアップが実施される。

特急11・12列車「へいわ」は、東京〜大阪間を全盛期には及ばないものの、東京を9:00、大阪を12:00に発車して9時間で走破。特急らしく展望車と食堂車も連結されるが、手持ちの車両を充てなければならないため、前者は傷みが激しく接収を免れた車両を復旧、後者は3等車に改造されながらも厨房設備部分を残していた旧食堂車を復元改造するといった形がとられた。

食堂車については東京〜鹿児島間急行1・2列車にも連結されるが、こちらは連合軍がオハ35を接収後、簡易食堂車に改造した車両が用途

不要になったことで返還された3両を、半室食堂車に改造して充てたものだった。

　急行は東海道・山陽・九州線に4往復（東京〜長崎／姫路／大阪間、京都〜門司間）が増発されるほか、北海道内も1・2列車が旭川以北普通で網走へ延長。またこれとは別に函館〜釧路間（札幌以北準急）で3・4列車が設定される。東北・日本海縦貫線では本数に変更はないが、上野〜青森間の101・102列車は所要15時間以上ながらも全区間昼行運転に復した。こうした急行増発の半面、上野〜新潟間の701・702列車は急行としては運転距離が短いせいか、準急に格下げされてしまった。

　東京〜大阪間急行は3往復になったのを機に、国鉄は15・16列車（旧11・12列車）を昼行の「へいわ」と対をなす夜行の代表格列車として、旧来の殻を破って「銀河」と命名。荷物車以外は1等寝台車2両と2等車5両だけで固める。しかし、復興途上にあり輸送力の増強が急がれる東海道本線に、こうした特権階級御用達のような列車は受け入れられるはずがなく、9月24日からは2等車を減車し、3等車を増結する措置がとられた。

5　日本は本格的な復興へ

　1949（昭和24）年9月改正は、特急「へいわ」に見られるように日本の復興を示す意義深い改正だったが、それでも急行の需要は供給を上回っており、10月22日に上野〜金沢間急行601・602列車を大阪へ延長。12月1日には先に設定されたばかりの京都〜門司間急行3・4列車を時間帯変更のうえ起終点を延長し、東京〜博多間急行とされる。これにより、東京〜九州間急行は4往復体制になる。

　さらに12月10日には東京〜姫路間急行43・42列車を岡山へ延長。同列車は翌年5月11日には呉線経由で広島行きとなる。

戦後初の特急が「へいわ」の列車名で復活。質的に戦前の水準には及ばなかったが、国民に復興への勇気を与えたことは確かだった。◎東京　1949年9月　所蔵：JTBパブリッシング

03 列車名命名と特別2等車連結

The naming of trains and the connection of special second-class carriages

1 特急・急行に「特ロ」連結

　1950(昭和25)年の鉄道界は、特急「へいわ」の「つばめ」への改称で幕が開ける。そして4月10日からは「つばめ」の2等車が、それまでのオロ40から特別2等車(特ロ)と呼ばれるリクライニングシートのスロ60に置き換えられる。国鉄を管理しているCTSが「国鉄の2等車は居住性が好ましくない。外国人の観光客も増えているのだから、アメリカと同じようなリクライニングシート車を造るように」と命令してきたのが理由だった。

　これにより、1950年3月から6月にかけてスロ60が30両登場するが、アメリカの要求は厳しく、特急はもちろん全国の急行列車に連結せよというものであった。そのため以後、1950(昭和25)年8月から1952(昭和27)年10月にかけてスロ50・51・53・54の4形式120両が量産される。この特ロの座り心地の良さは、戦前の最高級2等車といわれた転換クロスのスロ34とは比較するのもおかしいほどで、"戦後国鉄のヒット作"と言われるが、連合国軍の置き土産そのものであり、現在ではJR・私鉄を問わず有料列車の標準型座席として定着していることを思えば、ありがたい"鶴の一声"でもあった。

　その1ヵ月後の1950年5月11日、東京～大阪間に特急「はと」が増発される。これにより「つばめ」は上下とも始発駅9:00発、「はと」は12:30発に改められる。「はと」にも展望車と食堂車が連結されるが、このころになると連合国軍からの客車返還が本格化しているので、調達には困らなかった。しかし、特ロだけは改正に間に合わなかったため、5月中はオロ40が連結された。

　また、同月には利用客からの要望の高かった2等寝台車が改造形式のマロネ39として復活し、急行「銀河」の編成に組み込まれた。

2 戦後初の白紙ダイヤ改正

　国鉄では戦後、1948(昭和23)年7月と1949(昭和24)年9月に全国規模のダイヤ改正が行われたが、1948年度からの復興5ヵ年計画も前半を終え、目標に近づいた部分も多いことで、これを機に1950(昭和25)年10月1日を期して、戦後としては初の白紙ダイヤ改正が実施される。その骨子は特急の東京～大阪間8時間運転への復活に代表されるスピードアップと、急行列車の増発。それに食堂車と寝台車の増備による旅客サービス向上だった。

　この改正での急行の運転状況は **表—11** のとおりで、東海道筋では、戦前にはない四国連絡(宇野線)や関西本線直通が登場しているのが目を引いた。東京以北では上野～新潟間急行が昼行として復活。北海道連絡の青森行きはスピードアップを狙い2往復とも常磐線経由になり、伝統の東北本線直通は仙台止めとされた。

　制度面としては、急行の特ロ連結に備え特別2等車指定料金100円が制定される。当時301km以上600kmまでの2等急行料金が400円(3等は200円)だったので、上積み額としては破格の安さだが、座席指定料金は100円までという法律があったため、それ以上高くできなかったのである。特急について2等車はすべて特ロ車両と決められているので、この料金は適用されなかった。

　ダイヤ改正直後の10月7日、東京～伊東・修善寺間に週末運転ながら80系電車による準急「あまぎ」が登場する。80系は3月から東海道本

表—11 急行列車運転一覧・戦後(2)　　1950（昭和25）年10月1日改正

線区	種別	列車番号	列車名	起終点駅ならびに時刻	車両連結両数									記事
					1展	1寝	2寝	特2	2等	3等	食堂	郵荷	計	
東海道・山陽	特急	1	つばめ	東京 9:00 → 大阪 17:00	1	…	…	5	…	2.5	1	0.5	10	
		2		大阪 9:00 → 東京 17:00										
	特急	3	はと	東京 12:30 → 大阪 20:30	1	…	…	5	…	2.5	1	0.5	10	
		4		大阪 12:30 → 東京 20:30										
	急行	31	(阿蘇)	東京 8:00 → 熊本 10:33	…	1	…	…	2	7	…	4	14	★筑豊経由
		32		熊本 18:00 → 東京 20:08										
	急行	33	(きりしま)	東京 10:00 → 鹿児島 10:33	…	1	…	…	3	7.5	0.5	1	13	★
		34		鹿児島 10:30 → 東京 18:55										
	急行	35	(雲仙)	東京 13:00 → 長崎 17:05	…	…	…	…	2	7	…	5	14	★佐世保・大村線経由
		36		長崎 12:30 → 東京 16:23										
	急行	37	(筑紫)	東京 21:00 → 博多 21:05	…	…	…	…	3	7.5	0.5	2	13	★
		38		博多 9:00 → 東京 8:38										
	急行	39	(安芸)[せと]	東京 21:30 → 広島 16:13	…	…	…	2.5	10.5	…	1	14		★呉線経由・一部宇野着13:10
		40		広島 12:40 → 東京 7:23										★呉線経由・一部宇野発16:03
	急行	11	(明星)	東京 19:30 → 大阪 6:26	…	…	…	…	3	9	…	2	14	★
		12		大阪 20:00 → 東京 7:08										
	急行	13	銀河	東京 20:30 → 神戸 8:25	…	2	1	…	3	7	…	1	14	★
		14		神戸 20:05 → 東京 8:08										
	急行	15	(彗星)	東京 22:30 → 大阪 9:24	…	1	2	…	2	7	…	2	14	★
		16		大阪 22:00 → 東京 9:08										
	急行	201	[大和]	東京 23:00 → 湊町 9:27	…	…	…	2.5	11.5	…	1	15		★湊町直通は5両
		202		湊町 19:20 → 東京 6:08										
北陸	急行	501	(日本海)	大阪 22:30 → 青森 22:24	…	…	…	…	2	6	…	4	12	★
		502		青森 5:40 → 大阪 5:57										★大阪着翌々日
東北	急行	101	(青葉)	上野 8:45 → 仙台 15:44	…	…	…	…	1	8	0.5	0.5	10	3等2両は「みちのく」に併結で青森まで直通
		102		仙台 13:36 → 上野 20:42										
	急行	201	(みちのく)	上野 9:35 → 青森 23:50	…	1	…	…	2	8.5	0.5	2	14	常磐線経由
		202		青森 5:15 → 上野 20:15										
	急行	203	(北斗)	上野 18:35 → 青森 8:47	…	1	…	…	2	7	…	2	12	★常磐線経由
		204		青森 20:35 → 上野 11:15										
	急行	401	(鳥海)	上野 21:30 → 秋田 9:28	…	…	…	…	1	7	…	3	11	★
		402		秋田 18:20 → 上野 6:26										
上越	急行	701	(越路)	上野 10:20 → 新潟 17:10	…	…	…	…	1	4	…	1	6	
		702		新潟 12:35 → 上野 19:40										
	急行	601	(北陸)	上野 21:10 → 大阪 15:55	…	…	…	…	1.5	8.5	…	1	10	★長岡経由
		602		大阪 13:10 → 上野 7:17										
北海道	急行	1	[大雪]	函館 5:50 → 網走 22:25	…	1	…	…	1.5	5.5	…	3	11	旭川着15:04、旭川から普通
		2		網走 6:10 → 函館 23:08										旭川まで普通、旭川発13:40
	急行	3	[まりも]	函館 14:19 → 釧路 6:40	…	…	…	…	1.5	6.5	…	2	10	★
		4		釧路 20:25 → 函館 14:54										

※定期列車のみ記載。★は夜行区間を含む列車
※連結両数中0.5は半室構造車(食堂と3等座席の合造など)
※列車名のうち( )は1950.10.8に命名、[ ]は1950.10.8～1952.10.1に命名。車両連結両数は上り方始発駅基準。上下で組成内容が異なる場合は下りを記載

第2章：長距離客車急行の全盛時代(1945～1958)

線東京〜沼津間で運転を開始したばかりだが、客車に遜色のない設備やスピードが買われ、早くも優等列車に抜擢されたのである。社線内料金不要とはいえ、私鉄直通の優等列車もこれが初めてだった。

3 急行列車にも列車名付与

国鉄で愛称名を持つ列車といえば、特急「つばめ」「はと」と急行「銀河」しかなかった。しかし、1950（昭和25）年6月の朝鮮戦争勃発以来の特需景気もあって、優等列車の利用客数は増加の一途をたどっており、列車も増発が予測されることから、11月2日になって国鉄本庁は幹線急行12本に列車名を命名する。その栄えある"第一期生"を授かるのが、「明星」「彗星」「阿蘇」「きりしま」「雲仙」「筑紫」「安芸」「みちのく」「北斗」「青葉」「日本海」「北陸」である。

ただし、決定してもサボを作ったり、駅の時刻表などに名称を書き込むなど準備期間が必要なため、鉄道公報では11月8日に通達がなされ、列車もその日からネームドトレインとして運転された。要は11月2日が公布で、11月8日を施行と考えるのが一番わかりやすいかもしれない。

こうした経緯から、これらの列車には誕生日が2つ存在することになるが、列車に愛称をつける動きは鉄道管理局が発足した1950年8月ごろからあり、広島直通がなった「安芸」は11月までは「ひばり」の列車名で走っていたし、仙台鉄道管理局内を行く「みちのく」「北斗」「青葉」にいたっては、管理局独自の列車公募により10月23日から同じ列車名で

運転されていたので、なんと3つの誕生日を持っているわけである。

筆者としては、"第一期生"の運転開始日を書物等に記す場合、鉄道公報に記載された11月8日を採用しているが、11月2日と書かれている資料があっても、もちろん正解であり、なんら間違いではないのだ。

当時の列車名命名について、あと1つ2つ付け加えておくと、準急列車名は各管理局に一任されたので、前述のように「あまぎ」は1950年10月7日、四国ではそれより早く、同年10月1日改正当日から高松桟橋〜松山間列車が「せと」、同〜高知間列車が「南風」を名乗る。したがって、『時刻表』1950年10月号に「せと」と「南風」は、「つばめ」「はと」「銀河」とともに名を連ねている。戦前に優等列車設定がなかった四国としては溜飲が下がったことだろう。

また、"第一期生"から漏れた列車のうち、「鳥海」は1950年12月20日に鉄道公報に載り、"追加公認"される。「大和」にいたっては東京を発つ急行の中で、1本だけが無名列車では収まりがよくないのか、非公式ながら他の急行同様

名古屋駅停車中の急行「阿蘇」。当時は東京〜熊本間列車だが、ダイヤとの関係で東京〜京阪神間旅客から人気があった。◎名古屋 1952年8月 撮影：伊藤 昭

C62のラストナンバー49号機が急行「みちのく」を牽く。北海道連絡を受け持つ同列車は常磐・東北線における昼間の看板列車だった。◎仙台　1963年8月　撮影：小川峯生

に11月8日から列車サボがつけられ、そのまま追加公認を取り付けたようだ。いずれにせよ、1950年10月改正時点で設定されていた全急行にネームを授けておれば、こうした問題は起こらなかったわけである。

　いろいろドタバタがあったような列車名命名だが、利用客からは好評で迎えられ、国鉄が意図した「旅客の便宜を図り、列車に対する一般の親愛感を高める」といった成果を上げることができたようだ。

　列車研究をライフワークとする筆者としても、この命名は大歓迎である。従来のように列車番号だけでは、1つの列車ごとに運転区間も記さなければならないし、ダイヤ改正で列車増発があれば列車番号も変わるので、変遷を記すにも大変である。とくに前章で「急行列車運転一覧」を多用したのも、それが理由のひとつである。急行が列車名を持つと、列車番号は必要な場合を除き省略できるし、列車名だけで行き先などの情報が把握できるので、執筆の時間も短縮が可能というものである。

4　全急行列車に「特ロ」連結

　急行用の特別2等車は特急用スロ60に続くスロ50・51形式が落成次第、全国の急行列車に連結される見通しになる。当初は両数との関係で、東海道・山陽・九州間と東北急行のうち北海道連絡列車の全2等車のみが特ロに置き換えられる予定だったが、それでは特ロ連結のない急行も走ることになって不公平なため、急行全列車に拡大。その代わり2等2両連結列車は1両を特ロ、もう1両は従来どおりの車両（並ロ）とされる。

　これにより、1950（昭和25）年11月から12月にかけ、全急行に特ロが連結される。特ロには前述したように追加料金は100円だけなので、どの列車もつねに満員。一方、並ロはガラガラだったという。設備の差からして当然といえよう。

　だが、ほぼ同じ値段で設備に差がつくのは好ましくないのか、1951（昭和26）年10月31日には特ロに地帯別料金を新設。追加料金も距離により200〜500円とすることで"是正"が図られた。

04 本格的急行形客車43系登場と「特殊列車」運転

The advent of series 43 full-fledged express-style passenger carriages and the operation of "special trains"

1　3等車の体質改善実施

　スロ50・51形式の登場により、急行では特別2等車が際立った存在になり、ピカピカの茶色塗装に青色のラインと「特別2等」と書かれた出入台標示灯は、沿線住民の憧れの的ともなった。

　しかし、急行利用客の大多数が乗車する3等車はとなるとスハ32やオハ35が"最上級車"で、同じ編成に入っている特ロの豪華さを目の当たりにした旅客からは改善の要求が出されるのは当然だった。もっとも、これは急行だけでなく特急も同じだった。特急といえども3等車は、"戦後生まれの最高級3等車"とはいうものの、TR40台車を履いているだけで、実体はオハ35の延長に過ぎないスハ42だったのだから、車両のお粗末さ加減では、こちらのほうがもっと深刻だった。

　国鉄では戦後も、35系客車を2等車も含め1,000両以上製造していたが、汎用車という考えが支配的だったため、特急・急行専用車にまで手が回っていなかったのである。

　そこで、1950（昭和25）年度からは優等列車用3等車の製造が着手され、さしあたって1951（昭和26）年4月から5月にかけてスハ43・スハフ42の両形式が計100両登場する。これら43系の最大の特色は、ボックスシートながら腰掛けの形状が抜本的に改良された点にある。

　すなわち、背ずりは段付きとなり、上部はそれこそ板にモケットが張ってある程度だが、下部は厚みと傾斜が工夫されたため座り心地は格段に向上し、現在にまで続くボックスシートの標準形となった。また、窓側にも肘掛けが設けられたほか、背ずりの通路側に頭のもたれが取り付けられるなど、夜行列車での仮眠時にも無理な態勢にならなくても済むよう配慮されていた。

　このスハ43系は両数との関係で、落成後は東海道本線の特急「つばめ」「はと」と、"夜行急行御三家"と呼ばれた「銀河」「明星」「彗星」に連結され、大好評で迎えられた。以後、43系客車の増備は1955（昭和30）年10月まで続けられ、同形態の3等車だけでも1,200両近くが登場したため、同時期までに定期急行の3等車はほとんどが43系で組成される。

　なお、特急についてはスハ43の特急バージョンというべき一方向き座席のスハ44・スハフ43・スハニ35の各形式（狭義ではスハ44系）が1951年8月から10月にかけて新製されたため、「つばめ」「はと」とも10月中には44系に一新された。この43・44系客車の登場による3等車のグレードアップで、特急・急行に連結される車両は、質的に戦前を上回った。

2　「特殊列車」の登場

　1951（昭和26）年は前年に大改正が行われたこともあって、急行列車の動きは多くなく、9月15日に東京～広島間急行「安芸」に併結の宇野行きが独立。11月25日には東京～都城間に「たかちほ」、東京～宇野間急行に併結で大社行き急行が登場したにとどまる。

　東京～宇野・大社間急行については11月25日時点での列車名はなく、1週間遅れの12月2日

になって「せと」と「いずも」が命名された。これにより、急行運転線区に福知山・山陰・日豊の各線が加わる。いずれも戦前に実績があるので急行復活といえた。

この年の9月8日、対日講和条約、日米安全保障条約が調印され、翌1952（昭和27）年4月28日に両条約が発効したことで、日本は独立を回復する。しかし、アメリカ軍は安全保障条約により、引き続き日本に駐留することになる。

これにより、駐留軍専用列車は条約発効に先がけ4月1日に「特殊列車」に改称。日本人の利用も可能になったことで『時刻表』1952年5月号からは本文ページに時刻が掲載されるが、巻頭のニュースのページには「4月1日から下記臨時列車が一定の制限の下に運転することになりました。この列車利用の際には車内の秩序、整頓、清潔等に特に御留意願います」と記載されていた。

つまり、幹線区間に急行の乗車チャンネルが増設されたといっただけで、1・2等中心の組成からも他の列車のように「普段着での利用」などできるものではなかった。なお、下記臨時列車とは東京（上り上野）～佐世保間（呉線経由）急行1001・1002列車（旧"Dixie Limted"）、同1005・1006列車（旧"Allied Limited"）、横浜～札幌間（常磐・室蘭・千歳線経由）急行1201・1202列車（旧"Yankee Limited"）である。

条約発効により、旧連合軍に接収されていた客車は一部が「駐留軍貸渡客車」として米軍に残るほかは、大半が返還された。

1952年9月1日、ダイヤ改正が実施され、急行としては大阪～博多間「げんかい」と上野～青森間（常磐線経由）「きたかみ」が新設される。関西を始終着とする九州行き急行は戦後としては初めてだった。

3 豪華編成だった「特殊列車」

朝鮮戦争に伴う特需によりよみがえった日本経済は、1953（昭和28）年ごろからは一応の安定期を迎える。国鉄旅客輸送の伸びは相変わらず好調で、とくに東海道・山陽筋では九州方面への特急復活や、優等列車増発を望む声が国鉄本庁にも寄せられていた。

そうしたなかで実施された1953年3月15日改正では、京都～博多間に特急「かもめ」が新設され、約9年ぶりに特急が関門トンネルをくぐったほか、大阪～博多間急行「げんかい」が東京始終着に、東京～博多間急行「筑紫」が鹿児島まで延長される。これにより、「筑紫」は起終点間を乗車すると車内2泊といった、現在の「ななつ星in九州」並みのスケールの列車になる。

しかし、実際に起終点間の通し旅客が利用するのは「きりしま」で、「筑紫」では東京からの旅客は山陽西部か博多まで、鹿児島まで夜行で移動するのは北九州からの旅客と見られるため、2等寝台や食堂車は東京～博多間連結のままだった。

その直後の4月5日からは、上野～青森間急行「きたかみ」に接続する北海道内列車として「あかしや」が登場する。これにより、北海道内急行は「特殊列車」を加えると、戦前最盛期を超える4往復体制になる。

1953年3月改正後、「特殊列車」の編成図が初めて『時刻表』に掲載された同年8月号における急行列車運転一覧を表-12に掲げる。先の1950（昭和25）年10月当時に比べ2等寝台車と食堂車が連結される列車が増えているのは、スハネ30やマシ35の新製もあるが、旧連合国軍から車両が返還されたのが理由。しかし、「特殊列車」4本の贅沢な組成内容には、需要があるかどうかは別としてびっくりさせられる。筆者にとって大先輩にあたる大正年間生まれの同好の士は、体験から前身の駐留軍専用列車をひどく嫌っておられたが、気持ちがわかると言うものである。

ところで、東海道本線の電化は1949（昭和24）年5月に浜松まで達したあとは、そのままストップしていたが、1953年7月21日に名古屋、11月11日に貨物基地の稲沢まで達する。同日の

表―12　急行列車運転一覧・戦後(3)

1953(昭和28)年8月1日現在

線区	種別	列車番号	列車名	起終点駅ならびに時刻				車両連結両数								記事
								1展	1寝	2寝	特2	2等	3等	食堂	郵荷	計	
東海道・山陽	特急	1	つばめ	東京	9:00	→	大阪	17:00	1	…	…	5	…	3.5	1	0.5	11	
		2		大阪	9:00	→	東京	17:00										
	特急	3	はと	東京	12:30	→	大阪	20:30	1	…	…	5	…	3.5	1	0.5	11	
		4		大阪	12:30	→	東京	20:30										
	特急	5	かもめ	京都	8:30	→	博多	19:10	…	…	…	4	…	3.5	1	0.5	9	
		6		博多	10:00	→	京都	20:40										
	急行	31	阿蘇・たかちほ	東京	9:30	→	熊本	11:14	…	…	…	2	2	7	…	3	14	★「阿蘇」は筑豊経由、一部都城16:25着
		32		熊本	18:30	→	東京	20:08										★「阿蘇」は筑豊経由、一部都城13:35発
	急行	33	げんかい	東京	10:00	→	博多	9:00	…	…	…	1	2	5.5	0.5	2	11	
		34		博多	20:55	→	東京	19:12										
	急行	1001	(特殊列車)	東京	10:30	→	佐世保	13:07	…	1	3	1	2	3	1	2	13	★寝台車は大阪～博多間連結
		1002		佐世保	15:25	→	東京	18:30										
	急行	35	きりしま	東京	12:35	→	鹿児島	18:15	…	1	1	2	1	6	1	1	13	★
		36		鹿児島	11:40	→	東京	17:37										
	急行	37	雲仙	東京	13:00	→	長崎	16:45	…	…	1	2	1	6	1	2	13	★佐世保・大村線経由
		38		長崎	13:05	→	東京	16:23										
	急行	1005	(特殊列車)	東京	20:15	→	佐世保	23:59	…	3	5	…	2	…	…	2	…	★呉線経由
		1006		佐世保	2:20	→	東京	6:40										
	急行	39	筑紫	東京	21:30	→	鹿児島	5:45	…	1	…	2	2	7	1	2	14	★終点到着は翌々日
		40		鹿児島	23:30	→	東京	7:23										
	急行	21	安芸	東京	21:00	→	広島	15:25	…	…	…	1	1	8	…	1	11	★呉線経由
		22		広島	14:30	→	東京	8:55										
	急行	23	せと・いずも	東京	22:30	→	宇野	13:45	…	…	…	2	1	8	…	2	14	一部大社18:30着
		24		宇野	15:33	→	東京	6:50										一部大社10:50発
	急行	11	明星	東京	19:30	→	大阪	6:26	…	…	…	2	1	8	…	3	14	★
		12		大阪	20:10	→	東京	7:08										
	急行	13	銀河	東京	20:30	→	神戸	8:25	…	2	2	2	2	6	…	1	15	★
		14		神戸	20:10	→	東京	7:53										
	急行	15	彗星	東京	22:00	→	大阪	9:16	…	1	2	2	2	7	…	1	15	★
		16		大阪	22:00	→	東京	9:24										
	急行	201	大和	東京	23:00	→	湊町	9:30	…	…	…	2	1.5	11.5	…	1	15	★湊町直通は6両
		202		湊町	19:20	→	東京	6:08										
北陸	急行	501	日本海	大阪	22:30	→	青森	22:29	…	…	…	1	0.5	6	0.5	4	12	★大阪着翌々日
		502		青森	5:35	→	大阪	5:50										
東北	急行	101	青葉	上野	8:50	→	仙台	15:44	…	…	…	1	1.5	7.5	0.5	0.5	11	3等2両は「みちのく」に併結して青森まで直通
		102		仙台	13:35	→	上野	20:42										
	急行	201	みちのく	上野	9:35	→	青森	23:59	…	…	…	2	6.5	0.5	1	10		常磐線経由
		202		青森	5:20	→	上野	20:15										
	急行	3203	きたかみ	上野	15:55	→	青森	6:00	…	…	…	1	6	…	2	10		★常磐線経由
		3206		青森	22:45	→	上野	13:35										
	急行	205	北斗	上野	20:30	→	青森	9:02	…	1	2	2	4.5	0.5	2	12		★常磐線経由
		204		青森	20:05	→	上野	10:40										
	急行	1201	(特殊列車)	東京	19:00	→	青森	10:20	…	※2	4	…	1.5	2.5	1	※2	13	★常磐線経由
		1202		青森	18:40	→	東京	10:00										
	急行	401	鳥海	上野	21:30	→	秋田	9:28	…	…	0.5	1	1	5.5	…	3	11	★
		402		秋田	18:20	→	上野	6:26										
上越	急行	701	越路	上野	12:30	→	新潟	18:30	…	…	…	1	1	4	…	1	7	
		702		新潟	13:20	→	上野	19:20										
	急行	601	北陸	上野	21:20	→	大阪	15:43	…	1	1	1	1	7	…	2	12	★長岡経由
		602		大阪	13:25	→	上野	7:22										

表―12の続き

線区	種別	列車番号	列車名	起終点駅ならびに時刻				車両連結両数								記事
								1展	1寝	2寝	特2	2等	3等	食堂	郵荷	計	
北海道	急行	1	大雪	函館	5:50	→	網走	22:07	…	…	…	1	1.5	6	0.5	2	11	旭川着14:49、旭川から普通
		2		網走	6:15	→	函館	23:10										旭川まで普通、旭川発13:45
	急行	3003	あかしや	函館	11:30	→	札幌	18:00	…	…	…	1	1	4	…	1	7	★
		3006		札幌	11:00	→	函館	17:14										
	急行	5	まりも	函館	15:20	→	根室	12:11	…	…	0.5	1	1.5	5.5	0.5	2	11	★釧路着 7:55、釧路から普通
		4		根室	16:00	→	函館	14:08										★釧路まで普通、釧路発20:30
	急行	1201	(特殊列車)	函館	16:20	→	札幌	22:58	…	※1	…	1	1	2	1	※1	7	室蘭・千歳線経由
		1202		札幌	6:10	→	函館	12:51										

※定期列車のみ記載。★は夜行区間を含む列車
※連結両数中0.5は半室構造車(食堂と3等座席の合造など)
※1等寝台車・荷物車各1両は青函連絡船を航送で東京~函館間直通

改正で東京~大阪間に夜行急行「月光」が新設されるほか、「大和」に併結されていた鳥羽行き(亀山以南普通)が独立し、全区間急行になるとともに列車名も「伊勢」を名乗った。

4 「特殊列車」に愛称名命名

1953 (昭和28) 年に2回実施された小規模なダイヤ改正は、いずれも東京以西が中心で、東日本は北海道連絡以外にはこれといった改善がなされなかったこともあり、1954 (昭和29) 年10月1日には東日本を中心としたダイヤ改正が実施される。

この改正では東北本線急行の増強として上野~仙台間に「松島」が新設され、同区間の昼行急行が2往復体制となるほか、上野~金沢間には急行「白山」が運転を開始する。信越本線高崎~直江津間に急行のサボをつけた列車が走る

平坦な常磐線では珍しくC62+C57重連の急行「十和田」が上野を目指す。沿線風景もまだまだのどかだ。◎藤代~取手 1954年5月 撮影:伊藤 昭

のは、戦後としては最初のことだった。

それよりも、この改正で目を引いたのは「特殊列車」3往復(1201・1202列車の本州内と北海道内を別個と考えれば4往復)に、それぞれ「西海」「早鞆」「十和田」「洞爺」の列車名がつけられたことである。旧駐留軍専用列車が「特殊列車」と名を変え、1005・1006列車以外には3等車も連結されていたが、日本人は敗戦の負い目があるのか利用率は振るわなかったので、愛称命名はもちろん利用客誘致政策だった。

なお、この改正では東京～札幌間「特殊列車」で実施されていた寝台車航送が、「みちのく」～「大雪」で復活する予定だったが、直前の9月26日の台風15号で青函連絡船洞爺丸を含む5隻が遭難沈没し、多数の犠牲者を出したため、既設の「特殊列車」ともども廃止されてしまったのは残念である。

5 気動車による準急運転開始

1954(昭和29)年12月から約2年半、日本経済は朝鮮戦争の特需に次ぐ好景気(神武景気)により、戦前の最高水準を上回るまでに回復する。"高度成長"とか"三種の神器"(冷蔵庫・洗濯機・白黒テレビ)という言葉が使われるようになったのもこのころからである。

こうしたなかで1955(昭和30)年、すなわち昭和30年代が幕を開ける。敗戦で始まり、復旧・復興に苦心した昭和20年代とは打って変わり、希望に満ちたなかで新しい時代を迎えられるとあって、国民は歓喜した。国鉄も2月1日には観光地を割引料金で旅行できる「周遊券」の発売を開始し、利用客の誘致に努めた。

この1955年という年は、7月20日に東海道本線稲沢～米原間電化というエポックがあったが、急行の新設はなぜか1本もなかった。しかし、運転面では新しい動きがあった。それまでローカル線が活躍舞台で、どちらかといえば裏方的な存在だった気動車が、優等列車の座をつかむ。

時は3月22日、関西本線名古屋～湊町間準急3往復中、1往復が気動車による運転になったのである。車両は17系だが、国鉄はそのグループ内にエンジン2基を積んだ強力型のキハ50形2両を試作。在来形式のキロハ18とキハ17を加え4両編成を組むことで、準急に進出する。この17系気動車は小断面車体が災いし、車内設備は35系客車にも及ばないほどお粗末だが、それでも利用客からは好評だった。煤煙の心配がなく、夏場でも窓を大きく開けて旅行できるのが魅力的だったからである。

この関西本線準急に続くかのように、小田急電鉄も自社で2エンジンのキハ5000を製造し、新宿～御殿場間準急の直通運転を開始する。こちらは通常期1両、多客期でも2両の小ぢんまりした列車だった。なお、当時国鉄の気動車はキハ17がキハ45000、キハ50がキハ44600といったように40000代の形式番号をつけていたが、気動車優等列車の活躍期間などから、1957(昭和32)年4月以降の2桁の形式で表記することとする。

ところで、優等列車の利用客からは憧れの的である寝台車は、戦後は1等と2等しか在籍がなかった。それゆえに急行の2等寝台を利用するにも、2等乗車券、2等急行券、2等寝台券と3枚の切符が必要だった。これだけでも高そうな感じがするのに、1等寝台となるとその1.5倍ほどの値段がかかった。

具体的に東京～大阪間なら1等乗車券4160円、1等急行券1080円、1等寝台券(下段)2400円で、締めて7640円である。この値段は当時運航を開始してきた航空機の6000円よりも高いこともあって、2等寝台や特ロが満員であっても閑古鳥が鳴いていた。そのため、7月1日からは1等寝台車が廃止され、2等寝台A室とB室に改称。従来の2等寝台は同C室に改称された。ちなみに同区間を急行の3等座席車で旅行する場合は、3等乗車券870円＋3等急行券300円の1170円だった。

05 3等寝台車復活と寝台専用列車運転

The revival of third-class sleeping carriages and the operation of sleeping carriage-only trains

1 軽量客車誕生

　1951（昭和26）年から製造された43系客車は、それまでの3等車にはない居住性の良さで急行のイメージアップに大きく貢献した。また、端で見ていても均整の取れたスタイルや、重厚なTR47台車はいかにも安定感があったが、「スハ」の記号が示すように車両が重いことだけはなんともしがたかった。そこで利用客の増加で輸送力増強が迫られる国鉄としては、列車のスピードアップとともに連結両数の増加が望まれるので、双方を実現させる手段として車両の軽量化を追求していた。

　そして、その成果として1955（昭和30）年10月に1両あたりの重量がスハ43よりも約10t軽いナハ10試作車8両が落成する。車内設備はスハ43に準ずるが、ノーシル・ノーヘッダーの車体にスハ43よりも窓の天地寸法を拡大した明るく近代的なスタイルは、従来の客車の殻を破り、誰の目にも"新車"とわかるほどだった。ナハ10の登場により、スハ43では3両のところを4両まで牽引できるようになるなど、輸送上でのメリットは大きかった。

　また、これとは別に連合国軍の統治が終わり、2等寝台車が次々に返還されてくると、利用客の中からは戦前に人気のあった3等寝台車の復活が要望される。これについては国鉄部内でも1951年ごろから計画が立てられていた

軽量客車第1号として登場したナハ10形式。上部にRのある大きな窓など、明るい感じの車両だった。ドアは折戸を採用。◎品川客車区　1956年3月　撮影：伊藤 昭

第2章：長距離客車急行の全盛時代(1945～1958)　93

が、3等座席車の整備が優先され、見送りを余儀なくされていた。

しかし、1950年代も半ば近くになって長距離のビジネス客が増えたことや、「民有車両」の制度ができ車両新製枠が広げられたことで、軽量客車第2陣はナハネ10に決定し、1956(昭和31)年3月から5月にかけて一挙100両が製造される。こちらも車内構造は戦前のスハネ31と大差ないが、車幅を広くとるため裾を絞った車体や、左右非対称のレイアウトは『経済白書』に書かれた"もはや戦後ではない"時代にふさわしいものだった。

この3等寝台車・ナハネ10は、落成後3月20日から順次営業運転に就くが、夜行優等列車を受け持つ各鉄道管理局から導入の要望が強いこともあり、最終的には需要の高い東京～大阪/神戸間急行4往復に各2両、「特殊列車」を除く全国の夜行急行と準急にそれぞれ1両ずつ連結される。43系や3軸ボギー客車など、重厚な編成の中にあって、屋根が白く、窓のアルミサッシもまばゆいナハネ10はひときわ目につく存在だった。

2 東海道本線全線電化完成

戦後、沼津～静岡間から開始された東海道本線の電化は、米原～京都間を最後に1956(昭和31)年11月19日に完成。ここに東京～神戸間全線での電気運転が実現し、同日を期して全国ダイヤ改正が実施される。

この改正では全区間EF58の牽引となり、東京～大阪間所要を22年ぶりに短縮した特急「つばめ」「はと」が、車体色をライトグリーンに改め話題をさらうが、京阪神深夜通過の東京～博多間夜行特急「あさかぜ」や、東京～大阪間昼行急行「なにわ」も、新鮮なダイヤが利用客から受け、ともに列車新設直後から満員の盛況を誇った。

風光明媚な大村湾を望みつつ、終点長崎を目指すC60牽引の急行「玄海」。1等寝台車オロネ10の姿が見える。◎喜々津～大草 1964年3月 撮影：林 嶢

東海道・山陽筋では「出雲」が「瀬戸」から独立し、東京～大阪間で寝台客輸送に加わったほか、関西始発の九州行きとして「天草」と「玄海」が登場し、急行のすそ野が広げられる。

東京以北の上野始発列車では、青森行きの「おいらせ」、秋田行き昼行の「鳥海」、上越・羽越線経由の秋田行き「羽黒」が新設され、幹線急行の充実が図られる一方、上越・北陸線経由で大阪まで通す「北陸」は利用実績により北陸地区で二分され、夜行の上野～福井間は「北陸」を継承。大阪～富山間は昼行の「立山」となる。

また、「特殊列車」として運転されていた旧「西海」「早鞆」「十和田」「洞爺」の4列車が、この改正を機に列車番号が示すとおり一般の急行とされ、組成内容も同じ系統の急行と見分けがつかないまでに一新された。4列車のうち「早鞆」は「筑紫」、「洞爺」は「すずらん」に改称して再出発を果たす。

この1956年11月改正での急行列車運転一覧を 表—13 に掲げる。東海道・山陽筋では十数両の長大編成列車が昼夜の別なく行き交い、とくに東京～九州間急行は2・3等の寝台車と座席車、それに食堂車を連結し、各種の旅客ニー

表—13 急行列車運転一覧・戦後(4)　1956(昭和31)年11月19日改正

線区	種別	列車番号	列車名	起終点駅ならびに時刻	1展	2寝 AB	2寝 C	3寝	特2	2等	3等	食堂	郵荷	計	記事
東海道・山陽・九州	特急	1	つばめ	東京 9:00 → 大阪 16:30	1	…	…	…	5	…	4.5	1	0.5	12	
		2		大阪 9:00 → 東京 16:30											
	特急	3	はと	東京 12:30 → 大阪 20:00	1	…	…	…	5	…	4.5	1	0.5	12	
		4		大阪 12:30 → 東京 20:00											
	特急	5	かもめ	京都 8:30 → 博多 19:10	…	…	…	…	3	…	4.5	1	0.5	9	
		6		博多 10:00 → 京都 20:40											
	特急	7	あさかぜ	東京 18:30 → 博多 11:55	…	1	1	3	1	…	2.5	1	0.5	10	★
		8		博多 16:35 → 東京 10:00											
	急行	31	阿蘇	東京 10:00 → 熊本 10:35	…	…	1	1	1	1	7	1	2	14	★筑豊経由
		32		熊本 18:40 → 東京 19:08											
	急行	33	西海	東京 10:30 → 佐世保 11:06	…	1	1	1	1	1	6	1	2	14	★
		34		佐世保 18:15 → 東京 18:23											
	急行	35	高千穂	東京 11:00 → 醐児島 18:28	…	…	1	1	1	1	7	1	2	14	★大分経由
		36		醐児島 10:50 → 東京 17:53											
	急行	37	霧島	東京 13:00 → 鹿児島 17:10	…	…	…	1	1	2	8	1	1	15	★
		38		鹿児島 12:50 → 東京 17:25											
	急行	39	雲仙	東京 13:30 → 長崎 14:38	1	0.5	…	1	2	1.5	5	1	2	14	★
		40		長崎 14:30 → 東京 15:40											
	急行	41	筑紫	東京 20:30 → 博多 19:45	…	…	1	1	1	1	6	1	1	13	★
		42		博多 8:30 → 東京 7:46											
	急行	43	さつま	東京 21:45 → 鹿児島 5:46	1	0.5	…	1	2	1.5	5	1	2	14	★終点到着は翌々日
		44		鹿児島 23:30 → 東京 6:25											
	急行	21	安芸	東京 20:45 → 広島 14:40	…	…	…	1	1	2	9	…	1	14	★呉線経由
		22		広島 14:25 → 東京 8:25											
	急行	23	瀬戸	東京 21:15 → 宇野 12:03	…	…	…	1	1	1	9	…	…	12	★
		24		宇野 16:15 → 東京 7:10											
	急行	25	出雲	東京 22:15 → 大社 18:25	…	…	1	1	2	1	7	1	1	14	★大阪～大社間は座席車だけ
		26		大社 11:10 → 東京 6:54											
	急行	11	なにわ	東京 9:30 → 大阪 18:56	…	…	…	…	1	1	9	1	2	14	
		12		大阪 12:50 → 東京 22:00											
	急行	13	明星	東京 20:00 → 大阪 6:30	1	…	1	2	1	1	6	1	3	15	★
		14		大阪 21:30 → 東京 8:03											
	急行	15	銀河	東京 21:00 → 神戸 8:20	…	2	1	2	1	1	6	…	1	14	★
		16		神戸 21:00 → 東京 9:03											
	急行	17	月光	東京 21:30 → 大阪 8:10	…	2	1	2	1	1	6	…	1	14	★
		18		大阪 22:30 → 東京 9:23											
	急行	201	大和	東京 22:30 → 湊町 9:06	…	…	…	1	1	2	9	…	1	14	★
		202		湊町 20:20 → 東京 6:47											
	急行	203	伊勢	東京 23:05 → 鳥羽 8:29	…	…	…	1	2	1.5	8.5	…	1	15	★鳥羽直通は6両
		204		鳥羽 20:10 → 東京 6:00											
	急行	201	天草	京都 20:10 → 熊本 12:03	…	…	…	1	1	2	7	…	6	14	★
		202		熊本 16:40 → 京都 8:19											
	急行	203	玄海	京都 22:10 → 長崎 16:02	…	…	…	1	1	1	6	…	2	11	★
		204		長崎 12:15 → 京都 6:10											
北陸	急行	503	立山	大阪 12:05 → 富山 19:26	…	…	…	…	1	1	7	…	1	10	
		504		富山 12:00 → 大阪 19:30											
	急行	501	日本海	大阪 23:00 → 青森 21:50	…	…	0.5	1	1.5	6.5	0.5	2	13	★	
		502		青森 6:15 → 大阪 5:40											

第2章：長距離客車急行の全盛時代(1945～1958)

表一13の続き

線区	種別	列車番号	列車名	起終点駅ならびに時刻	1展	2寝 AB	2寝 C	3寝	特2	2等	3等	食堂	郵荷	計	記事
東北	急行	101	青葉・鳥海	上野 9:00 → 仙台 15:40	…	…	…	…	1	1.5	7.5	0.5	0.5	11	一部秋田着20:35
		102		仙台 13:30 → 上野 20:25											一部秋田発 8:15
	急行	103	松島	上野 13:40 → 仙台 20:18	…	…	…	…	1	1	6.5	0.5	2	11	
		104		仙台 9:00 → 上野 15:40											
	急行	201	みちのく	上野 9:50 → 青森 23:45	…	…	…	…	1	2	6	1	1	11	常磐線経由
		202		青森 5:25 → 上野 19:20											
	急行	203	北上	上野 16:05 → 青森 6:03	…	…	…	1	1	1	5	…	1	10	★常磐線経由
		204		青森 23:05 → 上野 13:05											
	急行	205	十和田	上野 19:15 → 青森 9:09	…	1.5	0.5	1	1	1	4.5	0.5	3	13	★常磐線経由
		206		青森 20:00 → 上野 10:10											
	急行	207	北斗	上野 20:10 → 青森 9:30	…	…	2	1	1	1	6.5	0.5	1	13	★常磐線経由
		208		青森 19:30 → 上野 9:15											
	急行	209	おいらせ	上野 23:00 → 青森 14:34	…	1	2	1	1	1	5	…	3	13	★常磐線経由
		210		青森 15:00 → 上野 6:05											
	急行	401	津軽	上野 21:30 → 青森 12:55	…	…	…	1	1	1	6	…	2	12	★
		402		青森 14:00 → 上野 5:49											
上越・信越	急行	603	白山	上野 9:10 → 金沢 19:10	…	…	…	…	1	1	6.5	0.5	…	9	長野経由
		702		金沢 9:45 → 上野 20:00											
	急行	701	佐渡	上野 9:30 → 新潟 15:15	…	…	…	…	1	1	5.5	0.5	…	8	
		702		新潟 9:00 → 上野 14:47											
	急行	703	越路	上野 13:30 → 新潟 19:30	…	…	…	…	1	1	6.5	0.5	…	9	
		704		新潟 12:55 → 上野 19:00											
	急行	801	羽黒	上野 21:00 → 秋田 8:31	…	…	…	1	1	1	4	…	3	10	★羽越線経由
		802		秋田 19:10 → 上野 7:00											
	急行	601	北陸	上野 21:15 → 福井 10:00	…	…	1	1	1	1	6	…	2	12	★長岡経由
		602		福井 18:35 → 上野 7:32											
北海道	急行	1	大雪	函館 6:00 → 網走 22:13	…	…	…	…	…	1	7.5	0.5	2	12	旭川着15:01、旭川から普通
		2		網走 6:18 → 函館 22:32											旭川まで普通、旭川発13:35
	急行	3	アカシヤ	函館 11:39 → 旭川 21:08	…	…	…	…	…	1	5.5	0.5	2	9	函館〜小樽間急行、小樽〜旭川間準急
		4		旭川 8:00 → 函館 17:28											
	急行	7	まりも	函館 14:50 → 根室 11:58	…	…	…	…	…	1	5.5	0.5	3	10	★釧路着 7:15、釧路から普通
		8		根室 16:15 → 函館 13:50											★釧路まで普通、釧路発20:30
	急行	107	すずらん	函館 16:10 → 札幌 21:27	…	…	…	…	…	1	4.5	0.5	1	7	室蘭・千歳線経由
		108		札幌 7:00 → 函館 13:16											

定期列車のみ記載。★は夜行区間を含む列車
連結両数中0.5は半室構造車(食堂と3等座席の合造など)
車両連結両数は上り方始発駅基準。上下で組成内容が異なる場合は下りを記載

ズに応じた"完全セット"の見事な組成内容である。

それ以外の地区では「日本海」「十和田」「北斗」「まりも」の4列車が完全セットを形成するものの、2等寝台AまたはB室の連結は「十和田」のマロネフ58とマロネフ49だけで、食堂車も半室とされるなど、質的に物足りなさが目立った。

東海道本線沿いの東京・大阪・名古屋・京都・横浜・神戸が「6大都市」と呼ばれていた当時、

東京〜神戸間の輸送に重点が置かれるのは当然としても、そうした巨大都市のない山陽本線と東北本線とを比べると、東北本線が"冷遇"されているのは明らかで、急行のさらなる増発や、組成内容の改善が望まれるところだった。

それはさておき、この **表—13** に掲げる列車は特急4往復を含め、すべて客車列車である。本数的にも始発駅だけで37往復設定の急行が幹線の主役であり、特急はそれらを統括する殿様列車的な存在だった。

この1956年11月改正から「あさかぜ」の20系化が完成する1958（昭和33）年10月ごろまでが、客車急行にとってクライマックスの時代といえ、3等座席車も43系のほか、九州急行や上野〜青森間の一部には10系も姿を見せていた。なお、**表—13** に急行「彗星」の文字がないが、「出雲」が東京〜大阪間輸送を受け持つため、多客時運転の不定期列車に回されたのが理由である。

3 初の寝台専用列車「彗星」

1957（昭和32）年10月1日、直前の仙山線仙台〜作並間に次いで北陸本線田村〜敦賀間が交流電化され、同区間の客車列車はED70の牽引になる。交流電化は在来の直流方式に比べ地上設備費が軽減できるので、以後、東北・九州・北海道で積極的に導入された。

ところで、同日のダイヤ改正では東京〜大阪間に初の試みとして寝台専用急行「彗星」が新設される。「銀河」と「出雲」を含む同区間の夜行急行4往復は、いずれも寝台車と座席車との混成編成で運転されていたが、4列車に使用される寝台車は片道だけでも18両に上り、かなりの需要があることで、ナハネ10の改良型といえるナハネ11の増備を機に、寝台専用列車が設

派手な塗装のDF90 1が急行「北上」を牽引。終点上野も間近だ。当時DF90は「北上」専用で、煙の心配がないことから利用客からの受けは抜群だった。◎綾瀬〜北千住　1960年9月　撮影：荻原二郎

定されたのである。「彗星」としては1956（昭和31）年11月改正で不定期列車に格下げされていたため、そのスジが活用された。

こうして初の寝台専用急行となった「彗星」は荷物車＋2等寝台車×6＋3等寝台車×5＋3等座席指定車の13両で運転される。下りが「銀河」と「月光」の間を走ることで、列車番号が17・18列車とされたため、戦前の"名士列車の再来"といわれた。「彗星」の編成に座席車が1両ながら連結されているのは、当時3等寝台車に緩急車が在籍しなかったのが理由である。

これについては、ナハネ10のナハネフ10への改造が実施される1963（昭和38）年以後、オール寝台車で組成される列車が登場するが、地域によっては需給の関係で何両かの座席車を組み込む寝台専用列車があるので、本書では寝台だけか、寝台車に座席指定の座席車を連結した夜行列車を「寝台列車」または「寝台急行」と表記することにする。

1957年10月改正で、半ば試験的に寝台急行化された「彗星」だが、定員制の静かな車内は利用客からの評判がよく、以後、全国の幹線に仲間を増やす。

第2章：長距離客車急行の全盛時代(1945〜1958)　97

COLUMN
観光客から親しまれた循環急行

　循環運転といえば山手線や大阪環状線が"有名"以上の存在だが、優等列車では、今をさかのぼること半世紀以上前の1960（昭和35）年前後から1980（昭和55）年ごろまでの間、全国各地で循環列車が運転されていた。火付け役は、1958年（昭和33）ごろから一気にブレークしたキハ55系による気動車準急である。

　その最初の列車は、1959（昭和34）年7月1日から新宿と両国を起終点として蘇我から房総東・西線を一周した房総（外房）・房総（内房）である。この循環列車は、東京都内から房総半島の観光地を日帰りまたは宿泊で2ヵ所以上周遊し、都内に戻るには至便であるため、利用客から好評で迎えられた。また、国鉄現場にとっても車両がその日のうちに起終点近くの基地に戻ることができるので、運用効率がよかった。こうしたことで、循環準急は約5年の間に活躍場所を北海道・東北・本州中部・九州などに広げる。それぞれの列車が準急でスタートしているのは、運転距離に比して旅客の乗車距離が短いためで、料金負担を軽くしたのが理由だった。

　これら循環列車の代表格といえば、1960年10月1日から急行格上げ後の1972（昭和47）年3月15日まで、名古屋を拠点に600km近くに及ぶ岐阜～高山～富山～米原～岐阜～名古屋間を高山・北陸・東海道本線のルートで走った「しろがね」と「こがね」だろう。これほどのスケールの本線列車となると、観光客はもとよりビジネス客の利用も多く、とくに設定当初は名古屋から北陸本線に入る列車は両準急のほかにはないため、混雑も相当なものだった。内回りは「しろがね」、外回りは「こがね」と列車名を分けたのは誤乗防止が目的だが、先に高山本線に入る「しろがね」は北アルプスの銀嶺、北陸本線に入る「こがね」は穀倉地帯に実る稲穂にちなんだネームを有し、それぞれの愛称のつけ方も秀逸だった。

　だが、こうした循環列車も区間によって乗車率に高低差ができたり、グループ連れや家族旅行客などがクルマに移行したりで、国鉄時代に姿を消す。今思えば、在来線全盛時代の列車のひとつだった。

「交通公社の時刻表」昭和36年10月号。準急時代の「しろがね」。名古屋発名古屋行で、昼夜行1本ずつの設定。逆回りには同じく「こがね」があった。

第3章
気動車・電車急行の登場と発展
(1957～1964)

Chapter 3. The Advent and Development of Diesel and Electric Railcars
(1957-1964)

東京行き「六甲」。東海道電車急行全盛時代の一員として活躍。◎高槻～山崎　1961年10月　撮影：篠原 丞

01 動力車による優等列車は準急から

Semi-express trains are the origin of high-class trains with powered carriages

1 気動車準急の運転網拡大

　1955（昭和30）年10月に登場したナハ10は客車列車の輸送サービス向上に大きな貢献を果たしたが、その軽量車体はそのまま気動車や電車にも生かされる。

　気動車については、国鉄では標準化の思想から戦後は一貫してDMH17系機関を使用してきたが、この機関は安定感があり現場からの信頼度も高かったものの、1基あたりの出力が小さく、キハ17系までの車両では走行性能の確保には、車体断面を小さくする方法で軽量化するしかなかった。

　しかし、軽量車体の実用化により、1956（昭和31）年9月製のキハ55系からはナハ10なみの断面と車内設備を採用することができ、それに機関2基を搭載することで、気動車による優等列車の設定範囲は大きく広がる。同年10月10日にはキハ55系準急「日光」が上野～日光間で運転を開始。同区間を2時間04分で結び、それまで旅客を独占してきた東武鉄道を慌てさせた。

　気動車準急の本格的な増発は、キハ55系の量産を待って1958（昭和33）年から始まり、この年だけで高山本線に「ひだ」、日豊・豊肥本線に「ひかり」、常磐線に「ときわ」、総武・房総線に「犬吠」「房総」、予讃本線に「やしま」、紀勢西線に「きのくに」といった面々が登場する。いずれも無煙とスピードを武器に、ビジネス・観光輸送に大いに成果をあげた。また、線区によってはキハ55の導入を待ち切れず、一般形のキハ20系で見切り発車する列車が出るほどの人気だった。

　キハ55系は暖地用の設計であるため、北海道ではキハ20の客用ドアを両端に移し、デッキを設けたキハ22を導入。気動車準急の運転開始は

1959（昭和34）年になるが、こちらはもともと普通列車用の両運転台付き車両であるため、1両だけで走る列車も珍しくなかった。

　気動車列車は電化の有無に関係なく、ほとんどの路線に入線が可能だが、地元の要望などで支線区にも準急が直通すると、従来の優等列車の常識では考えられないような短編成の列車が出現するのは致し方ないことだった。

2 80系電車準急、東海道を駆け抜ける

　一方、電車は軽量車体の採用と並行して新性能車の開発が進められるが、在来の吊り掛け式車も絶対数が不足していたため、1957（昭和32）年7月には80系電車の車体を軽量化した80系300番台が新製される。通勤時にも使用できるよう戸袋部分にロングシートを残しているが、ボックスシートはナハ10と大差なく、中距離の優等列車用としては十分に対応できる車両だった。

　全線電化がなった東海道本線では、同年10月1日改正からこの80系300番台が東京～名古屋／大垣間の準急「東海」、ならびに名古屋～大阪／神戸間の準急「比叡」（命名は11月15日）として、それぞれ3往復ずつ設定される。本格的な優等列車用でないことや長時間での乗り心地に難があるため、東京～大阪間直通は見送られたが、それでも「東海」と「比叡」の所要を足せば、同区間は8時間30分前後での到達が可能であり、直通電車急行の出現が間近いことを感じさせた。

　なお、電車準急は1958（昭和33）年には、東北本線上野～宇都宮間や上越線にも進出する。こちらは80系でも在来車が主体だった。

3　急行列車の2等車は原則特ロ車両で

　これとは別に、1958年（昭和33）10月1日に中規模な全国ダイヤ改正が実施され、東北初の特急として上野〜青森間に「はつかり」が新設されるほか、九州特急「あさかぜ」は、新機軸を満載した全編成冷房完備の20系固定編成客車に置き換えられる。急行では京都〜広島・大社間に「宮島」「だいせん」、上野〜仙台間には「吾妻」をそれぞれ昼行客車列車として新設。「だいせん」は山陽・伯備線経由で、大阪〜大社間では順路を行く「出雲」よりも約1時間近い速さが注目された。

　また、二晩夜行で話題を蒔いていた「さつま」は東京〜鹿児島間特急「はやぶさ」の設定により、九州内の門司港〜鹿児島間運転に変更される。この1958年10月改正では、急行の特別2等料金が廃止され、座席指定制に変更される。つまり、2等リクライニングシート車は在来形式に続き1957（昭和32）年にナロ10が登場し、以後も増備の計画があるため、この改正を機に急行用は原則特ロ車とし、指定席と自由席とに区別したのである。しかし、実際には並ロ車がそのまま自由席で残る列車も多く、ひととおりの完了を見るのは1961（昭和36）年に入ってからのことである。

4　153系電車による準急運転開始

　電車のスピードアップと乗り心地の向上には車体の軽量化と、駆動方式の改良は必須条件である。私鉄ではすでに1950年代前半に主電動機を台車枠内に取り付け、継手と傘歯車を使用する方式の高性能車を開発し、乗り心地の改善と騒音の減少に努めてきたが、国鉄も数年の遅れをとるものの、1957（昭和32）年6月になって新性能通勤車101系を試作する。

　国鉄ではかねてから新性能電車により、東京〜大阪間を6時間30分で結ぶ電車特急の計画を立てていたため、その基礎データを求めるべ

ヘッドマークも専用のものを付けていた153系電車化当時の準急「比叡3号」。◎吹田　1959年7月　撮影：野口昭雄

く101系で高速度試験を実施。そして、1958（昭和33）年9月には151系8両3本が竣工する。101系試作車登場からわずか1年3ヵ月という快挙だった。

　その特急形151系の陰に隠れるように目立たなかったが、東海道本線準急ならびに湘南準急用80系の置き換えに、のちに「東海型」と呼ばれる153系も1958年10月から11月にかけて第1陣19両が登場。最初から優等列車での使用を想定しているため、オールクロスシートで各車両に便所と洗面所が設けられたのが特徴だった。ただ、計画当初は急行への運用は考慮されていなかったため、2等車は並ロクラスの回転クロスシートとなる。このあたりの思想は55系気動車と同じだった。

　151系と153系は1958年10月改正に間に合わなかったものの、1ヵ月後の11月1日から前者は特急「こだま」として東京〜大阪/神戸間で2往復、後者は落成両数との関係で東京〜名古屋/大垣間の準急「東海」4往復中1往復に使用される。153系の増備はその後も続き、「東海」は1959（昭和34）年3月に、「比叡」は同年6月にそれぞれ新性能化を完了。湘南準急の153系化はやや遅れ1960（昭和35）年6月になる。

　なお、新性能車登場当時の国鉄電車は2桁の形式番号をつけていたため、101系はモハ90系、151系はモハ20系、153系はモハ91系だったが、本書では時期に関係なく、1959年に改正された車両称号規定による3桁の形式で記述させていただくこととする。

02 電車・気動車急行はまず準急用車両で運転

Electric and diesel express trains were first operated as semi-express train carriages

1 気動車急行「みやぎの」登場

1956(昭和31)年以来、秋のダイヤ改正は国鉄にとっては年中行事のようになるが、1959(昭和34)年は例年より1週間早く9月22日に実施される。この改正では日光線電化に伴い、特急形に遜色ない設備を持つ157系電車が登場。座席指定準急「日光」などに使用され、世間をアッと言わせた。157系はその設備を買われ、同年11月以後は東京～大阪間臨時特急「ひびき」にも使用される。

客車急行では、紀伊半島一周の夢が叶った紀勢本線への観光客を見込んで東京～新宮間に「那智」、同列車と併結で東京～金沢間に「能登」、そして京都～大分間には「くにさき」が新設され、ネットワークの強化が図られる一方、東北方面では「北斗」が寝台列車化される。

この改正では、気動車初の定期急行として上野～仙台間に「みやぎの」が常磐線経由で登場する。キロ25を含むキハ55系4両編成で、車両そのものは同線の準急「ときわ」と変わらないため、塗装はのちのキハ58系でも採用されるクリーム色基調に窓回りを朱色系の赤で締め、"急行"をアピールする苦しさだった。

キハ55系は準急としては及第点がついても、キロ25は並ロ級の車両であるほか、キハ55と26の洗面所は簡易式であるなど、急行に使用するには荷が重かったが、それでも上野～仙台間では「みちのく」よりも平均で22分速く、日帰りも可能にするなど、連日満席に近い盛況を誇った。利用客からすれば、設備云々よりスピードと快適性が魅力だったのである。

この「みやぎの」の成功に刺激されるかのように、キハ55系による気動車急行は表—14に

示すとおり、1年半後の1961(昭和36)年4月までに九州を除くほぼ全国に登場し、急行運転区間の拡大に貢献する。実際に、中央東線・西線や四国では気動車の力をなくして、急行の設定など考えられなかったほどだった。とくに北海道では「すずらん」を全車座席指定とし、"準特急"とするという扱いに期待のほどがうかがわれた。

2 「急行形」電車・気動車の誕生

しかし、こうしたキハ55系の伸びしろにも限度はあった。キハ55系急行の好評により、未電化区間を走る昼行客車急行は近い将来気動車化されることは簡単に予測が立つが、アプト式の信越本線横川～軽井沢間ではキハ55系のコイルバネ台車ではブレーキ引棒がラックレールの歯に接触して走行に支障をきたすことや、冬季の北海道では酷寒地対策が十分でないキハ55系の使用が困難なことがわかった。

そのほか、運転距離が長い列車となると2等車のリクライニングシート導入や、3等車の洗面所の改善、それに供食設備の充実も問題とされるからである。これについては153系電車も同様な問題を抱えていた。

東海道本線では153系化された準急「東海」や「比叡」はスピードが速いうえに、居住性も客車列車に劣らないため、客車特急「つばめ」「はと」が151系電車化された1960(昭和35)年6月1日改正で、153系10両編成による急行「せっつ」が東京～大阪間に登場する。同区間を前日までの客車特急なみの7時間45分前後で結び、「なにわ」よりも1時間速かったが、2等が並ロクラスなのと食堂車の連結のないのが、利用客から不

表—14 「サン・ロク・トオ」以前に登場した気動車急行列車運転一覧

設定年月日	列車番号	列車名	起終点駅ならびに時刻	使用形式	塗装	※車両連結両数 指2	指自2	自2	指3	自3	計	記事
1959(昭34).9.22	2201D 2202D	みやぎの	上野 7:10 → 仙台 12:53 仙台 17:10 → 上野 22:38	55系	急	…	1	…	…	3	4	常磐線経由
1959(昭34).12.13	801D 802D	しなの	名古屋 8:40 → 長野 13:15 長野 15:05 → 名古屋 19:45	55系	準	…	1	…	…	6	7	
1960(昭35).4.25	401D 402D	第1アルプス	新宿 8:10 → 松本 12:35 松本 7:25 → 新宿 11:45	55系	急	…	…	1	…	5	6	
1960(昭35).4.25	403D 404D	第2アルプス	新宿 17:00 → 松本 21:25 松本 16:30 → 新宿 20:55	55系	急	…	1	…	…	5	6	
1960(昭35).6.1	401D 402D	山陽	岡山 7:00 → 博多 14:18 博多 13:50 → 岡山 21:25	55系	準	…	1	…	…	5	6	編成は広島〜博多間を示す
1960(昭35).7.1	107D 108D	すずらん	函館 14:40 → 札幌 19:40 札幌 8:50 → 函館 13:53	55系	準	2	…	…	5	…	7	室蘭・千歳線経由
1961(昭36).3.1	2903D 2904D	紀州	名古屋 9:30 → 天王寺 18:43 天王寺 10:30 → 名古屋 19:25	55系	準	…	1	…	…	7	8	新宮経由
1961(昭36).4.15	1D 2D	四国	高松 18:25 → 宇和島 23:22 宇和島 6:27 → 高松 11:25	55系	準	…	1	…	…	5	6	
1961(昭36).4.15	409D 410D	狩勝	札幌 7:38 → 釧路 14:03 釧路 15:08 → 札幌 21:37	56系	…	…	1	…	1	3	5	
1961(昭36).5.1	3301D 3302D	志賀	上野 8:00 → 長野 12:23 長野 16:58 → 上野 21:15	57系	…	1	…	1	…	4	6	

※定期列車のみ記載。
※キハ55の塗装のうち「急」は急行塗装(クリーム色に窓回り赤11号)、「準」は準急塗装(黄色に窓下赤のライン)
※1960.7.1から2等は1等に、3等は2等に変更。
※車両連結両数は設定当時のものを示し、原則として上り方始発駅基準。
※気動車列車の列車番号にDが付加されるのは1961.10.1改正からだが、ここでは便宜上付加して示した。

表—15 1961年3月1日改正における東海道本線電車急行の編成と時刻

◆2011T せっつ 東京 8:14 → 大阪 16:00　◆12T なにわ 大阪 12:30 → 東京 20:15
◆11T なにわ 東京 9:30 → 大阪 17:15　◆2012T せっつ 大阪 14:00 → 東京 21:44
◆2017T 金星 東京 22:05 → 大阪 8:58★　◆2018T 金星 大阪 20:40 → 東京 6:55★

評だった。列車の無煙化が完了し、2等常連客の利用も多い東海道本線では、同じ準急用車両であっても前述のキハ55系のような評価は得られないのである。もっとも「なにわ」の"鈍足"についても問題視はされていた。

そこで、「なにわ」の電車化と「せっつ」のグレードアップを目的に、153系の"急行バージョン"というべきリクライニングシート車・サロ152と、半室ビュフェ車・サハシ153が立ち上げられ、両形式とも1961(昭和36)年1月に竣工する。東海道客車特急の廃止で1等展望車が第一線から引退したため、1960年7月1日からは2等級制となっており、サロ152は1等車として誕生したわけである。

この153系急行仕様車により、1961年3月1日から 表—15 のように「なにわ」「せっつ」ともサロ152とサハシ153をそれぞれ2両組み込んだ153系12両編成となる。ビュフェ車は当初、電子レンジの設置がなかったため、食堂車のような本格的な食事とはいかなかったが、寿司カウンターが併設されており、一貫単位で握り寿司が注文できるとあって、たちまちのうちに"東海道名物"になる。また、運用の間合いを利用して同区間に夜行急行「金星」が設定された。

一方、キハ55系に代わる急行形気動車もほぼ同期に製造が開始され、1961年3月から5月にかけて北海道向けキハ56系、信越本線アプト対応のキハ57系、本州以南向けキハ58系の順で落成する。これら3形式は広義ではキハ58系と総称され、153系電車の設備を気動車にあてはめたような車両だが、キハ56系とキハ57系の製造が優先されたのは、表－14に示す「狩勝」や「志賀」が車両の落成を待って登場しているように、北海道と信越線ではキハ55系で時間を稼げるゆとりがないほど、車両事情が深刻だったからである。

キハ58系については、1961年5月から新潟地区の既設準急の編成に入り、キハ55系と混成で走る写真が鉄道誌に掲載されているが、同年9月末まではキハ58系のみの編成で運転された定期列車は記録されていない。10月にダイヤ改正が予定されているので、それに備えて試験運転などを行うだけの余裕があったのだろう。な

お、キハ58系の供食設備については食堂車やビュフェも検討されたようだが、幹線の一部では近未来での電化が決定していることなどで、時期尚早と判断されたのか、結局日の目を見ることはなかった。

3 客車急行もまだ伸びる余地が

気動車や電車に押され、列車新設のペースが鈍り始めた客車急行だが、1960（昭和35）年6月改正では京都～都城間の「日向」（大分始終着の「くにさき」を延長）、上野～山形間に「蔵王」、同～盛岡間に「いわて」が設定されるほか、1961年3月には東京～大阪間急行「明星」が寝台列車化される。

同日には前述のように「金星」が153系で運転を開始しているので、座席での輸送力は「金星」に任せるだけのゆとりができたわけである。これも電車化の副産物といったところだろう。

東海道本線初の定期夜行電車急行「金星」が終点大阪に急ぐ。「金星」が153系電車で運転されていた時期は極めて短かった。
◎神足～山崎　1961年7月　撮影：林嶢

03 実際には急行が主役だった「サン・ロク・トオ」

Express trains actually played the leading role in the "San Roku Too" timetable revision (June 10th, 1961)

1 「サン・ロク・トオ」ダイヤ改正

　1961（昭和36）年10月1日、年輩の鉄道ファンの間では若干の郷愁とともに、今もって「サン・ロク・トオ」と呼ばれ、戦後国鉄というよりは、国鉄史上最大のダイヤ改正が実施される。

　この改正は「老朽資産の取り替え」「輸送力の増強」「動力の近代化」を3本柱として1957（昭和32）年度から発足した第1次5ヵ年計画を1960（昭和35）年度で打ち切り、その成果を利用客に問うもので、高度経済成長による利用客の増加に対処するため既設のダイヤを白紙に戻し、優等列車の増発とスピードアップに力が注がれたのが特色だった。

　とくにそれまで東海道・山陽・九州線や東北・常磐線などエリート路線に9往復のみ設定されていた特急が3倍増の26往復となり、運転区間も全国主要路線に拡大されたのが目を引き、"「サン・ロク・トオ」イコール全国特急網形成"がイメージされてしまう。

　だが、急行が63往復から113往復、準急も200往復から224往復（いずれも不定期列車を含む）に増発されているように、この改正で実際に列車増発の規模が大きかったのは急行であり、とくに主要幹線ではフラッグシップトレインである特急とともに急行が昼夜の長距離輸送を支え、準急が中・短距離の都市間または都市対観光地間輸送を担うといった、バランスのとれた優等列車配置が完成する。

　急行の運転状況については

表一16を参照されたいが、房総東線・西線など千葉鉄道管理局内の路線や、高山本線などに急行の設定がないのは、旅客の乗車距離がせいぜい150km前後で急行では料金負担が大きくなるのが理由だった。

　また、四国には急行が4往復設定されているのに、九州島内急行がゼロというのも不思議な現象だが、四国では本州内の東京／大阪～宇野間電車特急に接続する予讃・土讃線列車は急行として"種別格差"を縮めたのに対し、九州では本州からの直通急行が多数運転されているため、島内優等列車は準急のままで残し、利用客の棲み分けを図ったのが理由だった。

　もっとも、九州の4幹線（鹿児島・日豊・長崎・佐世保線）では、客車急行よりも気動車準急のほうが圧倒的に速く、島内旅客の大半が準急を利用するため、急行は繁忙期を除き終点に近づくにつれ、旅客数が減るという"片道輸送"の形態を呈していた。

「サン・ロク・トオ」を知らせる広告。おらが町にやってきた特急の姿があまりにも美しく、夢心地に眺めていた人も多いはず。◎1961年9月　所蔵：フォト・パブリッシング

第3章：気動車・電車急行の登場と発展（1957～1964）　105

表—16 1961年10月1日改正における急行列車運転一覧

線名	列車番号	列車名	運転区間	車種	連結車両数 寝AB	寝C	2寝	1等	食堂	計	記事
東海道・山陽・九州	11・12	銀河	東京～神戸	一般形客車	2	…	7	…	…	11	★寝台列車
	13・14	明星	東京～大阪	〃	2	…	7	…	…	12	★寝台列車
	15・16	彗星	〃	〃	5	…	7	…	…	14	★寝台列車
	17・18	月光	〃	〃	4	…	8	…	…	14	★寝台列車
	19・2022～22	○金星	〃	〃	…	…	5	…	…	6	★寝台列車、上りは京都～東京間「出雲」に併結
	21・22	○出雲	東京～浜田	〃	1	…	1	1	…	6	★京都から山陰本線経由
	23・24	安芸	東京～広島	〃	1	…	2	2	1	15	★呉線経由
	25・26	瀬戸	東京～宇野	〃	1	…	2	2	1	14	★
	31・32	霧島	東京～鹿児島	〃	…	1	2	2	1	15	★
	33・34	雲仙	東京～長崎	〃	…	…	1	1	…	7	★
	33・2033・2034～34	西海	東京～佐世保	〃	…	…	1	1	1	8	★東京～肥前山口間「雲仙」に併結
	35・36	高千穂	東京～西鹿児島	〃	…	1	2	2	1	15	★大分経由
	37・38	筑紫	東京～博多	〃	…	…	1	1	1	10	★
	37・2037・2038～38	○ぶんご	東京～大分	〃	…	…	1	1	…	5	★東京～門司間「筑紫」に併結
	201・202	伊勢	東京～鳥羽	〃	…	…	1	1	…	6	★
	201～2201・2202～202	那智	東京～新宮	〃	…	1	1	1	…	6	★東京～多気間「伊勢」に併結
	203・204	大和	東京～湊町	〃	2	…	4	3	…	15	★
	901・902	能登	東京～金沢	〃	…	1	2	2	…	11	★
	101M・102M	○六甲	東京～大阪	153系電車	…	…	…	2	※1	12	
	103M・104M	○やましろ	〃	〃	…	…	…	2	※1	12	
	105M・106M	○いこま	〃	〃	…	…	…	2	※1	12	
	107M・108M	第1-第1なにわ	〃	〃	…	…	…	2	※1	12	
	109M・110M	第1-第1せっつ	〃	〃	…	…	…	2	※1	12	
	111M・112M	○第1-第1よど	〃	〃	…	…	…	2	※1	12	
	113M・114M	第2-第2せっつ	〃	〃	…	…	…	2	※1	12	
	115M・114M	第2-第2なにわ	〃	〃	…	…	…	2	※1	12	
	117M・118M	○第2-第2よど	〃	〃	…	…	…	2	※1	12	
	601・602	さつま	名古屋～鹿児島	一般形客車	…	…	1	2	…	10	★
	601～2601・2602～602	だいせん	京都～大社	〃	…	…	…	1	…	5	京都～岡山間「さつま」に併結
	603・604	阿蘇	名古屋～熊本	〃	…	1	2	2	1	15	★
	201・202	日向	京都～都城	〃	…	1	3	1	…	11	★
	203・204	○ひのくに	大阪～熊本	〃	2	…	4	…	…	10	★寝台列車
	205・206	玄海	京都～長崎	〃	…	1	2	1	1	14	★
	207・208	天草	京都～熊本	〃	…	1	1	2	1	14	★筑豊経由
	209・210	○平戸	大阪～佐世保	〃	…	…	2	2	…	12	★
	303・304	○音戸	大阪～広島	〃	1	…	4	…	…	7	★呉線経由、寝台列車
	301D・302D	○宮島	〃	58系気動車	…	…	…	1	…	6	呉線経由
	401D・402D	○べっぷ	広島～別府	〃	…	…	…	1	…	6	
	403D・404D	山陽	岡山～博多	〃	…	…	…	1	…	10	
関西・山陰	903D・904D	紀州	名古屋～天王寺	〃	…	…	…	…	…	8	新宮経由
	701・702	三瓶	大阪～浜田	一般形客車	…	…	…	1	…	6	旧「出雲」のスジを継承
	701～2701・2702～702	〃	大阪～大社	〃	…	…	…	…	…	3	大阪～出雲市間併結
	801D・802D	白兎	京都～松江	58系気動車	…	…	…	1	…	5	
	2801D～801D・802D～2802D	○〃	大阪～松江	〃	…	…	…	1	…	3	福知山～松江間併結

表-16の続き

線名	列車番号	列車名	運転区間	車種	連結車両両数						記事
					寝AB	寝C	2寝	1等	食堂	計	
四国	1D・2D	四国	高松～宇和島	〃	…	…	…	1	…	4	
	3D・4D	○道後	高松～松山	〃	…	…	…	1	…	4	
	101D・102D	○黒潮	高松～須崎(～窪川)	〃	…	…	…	1	…	3	
	103D・104D	○浦戸	高松～高知	〃	…	…	…	1	…	3	
北陸	501・502	日本海	大阪～青森	一般形客車	1	…	1	2	1	13	★白新線経由
	503・504	立山	大阪～富山	〃	…	…	…	3	…	13	
	401D・402D	○きたぐに	金沢～新潟	58系気動車	…	…	…	1	…	4	
中央	401D・402D	第1-第1アルプス	新宿～松本	〃	…	…	…	2	…	9	上りは7両
	403D・404D	○第2-第2アルプス	〃	〃	…	…	…	2	…	9	
	405D・406D	○第1-第1上高地	〃	〃	…	…	…	2	…	9	
	407D・408D	○第2-第2上高地	〃	〃	…	…	…	2	…	9	下りは7両
	409D・410D	○第1-第1白馬	〃	〃	…	…	…	2	…	9	下りは★、上りは8両
	411D・412D	○第2-第2白馬	新宿～信濃森上	〃	…	…	…	2	…	9	大糸線内準急。信濃森上直通は2両
	407D～2508D 2505D～402D	○天竜	新宿～天竜峡	〃	…	…	…	…	…	2	新宿～辰野間併結。飯田線内準急
	801D・802D	しなの	名古屋～長野	〃	…	…	…	1	…	8	
	803D・804D	○信州	〃	〃	…	…	…	1	…	8	
	805D・806D	○あずみ	〃	〃	…	…	…	1	…	8	★
	807D・808D	○ちくま	大阪～長野	57系気動車	…	…	…	1	…	8	下りは★
東北・奥羽	11・12	みちのく	上野～青森	一般形客車	…	…	…	2	1	11	常磐線経由
	13・14	北上	〃	〃	1	…	5	1	1	11	★ 常磐線経由、寝台列車
	15・16	十和田	〃	〃	…	…	…	2	1	15	★
	17・18	北斗	〃	〃	1	…	5	…	1	11	★ 〃 、寝台列車
	19・20	いわて	〃	〃	…	1	2	2	…	12	★
	21・22	おいらせ	〃	〃	…	1	2	2	…	12	★
	31・32	みやぎの	上野～仙台	〃	…	…	…	1	…	6	
	33・34	青葉	〃	〃	…	…	…	2	…	12	
	35・36	吾妻	〃	〃	…	…	…	2	…	8	
	37・38	松島	〃	〃	…	…	…	2	1	7	
	39・40	○八甲田	上野～青森	〃	1	…	1	2	…	13	★
	31～2031・ 2032～32	鳥海	上野～秋田	〃	…	…	…	2	0.5	8	上野～福島間「みやぎの」に併結
	35～2035・ 2036～36	ばんだい	上野～会津若松	〃	…	…	…	1	…	5	上野～郡山間「吾妻」に併結
	37～2037・ 2038～38	蔵王	上野～青森	〃	…	…	…	1	…	5	上野～福島間「松島」に併結
	401・402	津軽	上野～秋田	〃	1	…	2	2	…	12	★奥羽線経由
	403・404	○男鹿	〃	〃	1	…	1	2	…	13	★
	405・406	○出羽	上野～新庄	〃	…	…	…	1	…	11	★
	11D・12D	陸中	上野～盛岡	58系気動車	…	…	…	1	…	7	常磐線経由、旧「みやぎの」の盛岡延長
上越・信越	701・702	佐渡	上野～新潟	一般形客車	…	…	…	2	…	9	
	703・704	越路	〃	〃	…	…	…	2	…	9	
	2601・2602	北陸	上野～金沢	〃	1	0.5	1.5	2	…	13	★長岡経由
	801・802	羽黒	上野～秋田	〃	…	1	3	1	…	11	★新津・羽越線経由
	601・602	白山	上野～金沢	〃	…	…	…	2	…	10	長野経由
	603・604	○黒部	〃	〃	…	1	1	1	…	9	★長野経由
	301D・302D	志賀	上野～長野	57系気動車	…	…	…	1	…	6	
	303D・304D	○丸池	〃	〃	…	…	…	1	…	6	
	305D・306D	○とがくし	〃	〃	…	…	…	1	…	6	

表―16の続き

線名	列車番号	列車名	運転区間	車種	連結車両両数					記事
					寝AB	寝C	2寝	1等	食堂	計	
北海道	11・12	大雪	函館〜札幌	一般形客車	…	…	…	1	0.5	6	
	17・18	まりも	函館〜釧路	〃	…	1	2	2	1	13	★
	13D・14D	○オホーツク	函館〜網走	56系気動車	…	…	…	1	…	3	
	13D〜2403D・2404D〜14D	○摩周	函館〜釧路	〃	…	…	…	1	…	4	
	13D〜2303D・2304D〜14D	○宗谷	函館〜稚内	〃	…	…	…	…	…	2	
	19D・20D	すずらん	函館〜札幌	〃	…	…	…	1	…	5	全車座席指定
	505D・506D	○第1・第2はまなす	旭川〜網走	〃	…	…	…	…	…	2	
	501D・502D	○第2・第1はまなす	札幌〜網走	〃	…	…	…	…	…	3	
	501D〜2301D・2302D〜502D	○天北	札幌〜稚内	〃	…	…	…	…	…	2	天北線経由、札幌〜旭川間「はまなす」に併結
	501D〜2401D・2402D〜502D	第2・第1狩勝	札幌〜釧路	〃	…	…	…	1	…	6	札幌〜滝川間「はまなす」に併結

※定期列車のみを記載。連結車両数は『時刻表』1962年1月号による。★は夜行区間を含む列車
※○は1961年10月1日改正での新設列車。連結車両数の計は2等車や郵便・荷物車を含む編成全体の両数
※153系電車の食堂車連結車両数は実際には0.5×2

2 急行形車両の増備すすむ

この1961（昭和36）年10月改正をもう少し掘り下げてみると、輸送力が限界近くに達している東海道本線ではすでに1959（昭和34）年から新幹線工事が開始されているため、開業までの最後の改正としての位置づけがなされている。昼間の急行は極力電車列車とされ、東京〜大阪間所要も特急より1時間遅いだけの7時間25〜30分となる。そのため、改正前に東京〜九州間で運転されていた直通急行の一部は名古屋または大阪で系統分割となり、東京口では4往復に削減される。また、東京〜大阪／神戸相互始終着の夜行列車は電車3往復が輸送力列車として活用されるため、「銀河」以下5往復は寝台列車となり、利用客の分離が図られる。

寝台列車はこのほか山陽本線で「ひのくに」「音戸」が新設されたほか、東北系統では寝台・座席併設の「八甲田」登場により、「北上」が寝台列車化される。さらにナハネ11の新製に続きスハネ30の復元もあって2等寝台車の両数が増えたため、夜行列車では寝台車が増結されている。

気動車急行については、昭和36年度予算での新製割り当てがキハ56系74両、以下、キハ57系17両、キハ58系364両とされたことで、大阪〜広島間「宮島」など多数の列車が新設される。

だが、実際に1961年10月改正に間に合った車両は、昭和35年度予算による製造車を含めてもキハ56系が38両、キハ57系が25両、キハ58系が111両だけにとどまったため、10月1日改正をオールキハ58系（56・57系を含む）の編成で迎えた列車となると、筆者が鉄道誌等で確認したところでも、北海道の「オホーツク・摩周・宗谷」、「すずらん」、「第2−第1狩勝」、信越線の「志賀」「丸池」「とがくし」、北陸線の「きたぐに」だけある。

四国の4急行は1等車にキロ28が入ったものの2等車はすべてキハ55、その他の列車も本州内でキハ57系でないと編成が組めない上野〜長野間列車以外はキハ58系と55系の混成、北海道では「はまなす」「天北」の編成にキハ22も加わっていた。

ただ、この1961年10月前後に発売された鉄道誌の記事は、全国特急網形成のキハ80系が特集的に組まれているので、気動車急行は脇役に追いやられ、資料がきわめて少ないのも事実である。なお、昭和36年度予算での車両は1962（昭和37）年3月までに登場するので、そのころには気動車急行もキハ58系で固めた編成になる。

ただ、キハ58系については急行設定のない九州にも配置されており、島内を準急の一員として走る姿が見られた。

3 北海道で気動車急行網確立

　1961（昭和36）年10月改正での優等列車増強により、幹線では著しく利便性が向上したため、利用客は列車増発分以上に増えるといった好循環を呈した。1962（昭和37）年に入ると北海道では2月1日に「十勝」、5月1日には「紋別」「はぼろ」が新設され、札幌と帯広・遠軽・幌延を結ぶほか、石北本線内運転だった「第1－第2はまなす」も札幌始終着になるなど、札幌を中心とする気動車急行網が整備されるが、これらはキハ56系の増備をもって実施されたので、実質的には「サン・ロク・トオ」の仕上げといった感じだった。

　だが、のちに廃線となる名寄本線や羽幌線といった閑散ローカル線では急行といえど、さほどの利用は見込めず、『時刻表』の「主要旅客列車編成」ページで見る限りでは、「紋別」は2両、「はぼろ」は1両だけだった。

　優等列車3種別制だった当時、急行は最低でも1等車を連結するのが不文律とされていたが、「十勝」と「紋別・はぼろ」はその「掟」を破っていたわけである。しかし、キハ56系2両の「紋別」はともかく、急行「はぼろ」がキハ56系投入までの暫定であるとはいえ、実際に留萌・羽幌線内をキハ22の単行で走っていたのだろうか。"0次資料"である写真で確認してみたいものである。

　この間、1962年3月1日から上野〜長野間急行「志賀」「丸池」の編成の一部（キハ57・2両）が屋代から長野電鉄湯田中へ直通運転を開始し、温泉客への利便を図るほか、3月10日からは「大和」の編成のうち1両（スハネフ30）が王寺で分割後、和歌山線普通列車に連結され和歌山市まで乗り入れる。東京都内から直通列車のない和歌山県都への鉄道ルートを形成するための涙ぐましいまでの作戦だった。

旭川駅を発車する急行「宗谷」。優等列車3種別時代における北海道の気動車急行はキハ56系で運転されていた。本州以南のキハ58系に比べ窓が小さいのが外観上の特色。◎旭川　　1966年11月　撮影：伊藤威信

04 主要幹線で電車急行網形成

The express train network is formed of electric trains on major routes

1 最長距離電車急行「宮島」運転

　1961（昭和36）年度から実施された第2次5カ年（長期）計画は、「輸送力の増強」と「動力の近代化」、それに「東海道新幹線の完成」を大きな目標としているが、新幹線が開業する1964（昭和39）年10月1日までに、在来線の電化も山陽本線全線、信越本線高崎～長野・宮内～新潟間、中央本線東京～上諏訪間、北陸本線米原～富山間、常磐線日暮里～平間に拡大され、電車による優等列車が進出したのが特徴だった。ここでは、この期間における各線の電化に伴う改正の概略と、急行列車の動向について追ってみよう。

　東海道本線に接続する西日本の大動脈でありながら、意外と近代化が遅れていた山陽本線も、1962（昭和37）年6月10日に三原～広島間の電化が完成し、東京からの電気運転が可能となる。同日の改正では、東京～大阪間電車急行2往復がそのまま広島まで延長され、東海道内昼行は「第1-第1宮島」、同夜行は「第2-第2宮島」の列車名を名乗る。運転距離894.8kmは現在なお定期の電車急行としては最長である。この「宮島」2往復設定に伴い、東京～大阪間電車急行「やましろ」と「第2-第2よど」、それに大阪～広島間気動車急行「宮島」は姿を消す。「やましろ」は同時に廃止された特急「へいわ」とともに、在位期間はわずか8ヵ月余りの短命に終わった。同改正における東海道・山陽本線電車急行の編成と時刻は **表―17** の通りである。

2 交直流急行形電車登場

　東北本線上野～仙台間は、1961（昭和36）年10月改正では気動車特急「ひばり」や客車急行の活躍舞台だが、こちらの電化は1961年3月に完成していた。にもかかわらず、電車列車が入線しなかったのは黒磯以北が交流電化であるのが理由だった。直通運転には交直流急行形電車が必要だが、その開発が「サン・ロク・トオ」に間に合わなかったからである。

　しかし、その交直流急行形も451系として1962（昭和37）年7月に登場。同年10月1日から上野～仙台間急行「みやぎの」として運転を開

表―17 1962年6月10日改正における東海道・山陽本線電車急行の編成と時刻

←大阪・広島方　　　　　　　　　　　　　　　　　　　　　　　　　　　　　　　　　東京方→

①	②	③	④	⑤	⑥	⑦	⑧	⑨	⑩	⑪	⑫
2等	2等	2等	2等/ビ	自1等	指1等	2等/ビ	2等	2等	2等	2等	2等
クハ153	モハ152	モハ153	サハシ153	サロ152	サロ152	サハシ153	モハ152	モハ153	モハ152	モハ153	クハ153

◆101M　六甲　　　東京 8:30 → 大阪 16:00
◆2101M　第1宮島　東京 9:30 → 広島 22:10
◆103M　いこま　　東京 10:00 → 大阪 17:25
◆105M　第1なにわ　東京 10:50 → 大阪 18:20
◆107M　第1せっつ　東京 12:20 → 大阪 19:50
◆109M　よど　東京　14:00 → 大阪 21:30
◆2103M　第2宮島　東京 20:10 → 広島 10:55★
◆111M　第2なにわ　東京 21:20 → 大阪 7:50★
◆113M　第2せっつ　東京 22:30 → 大阪 9:30★
◆102M　六甲　　　大阪 8:30 → 東京 16:00
◆104M　第1なにわ　大阪 9:30 → 東京 17:00
◆106M　いこま　　大阪 11:00 → 東京 18:30
◆2102M　第1宮島　広島 7:25 → 東京 20:00
◆108M　第1せっつ　大阪 13:20 → 東京 20:50
◆110M　よど　大阪　14:00 → 　東京 21:30
◆2104M　第2宮島　広島 14:55 → 東京 6:20★
◆112M　第2なにわ　大阪 21:45 → 東京 7:50★
◆114M　第2せっつ　大阪 22:45 → 東京 9:21★

表—18　1963年4月20日改正における北陸本線電車急行の編成と時刻

← 大阪方　　　　　　　　　　　　　　　　　　　　　　　　　　　　　　　　　　　金沢方 →

①	②	③	④	⑤	⑥	⑦	⑧	⑨	⑩
2等	2等	2等/ビ	自1等	指1等	2等/ビ	2等	2等	2等	2等
クモハ471	モハ470	サハシ451	サロ451	サロ451	サハシ451	モハ470	クモハ471	モハ470	クモハ471

- ◆501M 第1ゆのくに　大阪 9:33 → 金沢 13:50
- ◆502M 第1加賀　金沢 7:40 → 大阪 12:10
- ◆503M 第2ゆのくに　大阪 14:05 → 金沢 18:35
- ◆504M ゆのくに　金沢 9:40 → 大阪 14:10
- ◆505M 第1加賀　大阪 16:40 → 金沢 21:05
- ◆506M 第2加賀　金沢 16:00 → 大阪 20:37
- ◆507M 第2加賀　大阪 22:40 → 金沢 5:30★
- ◆508M 第3加賀　金沢 22:40 → 大阪 5:05★

（下り「第1ゆのくに」「第2ゆのくに」、上り「ゆのくに」は全車座席指定）

表—19　1963年6月1日改正における上越線電車急行の編成と時刻

← 上野方　　　　　　　　　　　　　　　　　　　　　　　　　　　　　　　　　　　新潟方 →

①	②	③	④	⑤	⑥	⑦	⑧	⑨	⑩	⑪	⑫
2等	2等	2等	2等/ビ	自1等	指1等	2等/ビ	2等	2等	2等	2等	2等
クハ165	モハ164	クモハ165	サハシ165	サロ165	サロ165	サハシ165	モハ164	クモハ165	クハ165	モハ164	クモハ165

- ◆701M 弥彦　上野 7:25 → 新潟 12:40
- ◆702M 弥彦　新潟 6:50 → 上野 12:04
- ◆703M 佐渡　上野 9:30 → 新潟 14:45
- ◆704M 佐渡　新潟 11:00 → 上野 16:10
- ◆705M 越路　上野 13:15 → 新潟 18:33
- ◆706M 越路　新潟 13:30 → 上野 18:47
- ◆707M ゆきぐに　上野 18:10 → 新潟 23:24
- ◆708M ゆきぐに　新潟 16:45 → 上野 22:05
- ◆709M 越後　上野 22:30 → 新潟 5:39★
- ◆710M 越後　新潟 22:35 → 上野 8:12★

（「越後」のビュフェは営業休止）

始する。この「みやぎの」は同区間（ただし常磐線経由）にわが国初の気動車急行としても登場しているように、"初物"になるのが好きな列車のようである。451系は153系急行バージョンを交直流電車としたような車両で、10両編成中1等車と2等ビュフェ合造車をそれぞれ2両ずつ連結していた。

ただし、ビュフェには153系の寿司ではなく、そばコーナーが設けられていた。「みやぎの」の上野〜仙台間所要は5時間22分なので、気動車時代と大差がなかった。当時の東北本線は宇都宮以北の大部分が単線なので、スピード運転には向いていなかったのである。

その半年後の1963（昭和38）年4月20日、北陸本線金沢電化が完成し、451系の60Hz対応車というべき471系が投入され、表—18に示すように大阪〜金沢間急行4往復を担当する。列車名は座席指定列車が「ゆのくに」、自由席列車が「加賀」に分けられるが、温泉観光客の多い路線とはいえ、思い切った措置だった。

なお、前述の東北急行「みやぎの」も電動車ユニットがクモハ451＋モハ450となるだけで、

組成そのものは北陸急行と同一である。未電化時代が長く続いた東北本線や北陸本線に入った451系や471系はピンクとクリーム色の塗り分けもまばゆく、沿線の景色が明るくなった感じだった。

3　直流急行形165系誕生

上野〜新潟間は信越本線部分の電化により、山陽本線広島と同じ1962（昭和37）年6月10日に電気運転が実現する。当日には電車特急「とき」が運転を開始し、話題を独占するが、電車急行は旧形の80系による1往復（下り「弥彦」、上り「佐渡」）だけで、喜べるものではなかった。

しかし、1963（昭和38）年3月以降、勾配線区用急行形電車として153系をパワーアップし、耐寒耐雪構造とした165系が入線。同年6月1日改正では準急から格上げされた「ゆきぐに」「越後」を含む上野〜新潟間急行は、全面的に165系12両による運転となって面目を一新する。編成と時刻は表—19のとおりだが、2連サロの脇をサハシで固め、2等車から1等車への通り

表―20 1963年10月1日改正における信越本線電車急行の編成と時刻

←上野方							長野方→
①	②	③	④	⑤	⑥	⑦	⑧
2等	2等	2等	2等	自1等	指1等	指2等	
クモハ165	モハ164	クハ165	クモハ165	モハ164	サロ165	サロ165	クハ165
└─上野~湯田中─┘							※※
※							

◆301M 第1志賀　　上野 7:10 → 長野 11:08・湯田中 11:51
◆303M 第1信州　　上野 8:01 → 長野 12:18
◆305M 第2志賀　　上野 12:10 → 長野16:17・湯田中11:51
◆307M 第2信州　　上野 14:15 → 長野 18:12
◆309M 第3信州　　上野 17:23 → 長野 21:18
◆311M 第4信州　　上野 18:45 → 長野 22:42
◆313M とがくし　　上野 23:10 → 長野 4:38★

◆302M 第1信州　　長野 7:30 → 上野 11:43
◆304M 第2信州　　長野 9:30 → 上野 3:39
◆306M 第3信州　　長野 12:30 → 上野 16:35
◆308M 第1志賀　　長野 14:15・湯田中13:32→ 上野 18:21
◆310M 第4信州　　長野 17:00 → 上野 21:13
◆312M 第2志賀　　長野 18:40・湯田中17:53→ 上野 22:44
◆314M とがくし　　長野 23:20 → 上野 4:55★

※①~③号車は「志賀」のみ湯田中直通。「信州」は長野始終着
※※ 「志賀」の⑧号車は自由席

抜けを未然に防ぐ役目を担うのも、当時の電車急行の編成スタイルといえた。

なお、直流形電車であってもサハシ165のビュフェは、サハシ451同様そばコーナー付きだった。旅客からの要望というよりも、寿司スタンドを設けると専門の職人が必要で、その要員不足が理由だった。上越線の165系はMT比に余裕があるため、1963年11月からは13両編成に増強される。

4　電車運転にもネックとなった碓氷峠の特殊扱い

信越本線は66.7‰の横川~軽井沢間（碓氷峠）をアプト式鉄道で越える関係で牽引定数が抑えられるほか、その自転車なみのスピードは輸送上のネックとなっていた。そこで、施設や専用機関車が老朽化したのを機に、在来線に並走する形で粘着運転の新線を建設。新線は1963（昭和38）年7月15日に開業し、同時に軽井沢~長野間の電化も完成したため、この時点で上野~長野間での電車直通が開始される。

これら一連の工事完成に伴うダイヤ改正は1963年10月1日に実施され、上野~長野間では新設列車を含む急行7往復が165系電車による運転となる。列車名は先の上越線とは違って総称方式となり、長野行きは昼行が「信州」、夜行が「とがくし」、湯田中行き併結は「志賀」にまとめられる。165系は計画当初では11両編成だったが、新線も66.7‰勾配が残された関係で、保安上編成は8両に抑えられる。

このため、夏の軽井沢別荘客輸送に必要な1等車2両は確保されたものの、ビュフェ車の連結は見合わされたほか、車両も重い電動車が碓氷峠の山麓側に固められたのが編成の特色となっていた。同改正における編成と時刻は、**表―20**のとおりである。

5　急行の全盛期が到来

東北本線上野~仙台間では1962（昭和37）年10月改正で451系急行「みやぎの」が登場するが、同区間で運転されていた客車急行3往復のうち「青葉」は1963（昭和38）年6月1日に電車化されるものの、「松島」「吾妻」は客車のままで残された。

前述の他の幹線路線では電化とともに一気に電車急行群が形成されたのとは好対照だったが、これは戦後、上野~仙台間においては常磐線が北海道連絡を含め動脈幹線の役割を担っており、東北本線は上野~仙台間輸送を補佐するほか、奥羽本線や磐越西線への直通列車のルートとして活用されていたからである。

また、輸送力や線路容量から上野~仙台間急行は奥羽・磐越西線直通列車を併結するのが通例のスタイルであるため、簡単に電車化とはい

表—21　1964年3月20日改正における東北本線電車急行の編成と時刻

← 上野方　　　　　　　　　　　　　　　　　　　　　　　　　　　　　　　　　　　　　仙台方 →

①	②	③	④	⑤	⑥	⑦	⑧	⑨	⑩	⑪	⑫
2等	2等	2等	指1等	自1等	2等/ビ	2等	2等	2等	2等	2等	2等
クハ451	モハ452	クモハ453	サロ451	サロ451	サハシ451	モハ452	クモハ453	クハ451	サハ451	モハ452	クモハ453

- ◆31M　第1まつしま　上野 7:45 → 仙台 13:00
- ◆33M　第2まつしま　上野 9:37 → 仙台 15:00
- ◆35M　第1みやぎの　上野 12:40 → 仙台 18:00
- ◆37M　第2みやぎの　上野 15:00 → 仙台 20:20
- ◆39M　青葉　上野 23:30 → 仙台 6:22★
- ◆103M　あづま　上野 17:00 → 福島 21:03
- ◆38M　第1まつしま　仙台 9:10 → 上野 14:34
- ◆36M　第2まつしま　仙台 10:55 → 上野 16:22
- ◆34M　第1みやぎの　仙台 13:40 → 上野 19:07
- ◆32M　第2みやぎの　仙台 15:50 → 上野 21:16
- ◆40M　青葉　仙台 23:00 → 上野 5:37★
- ◆104M　あづま　福島 7:45 → 上野 12:12

（「青葉」のビュフェは営業休止）

かなかったのである。

　しかし、451系の出力増強形である453系が増備された1964（昭和39）年3月20日改正では、奥羽・磐越西線直通列車の気動車化や配列変更を実施することにより、上野～仙台間急行の全面電車化が完成する。同時に上野～福島間客車準急「しのぶ1-1号」も急行「あづま」に格上げされ、**表—21**のようなダイヤになる。

　こうして1962（昭和37）年10月からわずか1年半の間に、北陸・上越・信越・東北の各線では電車による急行列車網が完成する。本数や組成内容から、のちの「エル特急」にも匹敵するほどの充実した運転ぶりだった。各線とも特急は1～2本程度で、急行が主役であることは記すまでもなかった。東海道新幹線開業前のこのころが、急行にとっての全盛期といえよう。

仙台駅で発車を待つ上野行き急行「みやぎの」。ホームからも列車の活気が伝わってくる。当時の451系は「青葉」と共通運用されており、毛筆体の可変式ヘッドマークを付けていた。◎仙台　1963年8月　撮影：荻原二郎

05 全国に勢力を伸ばす気動車急行、客車は夜行へ

Diesel express trains come out in force across the country and passenger carriages become night trains

1 各地で気動車急行運転

　153系に次ぐ451／471系や165系の登場により、1962 (昭和37) 年から1964 (昭和39) 年の国鉄主要幹線には電車急行時代が訪れるが、この間、気動車も昭和37・38年度新車として1962年9月から1964年5月にかけてキハ56系52両、キハ57系 (キロ27のみ) 3両、キハ58系498両が大量増備される。そして、未電化幹線の急行増発を行う一方、運転区間の拡大にあたる。

　1962年5月までの新設気動車急行については前述したので、その後の列車について記すと、同年内には「越前」「フェニックス」「あけぼの」「だいせん」「ひかり」「アカシヤ」「穂高」「妙高」「赤倉」が登場。運転開始日と区間については巻末の「国鉄〜JR急行列車一覧表」を参照されたい。このうち「フェニックス」と「ひかり」は九州島内急行、「あけぼの」は東北支社内急行で、いずれも"初物"である。北海道の「アカシヤ」は客車だった初代とは別列車で、函館始終着でありながら青函連絡船に接続せず、函館〜東室蘭〜札幌間の都市間連絡を使命とする列車で、当時としては珍しい運転形態だった。

　「だいせん」と準急からの格上げ組である「穂高」「妙高」「赤倉」は、いずれも客車列車 (一部区間を含む) を気動車化して誕生した列車で、とくに「赤倉」は名古屋〜長野間客車準急「きそ1-1号」と長野〜新潟間気動車準急「あさま」を結んだ運転形態が注目された。

　1963 (昭和38) 年から1964年3月にかけては、「しらゆき」「加越」「出島」「ライラック」「阿寒」「むつ」「ざおう」「いいで」「出羽」「ばんだい」が気動車急行の仲間入りを果たす。「加越」は高山本線初の急行。

　北海道の「ライラック」は、函館〜札幌間を初の小樽経由で走破する気動車列車で、斜陽色が濃くなったヤマ線の救世主として期待された。「阿寒」は札幌〜根室間の通し運転で、根室に達する急行はもちろん初めてだった。この「阿寒」と広島〜長崎間急行「出島」、それに前年の「フェニックス」「ひかり」により、網走・稚内・根室から長崎・鹿児島まで、気動車急行による日本縦断が完成する。

　福島・山形・新潟3県にまたがる飯豊山に由来の「いいで」は、上野〜新潟間を東北・磐越西

12両編成で1等車キロ28を3両つないだ新潟・和倉行き気動車急行「きたぐに・奥能登」。◎高槻〜山崎　1965年9月　撮影:篠原丞

線経由で結び、同時に気動車化された夜行急行「出羽」と共通運用される。「ばんだい」は定期だけで3往復の上野～会津若松／喜多方間急行の総称愛称となり、グループ内には気動車と客車列車とが同居する。このほか、金沢～新潟間急行「きたぐに」が大阪延長で、日本海縦貫線南半分のロングランを開始する。

そうした賑やかさの半面、1963年4月の北陸本線金沢電化では、「越前」が電車急行「加賀」への置き換えで廃止。同年10月の上野～長野間急行の全面電化により、1961(昭和36)年5月に登場したキハ57系も直江津直通の「妙高」を除き、碓氷峠から撤退する。新製からさほど時間が経っていなくても、電化が完成すれば職場を追われるのは気動車の宿命というべき悲哀でもあった。

表-22 1962～64年における気動車急行(抜粋)の編成と時刻

1963.5.1 オホーツク・摩周・宗谷

- ◆13D オホーツク　函館 11:10 → 網走 22:43
- ◆13D ～ 2403D 摩周　函館 11:10 → 釧路 22:41
- ◆13D ～ 2303D 宗谷　函館 11:10 → 稚内 22:45
- ◆14D オホーツク　網走 6:30 → 函館 17:50
- ◆2404D ～ 14D 摩周　釧路 6:30 → 函館 17:50
- ◆2304D ～ 14D 宗谷　稚内 6:20 → 函館 17:50

1963.10.1 第1－第2ざおう・いいで

- ◆403D 第1ざおう　上野 9:20 → 山形 15:36
- ◆403D ～ 2403D いいで　上野 9:20 → 新潟 16:43
- ◆404D 第2ざおう　山形 13:19 → 上野 19:49
- ◆2404D ～ 404D いいで　新潟 12:30 → 上野 19:49

1963.10.1 第2－第2アルプス・赤石(下りのみ)

- ◆403D 第2アルプス　新宿 8:00 → 松本 12:46
- ◆403D ～ 2403D 赤石　新宿 8:00 → ※飯田13:51
- ◆404D 第2アルプス　松本 9:28 → 新宿 14:08
- ※「赤石」は飯田線内準急

1963.4.20 きたぐに・奥能登

- ◆501D きたぐに　大阪 11:05 → 新潟21:00
- ◆501D ～ 2501D 奥能登　大阪 11:05 → ※和倉17:03
- ◆502D きたぐに　新潟 7:40 → 大阪 17:55
- ◆2502D ～ 502D 奥能登　※輪島10:42 → 大阪 17:55
- ※「奥能登」は金沢～和倉(上り輪島)間準急

第3章：気動車・電車急行の登場と発展(1957～1964)　115

表—22の続き

1963.10.1 四国

← 宇和島方　　　　　　　　　　　　　　　高松方 →
① 指2等 キハ58 ／ ② 指自1等 キロ28 ／ ③ 2等 キハ28 ／ ④ 2等 キハ58 ／ ⑤ 指2等 キハ58 ／ ⑥ 2等 キハ58
宇和島～高松　　　松山～高松

◆1D 高松 18:50 → 宇和島 23:46　　◆2D 宇和島 6:20 → 高松 11:17

1962.10.1 ひかり

← 西鹿児島方　　　　　　　　　　　　　　　　　　　　　　　　門司港方 →
① 2等 キハ58 ／ ② 2等 キハ58 ／ ③ 指自1等 キロ28 ／ ④ 2等 キハ28 ／ ⑤ 2等 キハ58 ／ ⑥ 2等 キハ58 ／ ⑦ 指自1等 キロ28 ／ ⑧ 2等 キハ28 ／ ⑨ 2等 キハ28 ／ ⑩ 2等 キハ58
熊本～博多　　　西鹿児島～博多　　　西鹿児島～門司港

◆901D 博多 12:05 → 西鹿児島 21:23　　◆902D 西鹿児島 8:55 → 博多 18:08
◆2901D ～ 901D 門司港 12:45 → 西鹿児島 21:23　　◆902D ～ 2902D 西鹿児島 8:55 → 門司港 17:17
◆901D ～ 2901D 博多 12:05 → 熊本 18:17　　◆2902D ～ 902D 熊本 11:55 → 博多 18:08

1962年から1964年における特色ある気動車急行の編成と時刻を**表—22**に掲げることにより、本項のまとめとさせていただく。

2　客車急行は寝台列車に活路

客車急行は動力近代化政策による電車や気動車への置き換えのほか、座席車もナハ11の製造が1959（昭和34）年10月で打ち切られたため、昼行列車の発展は望めそうになかった。しかし、夜行は寝台車の需要が高いため、1962（昭和37）年度以降もオロネ10とオハネ17が増備されるほか、1963（昭和38）年度からはナハネ10の緩急車化（ナハネフ10）化が実施される。スピードや居住性の良さを誇る電車や気動車も、車体構造や乗り心地、それに運用面で車両内に寝台設備を導入するには多少の無理があり、ここに客車は寝台車を連結する夜行列車に活路を見出す。

したがって、この1962年6月から1964（昭和39）年3月までに昼行列車として登場したのは1962年10月に「鳥海」のパートナーとして設定された上野～喜多方間の「第1‐第2ばんだい」だけで、他は夜行列車ばかりである。

そのうち寝台・座席併設は「しろやま」「丸池」「第1‐第2おが」で、図らずも3列車とも1963年10月改正での登場。「しろやま」は大阪～西鹿児島間運転だが、博多を含む北九州地方を無視したダイヤが注目を浴びた。

寝台急行としては1962年10月に「あかつき」と「安芸」、1963年は4月に「つるぎ」、6月に「天の川」、10月に「すばる」と「北星」が登場する。「あかつき」と「すばる」は東海道寝台急行の増強。これにより、東京～大阪／神戸相互間では「銀河」以下、"7つ星"が揃う。東海道本線はダイヤが目いっぱいのため、電車急行のスジを置き換えての苦しい設定だが、それだけ同区間を行き交うビジネス客が多い証でもある。

「安芸」は既設急行の寝台列車化、「つるぎ」と「天の川」は夜行準急を寝台急行に格上げしての設定で、いずれも運転区間の電化と関連している。つまり、電化により夜行電車急行という受け皿ができたため、寝台列車化が可能になったのである。もともと終点付近で丸一日を活用できる夜行列車には、周遊券利用など安い値段で旅行を楽しむ観光客の利用も多い。こうしたエコノミー志向客の乗車チャンネルを保証したうえで、寝台列車化が成り立つのである。国鉄が陸上交通の王者として君臨していた良き時代でのひとコマであった。

1963年10月1日時点における寝台急行（一部を抜粋）の編成と時刻を**表—23**に掲げる。

表—23 1963年10月1日における寝台急行(抜粋)の編成と時刻

銀河
← 神戸方　　　　　　　　　　　　　　　　　　　　　　　　　　　　　　　　　　　　　東京方 →

		①	②	③	④	⑤	⑥	⑦	⑧	⑨	⑩	⑪	⑫	⑬
荷物	荷物	1寝AB	1寝B	2寝	2寝	2寝	2寝	2寝	2寝	2寝	2寝	2寝	2寝	2寝
マニ	マニ	マロネ40	マロネ41	オハネ17	オハネ17	オハネ17	オハネ17	ナハネフ10	オハネ17	オハネ17	スハネ30	スハネフ30

大阪～京都

◆11レ 東京 20:40 → 神戸 7:45　　◆12レ 神戸 20:40 → 東京 7:35

彗星
← 大阪方　　　　　　　　　　　　　　　　　　　　　　　　　　　　　　　　　　　　　東京方 →

	①	②	③	④	⑤	⑥	⑦	⑧	⑨	⑩	⑪	⑫	⑬
荷物	1寝AB	1寝AB	1寝AB	1寝B	1寝B	ビュフェ	2寝	2寝	2寝	2寝	2寝	2寝	2寝
マニ	マロネ40	マロネ40	マロネ40	オロネ10	オロネ10	オシ16	ナハネ11	ナハネ11	ナハネフ11	ナハネフ10	オハネ17	スハネ30	スハネ30	ナハネフ10

◆15レ 東京 21:40 → 大阪 8:22　　◆16レ 大阪 22:15 → 東京 9:00

安芸
← 広島方　　　　　　　　　　　　　　　　　　　　　　　　　　　　　　　　　　　　　東京方 →

	①	②	③	④	⑤	⑥	⑦	⑧	⑨	⑩	⑪	⑫	⑬	⑭
荷物	1寝B	指1等	2寝	2寝	食堂	2寝	2寝	2寝	指2寝	指2等	指2等	2寝	2寝
マニ	オロネ10	スロ54	ナハネ10	ナハネ10	マシ38	ナハネ11	ナハネ11	ナハネ10	オハネ17	スハ43	スハフ42	スハネ30	オハネ17	ナハネフ10

　　　　　　　　　　　　　　　　　　　　　　　　　　　　　　　└── 糸崎～東京 ──┘

◆23レ 東京 20:30 → 広島 13:06　　◆24レ 広島 15:20 → 東京 8:00

ひのくに
← 熊本方　　　　　　　　　　　　　　　　　　　大阪方 →

	①	②	③	④	⑤	⑥	⑦	⑧	⑨	⑩	⑪
荷物	1寝B	2寝	2寝	2寝	2寝	2寝	2寝	2寝	2寝	指2等
マニ	オロネ10	スハネ30	スハネ30	スハネ30	スハネ30	ナハネ11	ナハネ11	ナハネ10	オハネ17	スハフ42

上りのみ

◆203レ 大阪 20:15 → 熊本 10:16　　◆204レ 熊本 19:15 → 大阪 9:15

つるぎ
← 大阪方　　　　　　　　　　　　　　　　富山方 →

	①	②	③	④	⑤	⑥	⑦	⑧	⑨	⑩
荷物	1寝B	2寝	2寝	2寝	2寝	指2等	指2等	指2等	指2等
マニ	オロネ10	スハネ30	スハネ30	スハネ30	スハネ30	スハ43	スハ43	スハ43	スハフ42

◆505～515レ 大阪 20:15 → 金沢 5:44 (→富山 7:22)
◆515～506レ (富山 21:19 →) 金沢 23:00 → 大阪 5:31
(「つるぎ」の金沢～富山間は普通列車で、⑥～⑩号車[同区間は自由席扱い]のみ乗車可能)

天の川
← 上野方　　　　　　　　　　　　　　　　新潟方 →

		①	②	③	④	⑤	⑥	⑦	⑧
荷物	荷物	郵便	1寝B	2寝	2寝	2寝	2寝	2寝	指2等
マニ	マニ	オユ10	オロネ10	ナハネ10	ナハネ11	オハネ17	オハネ17	オハネ17	スハフ42

◆701レ 上野 22:51 → 新潟 6:25　　◆702レ 新潟 23:00 → 上野 6:23

北斗
← 上野方　　　　　　　　　　　　　　　　　　　　青森方 →

	①	②	③	④	⑤	⑥	⑦	⑧	⑨	⑩	⑪
荷物	1寝B	1寝B	ビュフェ	2寝	2寝	2寝	2寝	2寝	2寝	2寝	指2等
マニ	オロネ10	オロネ10	オシ16	ナハネフ10	オハネ17	オハネ17	オハネ17	オハネ17	オハネ17	オハネ17	スハフ42

◆17レ 上野 19:50 → 青森 9:10　　◆18レ 青森 20:30 → 上野 10:04

COLUMN
急行列車の一員となった修学旅行専用列車

　本書では文字数等の関係もあり、急行列車については定期列車だけに焦点をあてて解説してきた。しかし、臨時列車の中にも専用車両を持ち、一時代を築いた存在として、1959（昭和34）年4月20日から品川～京都／明石間で運転を開始した「ひので」「きぼう」に代表される修学旅行専用列車がある。

　当時、首都圏の中学生は修学旅行先として京都・奈良を中心とする関西へ、一方、関西からは富士箱根または日光と東京を組み合わせたコースが定番だった。しかし、スピードの遅い客車臨時列車の座席に3人掛けを強いられるため、生徒たちは目的地に着くまでに疲れてしまい、せっかくの行事も期待どおりの成果を上げられないのが実情だった。

　そこで、国鉄では「修学旅行を一生の思い出に」とばかり、153系電車をベースに1958年度に専用車である155系電車を製造。東京～関西間を客車特急と変わらない速度で走破するばかりか、車内も当時の中学生の体格や持ち物などに配慮し、テーブル付きの2人＋3人掛けの座席や枕木方向の網棚が採用されたほか、スピードメーターや飲料水タンクが設置され、長旅を快適にするための工夫が随所に取り入れられた。この155系使用の「ひので」「きぼう」の好評により、以後も各地で修学旅行専用列車が新設され、159系や167系電車のほか、58系気動車にも修学旅行専用バージョンともいうべき800番代が登場する。なお、修学旅行専用列車は当初普通列車扱いとされたが、1966（昭和41）年3月の運賃・料金改訂から急行に"昇格"する。

　その後は修学旅行の効率化により、新幹線や高速道路を行く貸切バスへの移行などがあり、修学旅行専用車両も一般の急行形に改装される。しかし、数はめっきり少なくなったとはいえ、現在も在来線を使用した修学旅行輸送は継続されている。団塊の世代の数多くがお世話になった修学旅行専用列車も、急行の一員であったことを記録としてとどめておきたい。

修学旅行専用列車「きぼう」号、最盛期のシーン。団塊世代のピークが中学生になったため、何と16両も連結。
◎沼津　1963年7月　撮影：荻原二郎

第4章
環境の変化により急行の相対的地位が低下
(1964〜1971)

Chapter 4. A Drop in the Relative Status of Express Trains due to Changes in the Environment (1964-1971)

利根川橋梁を行く常磐線電車急行「ときわ」。◎取手　1966年5月　撮影：篠原 丞

01 新幹線開業による特急大衆化で揺れ動く急行の存在感

The existence of express trains becomes unstable due to the popularization of limited express trains as a result of the opening of the Shinkansen

1 東海道新幹線開業

　東海道新幹線は、東京で開催される第18回国際オリンピック大会を目前に控えた1964（昭和39）年10月1日に開業する。東京〜新大阪間を4時間で結ぶ超特急「ひかり」と5時間所要の特急「こだま」の運転開始に伴い、東海道在来線の昼行特急は全廃。東京〜大阪／神戸相互間を結ぶ急行も約半数が削減され、昼行は「六甲」「いこま」「なにわ」「よど」、夜行は「銀河」「明星」「月光」「金星」のそれぞれ4往復に整理される。また、東京〜山陽・九州間急行では「ぶんご」が廃止、「宮島」2往復と「筑紫」改め「つくし」が大阪始終着となる。

　東海道では新幹線と在来線とが並走するにもかかわらず、急行の削減数が半数程度に抑えられたのは、新幹線がまったくの初物ということもあるが、料金との兼ね合いによるところが大きかった。つまり、新幹線特急の料金は在来線特急からの短縮分を加算する方式を適用し、東京〜新大阪間「ひかり」はB料金で在来線の1.6倍にあたる1300円、C料金の「こだま」は1.3倍の1100円とされるが、それでも在来線特急の800円、急行の300円に比べればかなり割高だった。そうした値上げに対する不満を抑えるのと、新幹線開業前は東京〜大阪間を急行で通す需要も高かったため、ある程度の本数を残さざるを得なかったのである。

　しかし、実際に新幹線特急が運転を開始すると、東京〜新大阪間はもちろんのこと、それまでは準急の守備範囲だった東京〜静岡、名古屋〜大阪間も新幹線移行が顕著になり、とくに各駅停車の「こだま」では自由席を設けて定員以上の旅客を詰め込まなければならないような羽目になる。在来線優等列車が減少した影響はあるが、「岩戸景気」や「オリンピック景気」を経験したわが国では、年を追うごとに国民所得が向上し、特急料金もさほど高く感じられなくなったことが、新幹線の混雑という国鉄にとってはうれしい誤算をもたらす要因となったわけである。

　ところで、1950（昭和25）年生まれの筆者が、新幹線開業という歴史的エポックに出会うのは、大阪府下の中学3年生のときである。それまでは国鉄を使った中・長距離旅行といえば、記憶のある範囲で東京（1956年）、白浜（1960年）、岡山（1961年）、静岡（1963年）への家族または親族での旅行と、ほぼ隔年ごとの石川県小松市の伯父宅への行き来程度だった。実際に急行に乗車したのは静岡への往復だけで、それ以外は準急または普通列車利用で、特急のデッキは一度も足を踏み入れたことがなかった。家庭の経済力では、静岡への旅行などは急行の2倍にあたる600円の特急券を奮発するのも可能だったと思うが、当時の大阪府下でも郡部と呼ばれる地域では保守的な土地柄もあって「特急はええし（金持ちのこと）が乗る特別な列車で、しもじもは急行でも贅沢」といった考えが根強く残っており、それが特急への乗車意欲を妨げていたようだ。

　だが、新幹線の出現はそうした"因習"のようなものを簡単に打ち破り、一気に特急の大衆化

新幹線開業で特急「ひびき」の職場を追われた157系は座席指定急行「伊豆」に転身。特急と変わらぬ設備で人気を集めた。
◎熱海　1967年8月　撮影：荻原二郎

をもたらす。一度新幹線乗車を体験した旅客が、在来線特急も抵抗なく利用できるようになるのは当然のことであり、特急が「特別急行」でなくなり、それまでの準急のように庶民層が気軽に利用できる列車と化すと、在来線では特急が優等列車の主役に登り詰めるまで、さほど時間がかからないように思われた。こうなると急行は存在感が薄れ、それが半世紀後の全廃へとつながるのである。

　もっとも、当時の国鉄には将来的に在来線優等列車を特急に一本化しようなどといった考えは毛頭もなく、新幹線開業で浮いた151電車を流用し、全線電化がなった山陽本線に特急を増発するなど、主要幹線に特急をはじめとする優等列車を送り込む。急行では寝台列車として四国連絡の「さぬき」や上野〜仙台間に「新星」が登場するほか、東海道本線特急「ひびき」に使用された157系を転用して、東京〜伊豆間に全車座席指定急行「伊豆」2往復が設定（運転開始は11月1日）されたのが目を引いた。しかし、

そうした半面、東北・北海道では急行を格上げする形で特急増発がなされた結果、「北上」「オホーツク・摩周」といった"一級品"の列車が姿を消した。

　この1964年10月改正を機に、前述の山陽本線全線のほか、北陸本線は富山、中央東線は上諏訪までの電化が完成し、「関門」「越山」「たてしな」が電車急行として登場する。しかし新宿〜上諏訪間の「たてしな」以外は、東海道で失業した153系を充てたり、区間延長による列車だったりして新鮮味はなかった。気動車急行も金沢〜出雲市間を日本海沿いにたどる「あさしお」が新顔といった程度で、新幹線にネームを譲った九州内急行が「にちりん」と「くさせんり」で再出発というのも、いささか頼りない感じだった。新幹線開業で華やかに映る1964年10月改正が挿入式という事情もあるが、新幹線電車大量新製のため、在来線車両に配分できる予算が削られたことが、全国的に急行増発が抑えられる結果を招いてしまったようだ。

2 急行用1等座席車の冷房化開始

さて、急行用車両の冷房については、食堂車（客車）とサハシ形式のビュフェ部分、それに1等寝台AならびにB室で実施されていたが、1等車は暖地の九州や四国に配置されるキロ28がバスやタクシーとの対抗上、1963（昭和38）年から試験的に冷房改造を行っただけだった。つまり、新幹線が開業するころになっても、座席車はその大多数が非冷房だったわけである。特急形車両は2等寝台車や同座席車まで、すべて冷房車で組成されているのとは好対照だった。

しかし、大阪〜広島間を例にとると、特急2等車で旅行するには乗車券880円に特急料金600円の1480円で済むが、急行1等車では乗車券だけで1620円、それに1等急行料金が660円なので、計2320円もかかる。つまり、高い値段を払っている旅客のほうが冷房の恩恵を受けられないのである。国鉄もこうした矛盾を放置するわけにはいかず、1964（昭和39）年度から電車・気動車列車の1等車冷房化に乗り出す。客車1等車はやや遅れ、2等寝台車とともに1966（昭和41）年度から改造が開始される。また、2等車の冷房化は1969（昭和44）年度からになるが、全車施工された1等車や2等寝台車とは異なり、153系やキハ58系の中には最後まで非冷房だった車両が存在したほか、一般形客車にいたっては最後まで冷房化とは縁がなかった。北海道と東北の一部、それに一般形客車を使用する列車を除き、急行の冷房化がひととおり完成するのは1975（昭和50）年のことである。

3 松本電化で電車急行運転開始

全国でも名だたる山岳路線である中央東線は1931（昭和6）年に甲府までの電化が完成したものの、以後は時計が止まったようにストップしたままだったが、1964（昭和39）年10月の上諏訪に続き、1965（昭和40）年5月20日になって篠ノ井線区間を含む松本までの全面電化が完成する。

そして、夏山シーズンを迎えた7月1日から165系により待望の電車運転が開始されるが、10月に全国ダイヤ改正が控えていたため、気動車急行の電車化は新宿〜松本（一部飯田）間で3往復だけにとどまる。編成は大糸線や飯田線などへの乗り入れを考慮し、1等車2両を含む基本8両＋附属4両の12両とされるが、ビュフェ車は上越線で使用中のものを転用する計画が立てられていたため、当面の連結は見送られた。

4 40−10改正

東海道新幹線は開業以来半年間の輸送人員が6万人という好調を誇ることや、一部に存在した地盤が軟弱な箇所も解消されたことで、待望の東京〜新大阪間3時間10分運転と列車の増発が計画される。

一方、1961（昭和36）年度以来国鉄が取り組んできた第2次長期計画で、前述の中央東線に加え、鹿児島本線熊本、北陸本線糸魚川、東北本線盛岡への電化が完成することから、1965（昭和40）年10月1日（東海道新幹線のスピードアップは11月1日）を期して、全国ダイヤ改正が実施される。

このダイヤ改正は先の「サン・ロク・トオ」に比べれば、地味な印象を受けるが、それでも列車番号に関しては2桁だった東海道本線東京〜大阪間や東北・常磐線の急行が3桁化されたり、準急の十位の数字が1となって急行と明確に区別されたりするなど、白紙改正に位置づけられる内容のものだった。この改正での在来線優等列車の増発は特急が13往復に対し、急行は20往復である。特急が佐世保・筑豊・磐越西線など準幹線といった路線に勢力を拡大し、本数の多い関西〜九州間を中心に自由席を設け乗りやすさをアピールする状況のなかにあっても、本数的には急行が上回った。

この改正で、東海道在来線の東京〜大阪・姫

路相互間急行は昼行・夜行とも2往復のみの残存となり、完全に新幹線にバトンを託した形となるが、電化区間が延伸された前記の路線では、電車急行網の整備・拡大が実施される。このうち北陸本線、関西～九州間、中央東線急行の編成と時刻を 表-24～26 に示す。後二者については車両落成やビュフェ車配置の遅れがあったため、完成を迎えた1966(昭和41)年1月時点のものを掲載する。

客車急行では、新大阪～博多間に「海星」、同～宮崎間に「夕月」が寝台列車として登場。「海星」は新幹線と連絡をとることで東京～博多間到達を寝台特急「あさかぜ」より短縮。「夕月」は当時新婚旅行先として脚光を浴びてきた別府・宮崎方面へのハネムーン御用達といった列車だった。客車急行はこのほかにも「まりも」が札幌～釧路間の寝台列車となるほか、「越前」「しまね」などの夜行が寝台・座席併設で新設される。

しかし、昼行客車列車は関西～九州間急行の電車化などにより、この改正で残存するのは「白山」と「第2-第1みちのく」、北海道の「ていね」、それに奥羽本線の「たざわ」「第2-第1ざおう」と併結の磐越西線直通の「ばんだい」2往復だけという少数勢力になる。

また、未電化区間での客車列車は山陰本線や日豊本線、紀勢本線東部などトンネルの多い路線ではDF50が牽いていたが、それ以外は相変わらず蒸気機関車牽引が第一線で頑張っていた。だが、幹線用ディーゼル機関車として1964(昭和39)年から量産が開始されたDD51は、この改正から本格的に進出し、優等列車牽引を蒸機に取って代わる。

このほか、気動車を中心に多層建て列車や"合体急行"が設定されたのも、この1965年10月改正の特色だった。中央東線では新宿～松本間や飯田線、それに大糸線信濃森上直通は165系化されるが、大糸線糸魚川や小海線行きとなる

表-24 1965年10月1日改正における北陸本線電車急行の編成と時刻

← 大阪方　　　　　　　　　　　　　　　　　　　　　　　　富山方 →

①	②	③	④	⑤	⑥	⑦	⑧	⑨	⑩	⑪	⑫
指2等	指2等	指2等	指2等	指1等	自1等	2等/ビ	2等	2等	2等	2等	2等
クハ455	モハ474	クモハ475	クハ455	サロ455	サロ455	サハシ451	モハ474	クモハ475	クハ455	モハ474	クモハ475

- ◆501M　第1立山　大阪 9:00 → 富山 14:11
- ◆503M　第2立山　大阪 13:30 → 富山 18:51
- ◆505M　つるぎ　大阪 22:45 → 富山 6:25★
- ◆1503M　第1加賀　大阪 15:00 → 金沢 19:26
- ◆1505M　第2加賀　大阪 17:00 → 金沢 21:20
- ◆502M　第1立山　富山 8:10 → 大阪 13:32
- ◆504M　第2立山　富山 15:00 → 大阪 20:24
- ◆506M　つるぎ　富山 22:10 → 大阪 5:10★
- ◆1502M　第1加賀　金沢 7:50 → 大阪 12:20
- ◆1504M　第2加賀　金沢 11:05 → 大阪 15:25

編成には471系と473系が入ることもある。「つるぎ」のビュフェは営業休止
下り「第2立山」と上り「つるぎ」の⑨～⑫号車は大阪～金沢間連結

表-25 1966年1月1日時点における山陽・九州線電車急行の編成と時刻

← 博多方　　　　　　　　　　　　　　　　　　　　　　　　大阪方 →

①	②	③	④	⑤	⑥	⑦	⑧	⑨	⑩	⑪	⑫
2等	2等	2等	2等/ビ	自1等	指1等	2等	2等	2等	2等/ビ	2等	2等
クハ455	モハ474	クモハ475	サハシ455	サロ455	サロ455	モハ474	クモハ475	クハ455	サハシ455	モハ474	クモハ475

- ◆201M　第1つくし　大阪 9:00 → 博多 19:18
- ◆203M　第2つくし　新大阪 9:50 → 博多 20:20
- ◆205M　はやとも　名古屋 10:00 → 博多 23:13
- ◆401M　有明　岡山 8:30 → 熊本 17:49
- ◆403M　山陽　広島 17:10 → 博多 22:10
- ◆204M　第1つくし　博多 10:00 → 新大阪 20:18
- ◆202M　第2つくし　博多 12:00 → 大阪 22:18
- ◆206M　はやとも　博多 7:00 → 名古屋 20:03
- ◆402M　有明　熊本 16:00 → 岡山 20:37
- ◆404M　山陽　博多 9:00 → 広島 13:55

(「有明」の⑦号車は座席指定)

第4章：環境の変化により急行の相対的地位が低下(1964～1971)

表-26　1966年1月1日時点における中央東線電車急行の編成と時刻

← 新宿方　　　　　　　　　　　　　　　　　　　　　　　　　　　　　　　　　　　　　松本方 →

①	②	③	④	⑤	⑥	⑦	⑧	⑨	⑩	⑪	⑫
指2等	指2等	指1等	自1等	2等/ビ	2等	2等	2等	2等	2等	2等	2等
クモハ165	モハ164	サロ165	サロ165	サハシ165	クモハ165	モハ164	クハ165	クモハ165	モハ164	クハ165	クハ165

(下り)
- ◆401M　第1アルプス　　新宿 7:00 → 松本 11:38　　⑨〜⑫号車は甲府止め
- ◆1401M　第2アルプス・2411M 第1赤石　新宿 8:00 → 松本 12:45・飯田 13:51　「赤石」は⑨〜⑫号車
- ◆1403M　第3アルプス・2413M 第2赤石　新宿 10:20 → 松本 14:57・飯田 15:55　「赤石」は⑨〜⑫号車
- ◆405M　第6アルプス　　新宿 16:00 → 松本 20:50　　全車起終点間直通
- ◆407M　第8アルプス　　新宿 22:00 → 松本 4:07★　　全車起終点間直通
- ◆1405M　穂高　新宿 23:00 → 信濃森上 6:28★　　①〜⑧号車は松本止め

(上り)
- ◆404M　第3アルプス　　松本 10:40 → 新宿 15:09　　全車起終点間直通
- ◆1402M　第5アルプス・第2白馬　信濃森上 11:58 → 新宿 18:41　①〜⑧号車(アルプス)は松本から連結
- ◆406M　第6アルプス　　松本 14:30 → 新宿 19:15　⑨〜⑫号車は甲府から連結
- ◆1404M　第7アルプス・2414M第1赤石　松本 15:50・飯田 14:27 → 新宿 20:18　「赤石」は⑨〜⑫号車
- ◆1406M　第8アルプス・2416M第2赤石　松本 17:55・飯田 16:32 → 新宿 22:29　「赤石」は⑨〜⑫号車
- ◆1408M　穂高　信濃森上22:00→新宿 5:30★　①〜⑧号車は松本から連結

← 新宿方　　　　　　　　　　　　　　　　　　　　　　　　　　　　　　　　　　　　　松本方 →

⑨	⑩	⑪	⑫	①	②	③	④	⑤	⑥	⑦	⑧
2等	2等	2等	2等	指2等	指2等	指1等	自1等	2等/ビ	2等	2等	2等
クモハ165	モハ164	クハ165	クハ165	クモハ165	モハ164	サロ165	サロ165	サハシ165	クモハ165	モハ164	クハ165

(下り)
- ◆403M　第5アルプス　　新宿 14:00 → 松本18:54　　⑨〜⑫号車は甲府止め

(上り)
- ◆402M　第2アルプス　　松本 8:50 → 新宿 13:25　　⑨〜⑫号車は甲府から連結

「赤石」の飯田線内、「穂高」「白馬」の大糸線内は準急。夜行列車(★)のビュフェは営業休止

　とそうはいかず、気動車急行2往復が残存。なかでも下り「第4アルプス」は本務の松本行きのほか、糸魚川行き「第1白馬」、小諸行き「八ヶ岳」、富士急乗り入れの「かわぐち」を連結する賑やかさだった。この「第4アルプス」は松本を途中駅とみなすと3階建てだが、常磐線の「第1-第2みちのく・陸中」となると行き先が大鰐・鳴子・盛・宮古の4駅があり、さらに盛岡からは久慈行きの「うみねこ」が連結されるので、列車全体としては5階建てだった。車掌は旅客の誤乗防止に必死だったというが、上野からは1枚の急行券で支線区まで直通できるので、とくに年輩の利用客からの受けはよかった。

　合体急行では広島〜別府間の「べっぷ」と「にちりん」の門司港〜西鹿児島間編成が結ばれ、広島・門司港〜西鹿児島間「青島」となる。ハネムーン区間を行く気動車急行にふさわしく2連キロが連結されるが、キハ58

165系電車急行「アルプス」が茅野駅に到着。貫通扉も使用できるよう小振りなヘッドマークが取り付けられていた。◎1967年7月　所蔵：フォト・パブリッシング

東海道本線で数自慢を誇った153系電車急行「東海」。停車駅が多いが、その分、日中も都市間を結ぶ買い物客から愛用された。◎戸塚〜保土ヶ谷　1966年5月　撮影：篠原 丞

系に食堂形式のないのが惜しまれた。だが、同じ旧「ひかり」の後継列車でも、「くさせんり」は博多で準急「ながさき・弓張」と合体し、三角(熊本)〜別府〜長崎・佐世保間急行「九重」となるが、元来から起終点間を直通する需要がない列車なので、利用客からは「料金の値上げ」とばかり評判はよくなかった。

このほか2つの準急が合体して急行になった列車としては、米子〜熊本間の「やえがき」や岡山〜下関間の「みずしま」がある。キハ58系5両や165系7両の編成は、幹線を行く急行としてはやや物足りなかった。

ともあれ、この1965年10月改正で急行は上下合わせて約350本に達し、"純粋な急行"の本数としては最高地点に達する。運転一覧については表—27を参照されたい。

表—27　1965年10月1日改正における急行列車運転一覧

線名	列車番号	列車名	運転区間	車種	連結車両両数						記事
					寝B	2寝	1等	食堂	ビュフェ	計	
東海道・山陽・九州	21・22	さぬき	東京〜宇野	一般形客車	1	9	1	…	1	14	★寝台列車
	23・24	出雲	東京〜浜田	〃	1	6	1	1	…	12	★寝台列車
	25・26	安芸	東京〜広島	〃	2	11	…	1	1	15	★寝台列車
	27・28	瀬戸	東京〜宇野	〃	1	2	2	1	…	15	★
	31・32	雲仙	東京〜長崎	〃	…	1	1	1	…	8	★
	31〜2031・2032〜32	西海	東京〜佐世保	〃	…	1	1	…	…	7	★東京〜肥前山口間「雲仙」に併結
	33・34	高千穂	東京〜西鹿児島	〃	1	2	2	1	…	15	★大分経由
	35・36	霧島	東京〜鹿児島	〃	…	3	1	1	…	15	★
	101・102	明星	東京〜大阪	〃	1	11	…	1	…	14	★寝台列車、ほか寝AB・1両連結
	103・104	銀河	東京〜姫路	〃	2	3	…	8	…	14	★寝台列車、2等8両は座席指定
	101M…104M	第1…第2なにわ	東京〜大阪	153系電車	…	…	2	…	1	12	2往復、ビュフェは0.5×2
	801M…804M	第1…第2伊豆	東京〜伊豆急下田	157系電車	…	…	2	…	…	7	2往復、全車座席指定
	2701M…2704M	第1…第2伊豆	東京〜修善寺	〃	…	…	2	…	…	6	2往復、東京〜熱海間下田編成に併結
	201・202	那智	東京〜紀伊勝浦	一般形客車	1	2	1	…	…	6	★寝台列車

表—27の続き

線名	列車番号	列車名	運転区間	車種	連結車両数 寝B	2寝	1等	食堂	ビュフェ	計	記事
東海道・山陽・九州	201～2201・2202～202	伊勢	東京～鳥羽	〃	…	2	1	…	…	5	★寝台列車、東京～多気間「那智」に併結
	901・902	能登	東京～金沢	〃	1	3	1	…	…	8	★寝台列車、米原経由
	901～2901・2902～902	大和	東京～湊町	〃	1	3	…	…	…	6	★寝台列車、東京～名古屋間「能登」に併結
	201・202	しろやま	大阪～西鹿児島	〃	1	3	1	…	…	13	★
	203・204	夕月	新大阪～宮崎	〃	2	6	1	…	…	12	★ 寝台列車
	205・206	ひのくに	新大阪～熊本	〃	1	13	…	…	…	14	★ 寝台列車
	207・208	玄海	京都～長崎	〃	1	3	2	1	…	15	★
	209・210	平戸	京都～佐世保	〃	…	5	2	…	…	13	★
	1201・1202	天草	大阪～熊本	〃	1	3	…	…	…	15	★筑豊経由
	1203・1204	日向	京都～都城	〃	1	3	2	…	…	13	★
	1205・1206	阿蘇	名古屋～熊本	〃	1	3	…	…	…	13	★
	1207・1208	海星	新大阪～博多	〃	1	10	…	…	…	14	★寝台列車、ほか寝AB・1両連結
	301・302	音戸	新大阪～下関	〃	1	10	…	…	…	12	
	201M…204M	第1…第2つくし	大阪～博多	475系電車	…	…	2	…	1	12	2往復、ビュフェは0.5×2
	205M・206M	はやとも	名古屋～博多	〃	…	…	2	…	1	12	ビュフェは0.5×2
	401M・402M	有明	岡山～熊本	〃	…	…	2	…	1	12	ビュフェは0.5×2
	403M・404M	山陽	広島～熊本	〃	…	…	2	…	1	12	ビュフェは0.5×2
	301M…304M	第1…第2関門	新大阪/大阪～下関	153系電車	…	…	2	…	1	12	2往復、ビュフェは0.5×2
	305M・306M	宮島	新大阪～広島	〃	…	…	2	…	1	12	ビュフェは0.5×2
	405M・406M	みずしま	岡山～下関	165系電車	…	…	1	…	…	7	
	101・102	はやと	門司港～鹿児島	一般形客車	…	2	1	…	…	10	★
	401D・402D	青島	広島～西鹿児島	58系気動車	…	…	2	…	…	11	編成の一部門司港始終着
	403D・404D	出島	呉～長崎	〃	…	…	2	…	…	7	
	301D・302D	九重	三角～長崎	〃	…	…	1	…	…	4	別府経由
	301D～2301D・2302D～302D	〃	別府～佐世保	〃	…	…	1	…	…	4	別府～肥前山口間長崎編成に併結
	101D・102D	フェニックス	宮崎～西鹿児島	〃	…	…	2	…	…	7	小倉経由
関西・山陰	901D・902D	紀州	名古屋～天王寺	58系気動車	…	…	2	…	…	10	新宮経由
	701・702	おき	大阪～大社	一般形客車	1	1	2	…	…	12	★福知山線経由
	801・802	しまね	米子～博多	58系気動車	…	1	1	…	…	8	★
	701D・702D	三瓶	大阪～浜田	〃	…	…	2	…	…	10	福知山線経由、編成の一部大社始終着
	801D・802D	白兎	京都～松江	〃	…	…	1	…	…	7	
	2801D～801D・802D～2802D	白兎	大阪～松江	〃	…	…	1	…	…	5	福知山～松江間併結
	803D・804D	やえがき	米子～熊本	〃	…	…	1	…	…	5	
	901D・902D	だいせん	京都～大社	〃	…	…	2	…	…	9	伯備線経由
	401D・402D	あさしお	金沢～出雲市	〃	…	…	1	…	…	5	小浜・宮津線経由
四国	101D～104D	第1…第2せと	高松～宇和島	58系気動車	…	…	1	…	…	6	2往復
	105D・106D	道後	高松～松山	〃	…	…	1	…	…	5	
	203D・204D	第1・第2南風	高松～窪川	〃	…	…	1	…	…	4	
	201D・202D	第2・第1南風	〃	〃	…	…	1	…	…	6	
	205D・206D	浦戸	高松～高知	〃	…	…	1	…	…	5	
北陸	501・502	日本海	大阪～青森	一般形客車	1	2	1	…	…	13	★白新線経由
	503・504	金星	大阪～富山	〃	1	7	…	…	…	10	★寝台列車
	501M…504M	第1…第2立山	〃	475系電車	…	…	2	…	0.5	12	2往復
	505M・506M	つるぎ	〃	〃	…	…	2	…	0.5	12	★ビュフェ休止
	1501M…1504M	第1…第2加賀	大阪～金沢	〃	…	…	2	…	0.5	12	2往復
	501D・502D	きたぐに	大阪～新潟	58系気動車	…	…	2	…	…	8	
	501D～2511D・2512D～502D	奥能登	大阪～和倉	〃	…	…	1	…	…	4	大阪～金沢間「きたぐに」に併結、金沢～和倉間準急

表—27の続き

線名	列車番号	列車名	運転区間	車種	寝B	2寝	1等	食堂	ビュフェ	計	記事
北陸	503D・504D	しらゆき	金沢〜青森	〃	…	…	1	…	…	7	
	701D・702D	加越	名古屋〜金沢	〃	…	…	2	…	…	8	高山本線経由
中央	401M…407M	下り第1アルプスほか	新宿〜松本	165系電車	…	…	2	…	…	12	下り4本・上り3本、下り「第8アルプス」は★
	1401M…1404M 1406M	下り第2アルプスほか	〃	〃	…	…	2	…	…	8	下り2本・上り3本
	1405M・1408M	穂高	新宿〜信濃森上	〃	…	…	2	…	…	12	★大糸線内準急、信濃森上直通は4両
	1401D	第4アルプス	新宿〜松本	58系気動車	…	…	2	…	…	6	
	1403D	第7アルプス	〃	〃	…	…	2	…	…	10	
	1402D・1404D	第1・第4アルプス	〃	〃	…	…	2	…	…	8	
	2411M・2413M 2414M・2416M	第1・第2赤石	新宿〜飯田	〃	…	…	…	…	…	4	新宿〜辰野間「アルプス」に併結、飯田線内準急
	1401D〜2411D 2414D〜1404D	第1・第1白馬	新宿〜糸魚川	〃	…	…	…	…	…	2	新宿〜松本間「アルプス」に併結、大糸線内準急
	2412M・1402M	第2白馬	新宿〜信濃森上	165系電車	…	…	…	…	…	4	新宿〜松本間「アルプス」に併結、大糸線内準急
	1403D・2413D 2412D・1402D	天竜	新宿〜天竜峡	58系気動車	…	…	…	…	…	2	新宿〜辰野間「アルプス」に併結、飯田線内準急
	1401D・1411D 1414D・1404D	八ヶ岳	新宿〜小海（〜小諸）	〃	…	…	…	…	…	2	新宿〜小淵沢間「アルプス」に併結。小海線内準急
	1401D・1402D	かわぐち	新宿〜河口湖	富士急58系気動車	…	…	…	…	…	2	新宿〜大月間「アルプス」に併結、富士急行内列車番号不詳
	801D・806D	第1・第2しなの	名古屋〜長野	58系気動車	…	…	2	…	…	12	
	805D・802D	第2・第1しなの	〃	〃	…	…	2	…	…	8	上り「第1しなの」は10両
	807D・810D	あずみ	〃	〃	…	…	2	…	…	10	★上り「あずさ」は8両
	809D・804D	ちくま	大阪〜長野	57系気動車	…	…	2	…	…	10	下りは★
	1801D・1802D	赤倉	名古屋〜新潟	58系気動車	…	…	2	…	…	12	
東北	103・104	八甲田	上野〜青森	一般形客車	…	2	2	…	…	13	★
	105・106	北星	上野〜盛岡	〃	1	9	…	…	…	11	★寝台列車
	107・108	新星	上野〜仙台	〃	2	9	…	…	…	11	★寝台列車
	201・202	第2・第1みちのく	上野〜青森	〃	…	…	2	1	…	13	常磐線経由
	203・204	第1・第十和田	〃	〃	…	2	2	…	…	13	★常磐線経由
	205・206	第2・第3十和田	〃	〃	…	1	4	2	…	13	★常磐線経由
	207・208	第3・第2十和田	〃	〃	…	1	5	1	…	13	★常磐線経由
	209・210	第4・第1十和田	〃	〃	…	…	1	2	1	13	★常磐線経由
	201D・202D	第1・第2みちのく	上野〜大鰐	58系気動車	…	…	…	…	…	6	常磐線・青森経由、大鰐直通は2両
	201D〜2201D 2202D〜202D	〃	上野〜鳴子	〃	…	…	…	…	…	2	上野〜小牛田間大鰐行きに併結
	201D〜2301D 2302D〜202D	陸中	上野〜盛	〃	…	…	…	…	…	2	上野〜一ノ関間「みちのく」に併結
	201D〜2611D 2612D〜202D	〃	上野〜宮古	〃	…	…	…	…	…	3	上野〜釜石間「みちのく」に併結、釜石・山田線内準急
	101M…104M	第1・第2いわて	上野〜盛岡	455系電車	…	…	2	…	0.5	12	
	105M・106M	きたかみ	〃	〃	…	…	2	…	0.5	12	★
	1101M〜1106M	第1・第3まつしま	上野〜仙台	〃	…	…	2	…	0.5	12	
	1107M・1108M	あづま	上野〜福島	〃	…	…	2	…	0.5	12	
	401・402	第1・第2津軽	上野〜青森	一般形客車	1	3	1	…	…	11	★奥羽線経由
	403・404	第2・第1津軽	〃	〃	1	3	2	…	…	13	★奥羽線経由
	1401・1402	たざわ	上野〜秋田	〃	…	…	2	1	…	9	
	1401〜2401 2402〜1402	第1・第2ばんだい	上野〜喜多方	〃	…	…	1	…	…	5	上野〜郡山間「たざわ」に併結
	1403・1404	第2・第1ざおう	上野〜山形	〃	…	…	1	…	…	7	

第4章：環境の変化により急行の相対的地位が低下(1964〜1971)

表—27の続き

線名	列車番号	列車名	運転区間	車種	寝B	2寝	1等	食堂	ビュフェ	計	記事
東北	1403~2403・2404~1404	第2-第1ばんだい	上野~会津若松	〃	…	…	1	…	…	6	
	1405・1406	おが	上野~秋田	〃	…	4	1	…	…	13	★
	403D・404D	第1-第2ざおう	上野~山形	58系気動車	…	…	1	…	…	6	
	403D~2403D・2404D~404D	いいで	上野~新潟	〃	…	…	1	…	…	6	
	405D・406D	出羽	上野~酒田	〃	…	…	2	…	…	12	★陸羽西線経由、酒田直通は3両
	1101D・1102D	第3-第3ばんだい	上野~会津若松	〃	…	…	1	…	…	6	下りは★
	105D・106D	むつ	仙台~秋田	〃	…	…	1	…	…	7	青森経由
	701D・702D	あけぼの	仙台~青森	〃	…	…	1	…	…	5	北上線経由
上越・信越	701・702	天の川	上野~新潟	一般形客車	1	7	1	…	…	9	★寝台列車
	801・802	羽黒	上野~秋田	〃	1	3	1	…	…	11	★上越・水原経由
	1601・1602	北陸	上野~金沢	〃	2	4	1	…	…	13	★長岡経由
	701M…710M	第1-第5佐渡	上野~新潟	165系電車	…	…	2	…	0.5	13	
	1709M・1710M	越路	〃	〃	…	…	2	…	0.5	13	★ビュフェ休止
	801D・802D	鳥海	上野~秋田	58系気動車	…	…	1	…	…	5	上越・新潟経由
	301・302	丸池	上野~長野（~直江津）	一般形客車	1	2	…	…	…	10	★
	601・602	白山	上野~金沢	〃	…	…	2	…	…	11	長野経由
	603・604	越前	上野~福井	〃	1	3	1	…	…	10	★長野経由
	605・606	黒部	上野~金沢	〃	1	2	1	…	…	10	★長野経由
	301M…310M	第1-第4信州	上野~長野	165系電車	…	…	2	…	…	8	
	1309M・1310M	とがくし	〃	〃	…	…	2	…	…	8	★
	303M・306M	信越いでゆ	〃	〃	…	…	2	…	…	8	全車座席指定
上越・信越	1301M…1304M	第1-第2志賀	上野~長野・湯田中	〃	…	…	2	…	…	8	湯田中乗り入れは3両
	301D・302D	妙高	上野~直江津	57系気動車	…	…	1	…	…	6	
北海道	27・28	まりも	札幌~釧路	一般形客車	1	6	1	…	…	12	★寝台列車
	105・106	ていね	函館~札幌	〃	…	…	1	1	…	12	
	101D・102D	ライラック	〃	56系気動車	…	…	1	…	…	7	
	103D・104D	宗谷	函館~稚内	〃	…	…	1	…	…	8	
	201D・202D	アカシヤ	函館~札幌	〃	…	…	1	…	…	6	本州接続なし
	207D・206D	第1-第2すずらん	〃	〃	…	…	1	…	…	10	上りは8両
	209D・208D	第2-第1すずらん	〃	〃	…	…	1	…	…	6	
	401D・408D	狩勝	札幌~釧路	〃	…	…	1	…	…	7	編成の一部旭川始終着（富良野線経由）
	403D・406D	阿寒	札幌~根室	〃	…	…	1	…	…	7	根室直通は2両
	407D・402D	十勝	札幌~帯広	〃	…	…	…	…	…	2	
	501D・506D	大雪	札幌~網走	〃	…	…	1	…	…	5	
	501D~2301D・2306D~506D	なよろ	札幌~名寄	〃	…	…	…	…	…	2	札幌~旭川間「大雪」に併結
	503D・504D	はまなす	小樽~網走	〃	…	…	1	…	…	5	
	503D~2303D・2304D~504D	天北	札幌~稚内	〃	…	…	…	…	…	4	札幌~旭川間「はまなす」に併結
	505D・502D	オホーツク	札幌~網走	〃	…	…	…	…	…	3	
	505D~2605D・2602D~502D	紋別	函館~紋別	〃	…	…	…	…	…	2	札幌~旭川間「オホーツク」に併結
	505D~2805D・2802D~502D	はぼろ	札幌~幌延	〃	…	…	…	…	…	2	札幌~深川間「オホーツク」に併結

定期列車のみを記載。連結両数は『時刻表』1965年11月号による。★は夜行区間を含む列車。
寝台車と座席指定車からなる夜行列車は「寝台列車」とした。
連結両数の計は2等車や郵便・荷物車を含む編成全体の両数
一部の多層建て列車では列車番号を割愛した

02 運賃・料金改訂に伴い準急は実質的に廃止

Semi-express trains are practically abolished accompanying a revision of fares and fees

1 準急格上げで急行3.5倍増

　1965（昭和40）年10月1日改正から5ヵ月後の1966（昭和41）年3月5日、国鉄では1961（昭和36）年4月以来となる運賃・料金改訂が実施される。この改訂で最も目を引いたのは、急行と準急の扱いである。

　従来、2等急行料金は300kmまでが200円、301km以上は300円だったのに対し、準急料金は距離に関係なく一律100円とされていたが、その5年の間に優等列車用車両は特急形と急行形が製造され、急行形車は間合いで準急にも運用されるため、幹線路線では設備面での差はなくなっていた。

　加えて夜行区間を走る長距離急行の一部が昼間列車としての機能を果たす東北・奥羽・九州の各線では、蒸気機関車が牽く急行よりも、値段の安い気動車準急のほうが速くて快適という批判も国鉄本社や管理局に寄せられていた。そこで、この改訂を機に料金種別を一本化し、急行料金は100kmまで100円、200kmまで200円、400kmまで300円、1000kmまで400円、1001km以上が500円に変更される。

　しかし、値上げに対する利用客の反発を抑えるためか、100円の料金で乗車できる準急の種別は存続したので、従前の準急は走行距離100km未満の列車のみが「準急」のままで残り、100km以上運転の列車はすべて「急行」に格上げされる。

　このため、改訂前に700本（上下とも、以下同じ）を超える本数が設定されていた準急は、高松～徳島間や仙台～山形間など50本を残し、すべて急行となる。約670本といわれる"格上げ組"は、ピンは冷房付きで回転または転換クロスシート車を使用する東京～日光間の157系「日光」や名古屋鉄道キハ8000系による「たかやま」、それに数自慢の準急群を形成する常磐線の「ときわ」や四国連絡の「鷲羽」、北海道の「かむい」「ちとせ」から、キリは支線区をキハ20系の1両だけで走る列車まで、まさに多種多様だった。

　また、3月4日まで急行が1本もなかった千葉鉄道管理局の各線では、20本の準急が一夜にして急行に変身し、3月5日からは準急が皆無になるといった現象が起きる。ただ、急行と準急の並立区間では、100kmまでは急行券で準急に、準急券で急行にも乗車できるため、実質的に準急は姿を消したも同然だった。

　準急の急行格上げに伴い、新宿・両国からの列車が終点でわずかに100kmを超える千葉管内の列車は、乗客にとって迷惑だったが、従来から準急の設定が少ない東北本線盛岡～青森間や中央東・西線では、尻内（現・八戸）～青森間や新宿～大月間、名古屋～中津川間は従来からの急行に半額の料金で乗車できるようになり、

海水浴客を満載して走るキハ26・28混成の急行「うち房」。房総西線も木更津まで電化され、全線に達するのもさほど遠くない。◎巌根　1968年7月　撮影：荻原二郎

第4章：環境の変化により急行の相対的地位が低下（1964～1971）　129

利用客から喜ばれたのも事実だった。

なお、"格上げ組"列車の詳細については、巻末の急行列車一覧のうち設定年月日が「1966（昭41）.3.5」となっている列車が該当するので、参照されたい。また、この改訂により、急行列車の本数は1000本を超えたこともあり、今後の列車動向についての記述については必要最少限度とさせていただくことをお許し願いたい。

2 制度移行時の悲哀

1965（昭和40）年10月改正では、準急用の列車番号が設定されたにもかかわらず、1966（昭和41）年3月5日には大半が急行格上げといった相反する事象が起きるが、これにより"悲運の列車名"が誕生する。

料金改訂から日も経たない3月25日に1965年度の第2次改正が実施され、博多～西鹿児島間（日豊本線経由）の「にちりん」（2代）や、岐阜／名古屋～鳥羽間に「いすず」2往復をはじめとする列車が新設される。「にちりん」の列車番号が501D・502Dなのに対し、「いすず」のうち岐阜～鳥羽間列車は1211D・1214Dなので、運賃改訂法案の国会の通過が遅れていれば、「いすず」は準急として登場するはずだった。だが、せっかく"急行"として生を受けたものの、「いすず」はその分料金が嵩み、並走する近鉄特急を脅かす存在とはなれなかった。

また、3月5日に急行に格上げされた旧準急のうち、大分～門司港間片道運転の「つるみ」は前述の「にちりん」にスジを奪われ、さらに東海道本線の「するが」と釧網本線の「わこと」は列車名変更により3月25日改正で姿を消す。急行としての在位はわずか20日間に終わり、列車名はその後も復活を見ていない。

3 東北の多層建て急行2列車化

1965（昭和40）年10月から12月にかけては、小規模なダイヤ改正が実施され、信越本線や中央東線に「あさま」「あずさ」の列車名で電車特急が登場する。特急ネームにローカル地名が命名されたことは、抽象的な名称や鳥などのストックが尽きたのが理由と思われるが、特急大衆化による運転区間拡大がここまで来たかといった感ひとしおだった。

この間の10月1日改正では、東北の多層建て急行「第1－第2みちのく・陸中」が2列車に分割され、上野～弘前・鳴子・宮古間の「第1－第2みちのく」と、上野～青森・久慈・盛間の「三陸」になる。後発の「三陸」を東北本線経由としたあたりに、東北地区ならではの気遣いが表れているような感じだった。このうち「みちのく」の弘前編成は好摩以北が最短経路になる花輪線経由とされるが、以前では考えられなかった設定で、急行・準急統合の成果といえた。

10月20日には東北北辺の盲腸線だった盛岡～赤渕間の橋場線と、大曲～生保内（現・田沢湖）間の生保内線が仙岩トンネルで結ばれ、線名も駅名もろとも田沢湖線に改称される。全通に伴い岩手・秋田両県都を短絡する機能を獲待したため、同日から盛岡～秋田間に急行「南八幡平」2往復が設定される。今をときめく秋田新幹線E6系「こまち」の祖先は、愛称の長いことだけがやけに目立つキハ58系3両のローカル急行だった。

4 東北本線電車急行の再編

第2次長期計画最後の事業として、1964（昭和39）年度に着工されていた磐越西線郡山～喜多方間と、長野原線（現・吾妻線）渋川～長野原（現・長野原草津口）間の電化はともに1967（昭和42）年6月中に完成し、それに伴うダイヤ改正は7月1日に実施される。

磐越西線では客車ならびに気動車で運転されていた上野～会津若松／喜多方間急行「ばんだい」が、すべて電車化されるとともに1往復が新設されて4往復体制になる。しかし、単線の同線では線路有効長が抑えられるため、編成

は455系6両とされ、上野～郡山間は東北本線急行「まつしま」などと併結される。

この結果、それまで12両の半固定編成で運転されていた仙台運転所の453・455系は、2階建て運転が可能な6両＋7両に変更され、独特な大型ヘッドマークの取り付けは廃止される。この改正での東北・磐越西線電車急行の編成と時刻は、**表—28**のとおりである。

「ばんだい」の電車化により振られる結果となった奥羽本線直通の「たざわ」と「第2－第1ざおう」は客車列車のまま編成を増強し、単独運転になる。

一方、長野原線では電化に伴い上野～長野原間急行は、従来の気動車3往復から165系電車5往復体制に増強される。しかし、増発の2往復はいずれも不定期列車としての設定であるあたり、温泉観光客に依存するローカル線の特性が垣間見えるようだった。

5　寝台電車特急登場により急行「海星」廃止

1967（昭和42）年10月1日、第3次長期計画の進展に伴い、常磐線全線と日豊本線新田原（小倉）～幸崎（大分）間の電化、上越線の全線複線化が完成したことで、ダイヤ改正が実施される。

この改正では、新大阪～博多／大分間に登場した世界でも類例のない昼夜兼用特急形電車581系が話題を独占するが、その陰で、新大阪～博多間寝台急行「海星」は使命を譲る形でわずか2年だけの列車生命を閉じる。プロジェクト完成の改正であっても挿入式ダイヤの縛りがあるのか、それとも翌年秋に白紙改正を控えているせいか、常磐・日豊の両線とも新電化区間を走る電車急行の設定がなかったのは残念だった。また、急行の新設も芸備線の新見～広島間「ひば」など、局地的なものにとどまった。

表—28 1967年7月1日改正における東北本線・磐越西線電車急行の編成と時刻

←上野方　　　　　　　　　　　　　　　　　　　　　　　　　　　　　盛岡・会津若松方→

①	②	③	④	⑤	⑥	⑦	⑧	⑨	⑩	⑪	⑫	⑫
2等	2等	2等	指自1等	指2等	指2等	2等	2等/ビ	2等	2等	指自1等	2等	2等
クハ455	モハ454	クモハ455	サロ455	モハ454	クハ455	クハ455	サハシ455	モハ454	クハ455	サロ455	モハ454	クモハ455

├──────（付属編成＝B）──────┤├──────────（基本編成＝A）──────────┤

（下り）
- ◆101M 第1いわて・2101M第1ばんだい　上野 6:41 → 盛岡 14:45・喜多方 11:48　Bは「ばんだい」
- ◆103M 第2いわて・2103M第2ばんだい　上野 11:05 → 盛岡 19:13・会津若松 15:40　Bは「ばんだい」
- ◆105M 第3いわて　上野 14:30 → 盛岡 22:33　Bは上野～仙台間連結
- ◆107M きたかみ　上野 23:05 → 盛岡 8:15★　Bは上野～仙台間連結
- ◆1101M 第1まつしま　上野 9:35 → 仙台 14:45　全車起終点間直通
- ◆1103M 第2まつしま・2203M第3ばんだい　上野 12:30 → 仙台 17:47・喜多方 17:21　Bは「ばんだい」
- ◆1105M 第3まつしま　上野 16:00 → 仙台 21:20　Bは上野～福島間連結
- ◆1107M あづま　上野 18:25 → 福島 22:27　全車起終点間直通
- ◆1109M 第4ばんだい　上野 23:40 → 会津若松 5:08★　Bのみで起終点間運転

（上り）
- ◆108M 第1いわて　盛岡 6:55 → 上野 15:06　Bは仙台～上野間連結
- ◆106M 第2いわて　盛岡 11:05 → 上野 19:02　Bは仙台～上野間連結
- ◆104M 第3いわて　盛岡14:10 → 上野 22:14　Bは仙台～上野間連結
- ◆102M きたかみ　盛岡 19:15 → 上野 5:11★　Bは仙台～上野間連結
- ◆1106M 第1まつしま　仙台 8:40 → 上野 14:00　Bは福島～上野間連結
- ◆1104M 第2まつしま・2204M第2ばんだい　仙台 12:35・喜多方 13:00 → 上野 17:59　Bは「ばんだい」
- ◆1102M 第3まつしま・2204M第3ばんだい　仙台 15:25・喜多方 15:35 → 上野20:39　Bは「ばんだい」
- ◆1108M あづま・2208M第1ばんだい　福島 7:40・会津若松 8:14 → 上野 11:45　Bは「ばんだい」
- ◆1110M 第4ばんだい　会津若松 17:23 → 上野 22:00　Bのみで起終点間運転

（基本編成には453系が入ることもある。「きたかみ」のビュフェは上野～仙台間営業休止）

03 「ヨン・サン・トオ」で列車名大統合

Train names are greatly consolidated in the "Yon San Too" timetable revision (March 10th, 1968)

1 「ヨン・サン・トオ」ダイヤ改正

　国鉄では1965（昭和40）年度からスタートした第3次長期計画が、1968（昭和43）年秋を目途に主要工事の完成を見るため、同年10月1日に白紙改正が実施される。この改正までに東北本線全線の複線電化のほか、函館本線小樽～滝川間、奥羽本線米沢～山形間、両毛線小山～前橋間、中央西線瑞浪～中津川間の電化、それに奥羽本線福島～米沢間と仙山線全線の交流化が完成する。

　また、線路強化完成により、上野～青森・新潟、米原～金沢、神戸～博多（下関～門司間を除く）の各区間では電車特急の最高速度が120km/hに引き上げられ、大幅な時間短縮が実現する。

　この改正はその規模から「ヨン・サン・トオ」と呼ばれ、上野～青森間を昼夜違わず走る583系電車特急「はつかり」「はくつる」が東北本線近代化の旗手としてもてはやされたほか、上野～仙台間には485系電車特急「ひばり」が以前の在来線では考えられない5往復となるなど、東北特急が話題を独占する。特急は新規に中央西線と高山本線で運転を開始したこともあり、改正前の110本から170本になる。

　しかし、急行も165・169系が115両、455・475系が43両、キハ58系が102両新製されているように、規模的には決して大きくないものの、列車増発や既存列車の編成増強が実施される。そのほか改正前に細々と走っていた準急58本を格上げ・編入したため、改正前の1,101本から1,260本になり、増発本数は特急に勝っていた。

「ヨン・サン・トオ」で169系化され、輸送力が大幅に向上した急行「信州」。撮影当日はなぜかヘッドマークが外されていた。
◎横川　1969年8月　撮影：寺本光照

表-29 1968年10月1日改正における信越本線電車急行の編成と時刻

← 上野方										長野・直江津方 →
①	②	③	④	⑤	⑥	⑦	⑧	⑨	⑩	⑪	⑫
指2等	指2等	指1等	自1等	2等/ビ	2等	2等	2等	2等	2等	2等
クモハ169	モハ168	サロ169	サロ169	サハシ169	クハ169	クモハ169	モハ168	クモハ169	モハ168	クハ169

- ◆2301M 妙高1号 上野 8:23 → 直江津 13:35
- ◆303M 信州3号 上野11:25 → 長野 14:55
- ◆2303M 妙高2号 上野14:35 → 直江津19:33
- ◆307M 信州5号 上野15:36 → 長野 19:24
- ◆309M 信州6号 上野18:50 → 長野 22:19
- ◆302M 信州1号 長野 6:07 → 上野 9:45
- ◆304M 信州2号 長野 7:30 → 上野11:10
- ◆306M 信州3号 長野10:30 → 上野14:18
- ◆2302M 妙高1号 直江津10:10 → 上野15:22
- ◆2304M 妙高2号 直江津14:50 → 上野20:00

(「妙高」の⑩〜⑫号車は上野〜長野間連結。上り「信州1号」は全車自由席)

← 上野方										長野・直江津方 →
①	②	③	④	⑤	⑥	⑦	⑧	⑨	⑩	⑪	⑫
指2等	指2等	指1等	自1等	2等/ビ	2等	2等	2等	2等	2等	2等
クモハ169	モハ168	サロ169	サロ169	サハシ169	クハ169	クモハ169	モハ168	クモハ169	モハ168	クハ169

- ◆1301M 信州1号 上野 6:48 → 長野 10:21・湯田中 10:59
- ◆1305M 信州4号 長野12:30 → 湯田中16:40
- ◆1308M 信州4号 長野13:39・湯田中 12:50 → 上野 17:25
- ◆1310M 信州7号 長野18:50・湯田中 18:05 → 上野 22:40

ただし、この改正では従前の不定期列車が季節列車に改称された結果、電車急行が列車群を形成する中央東線や信越本線、東北本線上野〜仙台間では多客時運転の季節列車が多数設定され、輸送力に弾力性を持たせたのも特徴といえた。

こうした急行の中で、もっとも躍進が著しかったのは信越本線である。165系では碓氷峠をEF63に無動力状態で推進または牽引されるため、編成は最大8両に抑えられていたが、EF63と協調運転が可能な169系の開発により、12両化が実現。波動時の混雑緩和が期待された。

この改正での信越本線急行の時刻と編成については、**表-29**に示すとおりである。

また、**表-20**(P.112)と比較していただければおわかりのように、上野〜長野間の所要も約30分短縮されているが、これも線路強化と白紙改正の効果であり、上野発の電車急行では仙台までが改正前の5時間10分から4時間45分、新潟も5時間05分から4時間35分と、かつての特急なみにまでスピードアップされる。

しかしその半面、電車急行でも輸送力が過剰気味の関西〜山陽間153系は12両から10両(サロ・サハシ各1両連結)に、関西・山陽〜九州間

475系は10両または7両(ともにサロ・サハシ各1両連結)に減車された。

新規電化関連では、奥羽本線山形へ455系電車急行「ざおう」、交流化がなった仙山線へはそれまで気動車だった「仙山」が455系3両の短編成で入る。両毛線には「あかぎ」と165系化された「わたらせ」が前橋・小山の両方向から進出するが、「あかぎ」の高崎〜前橋間を除き快速扱いとされる。函館本線には北海道初の電車急行「かむい4-3号」が設定されるが、電化区間が中途半端なせいか、711系3両の編成だった。

2 各地で列車名の統合実施

「ヨン・サン・トオ」では、従来のダイヤ改正では考えられなかった規模で列車名の変更や統合が実施される。

国鉄の優等列車は、気動車準急が本格的に進出した1958(昭和33)年以来増加の一途をたどり、1967(昭和42)年10月改正時点で、列車名は特急が新幹線を含め40種、急行(準急を含む)が318種に達していた。

列車名がこれほどまでの数字になるのは、それぞれの列車の"個性"として受け取れるが、特急や寝台列車を除く急行にも座席指定車が増

表—30 1968.10.1改正における急行列車名の変更と統合

列車運転区間	改正前 列車名	本数	改正後 列車名	本数 客	本数 電	本数 気	備考
東京～宇野	瀬戸・さぬき	2	瀬戸	2	‥	‥	
東京～大阪/姫路	明星・銀河	2	銀河	2	‥	‥	「明星」は特急に転用
東京～伊豆	伊豆・あまぎ・いでゆ	8	伊豆	‥	7	‥	週末運転を含む。全車座席指定
東京～南紀	大和・伊勢・那智	3	紀伊	1	‥	‥	多層建ての1列車名に統合
名古屋～博多	はやとも	1	玄海	‥	1	‥	
京阪神～宮崎地区	日向・夕月	2	日南	2	‥	‥	「日向」は特急に転用
京阪神～長崎	玄海	1	雲仙	1	‥	‥	
京阪神～佐世保	平戸	1	西海	1	‥	‥	
京阪神～下関	関門	2	ながと	‥	2	‥	山陽本線経由・昼行電車
京阪神～広島/下関	音戸・ななうら	2	音戸	2	‥	‥	呉線経由・夜行客車
岡山～広島/下関	みずしま・とも	3	山陽	‥	3	‥	
広島～博多	山陽	1	はやとも	‥	1	‥	
門司港/博多～西鹿児島	かいもん・はやと	2	かいもん	1	‥	1	
別府～西鹿児島	日南	1	南風	1	‥	‥	
北九州～長崎	べっぷ・ながさき	4	いなさ	5	‥	‥	
大阪～山陰中央	三瓶・白兎(大阪編成)・おき	3	だいせん	1	‥	2	
山陰中央～北九州	やえがき・なかうみ・しまね	3	さんべ	1	‥	2	
京都～岡山～大社	だいせん	1	おき	‥	‥	1	
大阪～津山～新見	やまのゆ・みまさか	3	みまさか	‥	‥	3	
京都～北近畿地区	丹後・きのさき	5	丹後	‥	‥	7	
名古屋～南紀	うしお・紀伊	3	紀州	‥	‥	3	
南紀～天王寺	きのくに・南紀・しらはま	9	きのくに	7	‥	‥	
鳥取/米子～広島	ちどり・いなば・しらぎり	4	ちどり	‥	‥	4	旧しらぎりは伯備・芸備線経由
高松～宇和島	せと・うわじま	8	うわじま	‥	‥	9	
高松～須崎/土佐佐賀	南風・足摺	6	あしずり	‥	‥	7	
大阪～青森	日本海	1	きたぐに	1	‥	‥	「日本海」は特急に転用
大阪～新潟	きたぐに	1	越後	‥	‥	1	

加していた当時としては、コンピュータが記憶するにも限度があるため、同じ運転系統で類似した性格の列車は極力統合し、「○○1・2…号」といった呼称に改められる。

ただ、特急は1路線1列車といったものも存在するため、本数増加分のほうが上回り47種になるが、急行については動力や昼夜行に関係なく統合が実施されたため、100種近くが削減され、221種にまとめられる。

具体的には**表—30**に示すとおりだが、「だいせん」と「おき」のように経由路線が一夜にして逆になった列車が出るほか、古くから「みちのく」や「まりも」といったネームで親しまれた急行が「十和田1－1号」や「狩勝4－3号」といった号数番号併記の味気ないものになるなど、慣れるまでは利用客が駅でためらう姿も見られた。**表—11**(P.85)をご覧になればおわかりい

ただけるが、1952(昭和27)年10月までに命名された急行ネーム19種のうち、当時とほぼ同じ区間で急行のまま運転される列車となると「霧島」「瀬戸」「安芸」「銀河」の4種だけというのも、時代の流れを感じさせた。

また、札幌/旭川～網走間では運転区間がバラバラの列車が強引に「大雪」として統合された結果、5往復の中には12両に及ぶ夜行客車列車や、1966(昭和41)年3月以前からの急行である1等車連結の5～7両編成のキハ56系列車、それにキハ22形主体の短編成列車も加わり、まさに玉石混交の寄り合い所帯となる。

しかし、「大雪」の場合はすべて石北本線旭川～網走間を通過するという共通項が大切にされているが、陰陽連絡の「ちどり」には本来の木次線経由のほか、旧「しらぎり」の伯備線経由列車も見られた。この「ちどり3－1号」のう

表—30の続き

列車運転区間	改正前		改正後				備考
	列車名	本数	列車名	本数			
				客	電	気	
大阪〜富山	立山・つるぎ	3	立山	‥	4	‥	
大阪〜富山	金星	1	つるぎ	1	‥	‥	寝台列車、「金星」は特急に転用
大阪〜金沢/和倉	加賀・奥能登	2	ゆのくに	‥	2	1	
名古屋・金沢〜出雲市	大社・あさしお	1	大社	‥	‥	1	多層建の1列車名に統合
金沢〜輪島・蛸島	能登路・(準)つくも	5	能登路	‥	‥	5	
名古屋〜高山/金沢	加越・ひだ	4	のりくら	‥	‥	5	「ひだ」は特急に転用
名古屋〜長野	しなの・あずみ・きそ・きそこま	7	きそ	1	‥	6	「しなの」は特急に転用
新宿〜松本・糸魚川	アルプス・白馬・穂高	9	アルプス	‥	7	2	
新宿〜辰野・飯田	赤石・天竜	3	こまがね	‥	2	1	
上野〜青森	八甲田・三陸	2	八甲田	1	‥	1	
上野〜青森(常磐線経由)	みちのく(客車)・十和田	5	十和田	4	‥	‥	客車のうち1本は昼行で運転
上野〜秋田	たざわ・おが	2	おが	1	‥	1	
上野〜秋田(上越線経由)	鳥海・羽黒	2	鳥海	1	‥	‥	
上野〜盛岡	いわて・きたかみ	4	いわて	‥	4	‥	
仙台〜青森(北上線経由)	あけぼの	1	きたかみ	‥	‥	1	
上野〜新潟	佐渡・越路	6	佐渡	‥	5	‥	
上野〜水上	奥利根	5	ゆけむり	‥	7	‥	
上野〜直江津	妙高・丸池	3	妙高	‥	2	‥	
上野〜長野・湯田中	信州・志賀	6	信州	‥	6	‥	
上野〜会津若松	ばんだい・ひばら	4	ばんだい	‥	3	‥	
喜多方〜仙台	あいづ	1	いなわしろ	‥	‥	1	「あいづ」は特急に転用
函館〜札幌(東室蘭経由)	アカシヤ・すずらん・たるまえ	4	すずらん	1	‥	3	
函館〜札幌(小樽経由)	ライラック・ていね	2	ニセコ	1	‥	1	客車は昼行で運転
札幌〜帯広/釧路	狩勝・阿寒・十勝・まりも	4	狩勝	1	‥	3	
札幌〜旭川〜網走	あばしり・大雪・はななす・オホーツク・石北	5	大雪	1	‥	4	

1966.3.5以前からの急行と、旧準急のうち5往復以上運転、ならびに特色ある列車を記載。
本数は定期下り列車を示す。　客は客車、電は電車、気は気動車列車の本数を示す。

ち米子行きの上り1号は、当時D51・三重連が見られることで"SLファンのメッカ"となっていた布原信号場を昼間に通過し、それもヘッドマーク付きなのでよい被写体になった。だが、その場に居合わせても伯備線を走る「ちどり」に違和感を抱くことがなかったり、蒸気機関車だけを撮影し、気動車列車には目もくれない来訪者を、"鉄道ファンでないSLファン"とでもいうのだろう。

急行の列車名統合では、元来からの急行と準急からの格上げ組とが同一愛称になる例も多く、これも急行の地位低下を招いた。また、**表—30**では割愛したが、列車名統合は旧準急組同士でも大々的に実施される。巻末の「急行列車一覧表」の中に設定年月日が「1966(昭41).3.5」、廃止年月日が「1968(昭43).10.1」の列車が50種以上存在するのは、それが理由である。

3 近距離にも特急が進出

1969(昭和44)年4月25日、東海道新幹線三島駅開業に伴うダイヤ改正が実施され、在来線では東京〜伊豆急下田間に特急「あまぎ」2往復が設定される。

車両はそれまで急行「伊豆」に使用されていた157系をそのままスライドしたもので、実質的に値上げにほかならなかった。これは「伊豆」7往復は157系と153系とで運転され、同じ料金をとる列車でありながら設備に差があるため、同改正を機に157系列車を特急に格上げしたわけである。ともあれ、伊豆急行線を含めても延長167.2kmという距離に特急が誕生したことは、以後の優等列車体系に大きな影響を与えることになる。

04 運賃・料金のモノクラス化と12系客車登場

The advent of series 12 passenger carriages and the monoclassing of fares and fees

1 運賃・料金改訂により等級制廃止

　1969(昭和44)年5月10日、国鉄では1966年3月以来約3年ぶりに運賃・料金の改訂が実施される。国鉄運賃・料金については鉄道創業期から等級制がとられてきたが、"1・2等の設備格差の縮小、並びに利用旅客層の構造の変化等を勘案"し、この改訂を機に旅客運賃は旧2等(改訂により普通車に改称)を基本としたモノクラス制とし、旧1等車はグリーン車に、1等寝台はA寝台、2等寝台はB寝台に改称し、それぞれの料金を収受する方式に改められる。

　これにより、急行グリーン車を利用する場合は単一のレートとなった乗車券と急行券、それにグリーン券を購入するだけで事が足りるので値段の計算は簡単になるが、実際には優等列車のグリーン料金は200kmまで800円、400kmまで1400円(以下略)と"1・2等の設備格差分"とは思えないほどの高額で、前述の大阪～広島間を急行で利用するにも運賃1,390＋急行料金300円＋グリーン券1400円で締めて3090円となり、改訂前の1等車利用の2,920円よりも高かった。

2 波動用12系客車登場

　わが国では、1964(昭和39)年10月の東京オリンピックに続く国家的イベントとして、1970(昭和45)年3月15日から9月13日まで大阪府千里丘陵で万国博覧会の開催が決定する。折からの"いざなぎ景気"や旅行ブームで期間中は5000万人の観客入場が予想されるため、在来線でも定期列車とは別に全国各地から大阪への臨時列車の運転が計画されるが、そうした波動輸送にはコスト面で客車のほうが有利なことがわかった。

　しかし、座席車は1959(昭和34)年のナハ11以来新製されていないことや、繁忙期の臨時急行に使用されるオハ35系なども老朽化しているため、約10年ぶりに新製が計画される。

　そこで新形客車は波動輸送用であっても、車内設備や走行性能は電車や気動車に匹敵するものが求められ、1969(昭和44)年6月から165系電車の中間車をそのまま客車に置き換えたようなスタイルの12系客車が製造される。

　急行用普通車については、昭和43年度予算での新製車からは冷房付きとなるので12系にも導入されるほか、車体長もナハ10より1.3m長くなるため、シートピッチは1480mmから1580mmに拡大され足元が楽になる。そして冷房や照明などは、スハフ12に積んだディーゼル発電機により給電されるため、貨物用機関車での牽引も可能となる。

　なお、同時期にキハ58系で組成される急行の冷房化推進を目的にキハ65が新製されるが、こちらもトイレの設置が省略された分だけ車内スペースが拡大され、12系客車と同様のシートピッチが確保された。

　その12系客車は1969年7月から夏季臨時急行としての運用に入るものの、車種が普通車だけであることや、急行形というよりは波動輸送用客車として位置づけられていたため、登場から数年の間は多客期を中心に全車座席指定の臨時急行に使用され、閑散期は基地で昼寝といったまわりがうらやむような優雅な生活を送っていた。

3 普通座席車の冷房化進む

1969（昭和44）年の海水浴シーズンを迎えた7月11日、房総西線（現・内房線）木更津〜千倉間の電化が完成。新宿／両国〜館山／千倉間急行「うち房」はすべて電車化され、定期の7往復には165系冷房車が新製投入される。新宿から蘇我までは房総東線（現・外房線）急行も並走するが、「そと房」もキハ28が中心の編成になっているとはいえ、すべての窓が閉じた状態で走る「うち房」とは格差は明らかだった。

　筆者は大学生として初めて迎えた1969年の夏休み、初めて1人だけで九州への撮影旅行に出かけ、途中、日豊本線宮崎〜大分間をキハ58系全車冷房編成の急行「フェニックス」に乗車する機会を得た。冷房付き列車には新幹線「こだま」や特急「くろしお」、それに近鉄特急での乗車経験があったが、急行ではもちろん初めてだった。周遊券利用なので、「こんなに快適な車両にタダ同然で乗せてもらっていいのか」と恐縮したものだった。

4　万国博開催で12系の本領発揮

　1969（昭和44）年8月から9月にかけては、赤穂線、信越本線、それに北陸本線が全線電化を迎えるほか、函館本線も滝川〜旭川間の電化が完成する。

　これら一連の電化に伴うダイヤ改正は1969年10月1日に実施され、赤穂線では1963（昭和38）年4月以来の気動車急行「だいせん」（1968.10、「おき」に改称）に替わって電車急行「鷲羽」「とも」が各1往復ずつ乗り入れる。

　函館本線では、小樽／札幌〜旭川間の「かむい」8往復中7往復が711系電車化される。711系は戸袋部分にロングシートを有し近郊形に分類されるものの、デッキと洗面所・トイレを有するので、急行用としても設備的にキハ56系と大差な

かった。それよりもサイリスタ制御による静かな走行音と、空気バネ台車による乗り心地の良さはキハ56系など比較にならず、利用客から好評で迎えられた。

　さらに北陸・信越本線の全線電化で、大阪〜新潟間が架線で結ばれるが、北陸本線の富山以東は沿線人口が少ないせいか、「立山」の糸魚川までの季節延長はあっても、電車急行の設定はなかった。大阪〜新潟間の気動車急行「越後」は乗車率がよいので、近い将来の電車化が期待されたが、以後、鉄道を取り巻く環境の変化で、実現せずに終わってしまったことは残念だった。

　また、上野〜金沢間の「白山」も169系の交直流バージョンの製造は構想になかったのか、客車列車のままで残る。

　そして、迎えた1970（昭和45）年3月15日、万国博開催に伴い12系客車はおもに12両編成を組んで山陽・山陰・北陸方面の臨時急行に使用される。万国博には最終的に6422万人が入場し、東京からは行きは新幹線「ひかり」、帰りは急行「銀河」を利用すれば会場での時間をフルに使えるとあって、とくに上り「銀河」の寝台券は入手難が続いた。東海道新幹線開業後はやや低迷気味の「銀河」も老舗列車としての意地というか、存在感を見せつけた格好だった。

12系の長大編成が映える京都行き急行「雲仙2号」。全国ダイヤ改正が迫っているため、急遽12系に変更されての運転だった。◎西ノ宮〜芦屋　1975年2月　撮影：寺本光照

第4章：環境の変化により急行の相対的地位が低下（1964〜1971）　137

05 急行用車両、ついに新製打ち切り

Express train carriages no longer produced

1 電化による急行用車両の操配

大阪千里丘陵での万国博が連日賑わうなかにあっても、鉄道電化や新線建設は着々と進み、1970（昭和45）年8月から9月にかけては鹿島線香取～鹿島神宮間が開業を迎えるほか、鹿児島本線と呉線の電化が完成する。

1970年10月1日改正ではこれらの成果が取り入れられ、急行関連としては鹿児島本線博多～西鹿児島間の「かいもん」と熊本～西鹿児島間の「そてつ」各1往復、それに呉線の「吉備」が気動車から電車に置き換えられるほか、呉線には大阪から「安芸」「宮島」が区間延長や経路変更で入線する。

これに伴い鹿児島本線には50・60両Hz対応の457系、呉線には「吉備」用として165系増備車が投入されるが、165系としてはこれが最後の新製車となる。鹿児島本線と呉線の電化に伴い、両線からC59・C62の旅客用大型蒸気機関車は姿を消す。

鹿島線ならびにダイヤ改正当日に開業した中村線土佐佐賀～中村間には、気動車急行「水郷」と「あしずり」が新宿（一部は両国）、高松から直通運転を開始する。「水郷」の鹿島線内は各駅停車の普通での乗り入れだった。

この改正では上野～青森間に特急「はつかり」が増発された結果、類似時間帯を行く多層建て気動車急行「みちのく」と「八甲田1－1号」は系統分割による再編を余儀なくされるが、その見返りの形で上野（一部は水戸）～仙台間の「そうま」2往復は451系電車化され、やっと常磐線全線を走破する。

なお、国鉄では1970年10月改正を期して「DISCOVER JAPAN」キャンペーンを実施。万国博終了に伴い、落ち込みが予想される観光客の鉄道利用を促す作戦だったが、行き先を指定しない旅客誘致が功を奏し、大成功を収めた。

2 急行形車両、最後の増備

東京都内とその周辺では、1950年代半ばからの高度経済成長に伴う人口増で、東海道・横須賀線、中央線など、都心に乗り入れる各路線の通勤時間帯における混雑は限界を超えていた。

そのため、1965（昭和40）年度から「通勤五方面作戦」として、各線区の線増工事が計画される。その一環として、1971（昭和46）年4月20日に常磐線綾瀬～我孫子間の複々線化が完成したため、上野始終着の快速線と地下鉄千代田線と相互乗り入れを行う緩行線とに分離される。

これにより、常磐線上野口では"白紙改正"が実施され、「ときわ」「そうま」など常磐線内急行のうち下り列車は、上野駅を7時台から21時台まで、18時30分発の「ときわ11号」と20時05分発の「ときわ13号」を除き、すべて毎時ジャストに発車するダイヤパターンが完成する。

常磐線急行は上野～平～仙台間で運転系統が独立していることや、水郡線直通の「奥久慈」を併結する2往復が気動車であるほかは、451系電車で運用され、比較的ダイヤを組みやすいことが等時隔化につながったわけだが、当然ながら利用客から絶賛された。

その6日後の4月26日、小規模なダイヤ改正が実施され、北陸本線や中央東・西線、伯備線に特急が新増設される。中央西線と伯備線特急は急行「ちくま」の昼行列車と「おき」の格上げだった。

また、この改正では北陸本線快速増強用に

451系電車で運転される常磐線急行「ときわ」。撮影当時は特急「ひたち」に押され、短距離客の利用が中心だった。
◎南柏　1982年5月　撮影：髙橋義雄

457系16両が、そしてやや遅れて6月には、長野地区の気動車急行冷房化促進のためキハ65形5両が新製されるが、結果としてこれが急行形車両最後の増備車となってしまった。

3 史上最速急行「さちかぜ」

1971（昭和46）年は、翌年に山陽新幹線岡山開業を控えている関係でダイヤ改正は局地的なものにとどまり、7月1日には北海道札幌近郊の輸送改善を目的とした改正が、同月17日には房総西線全線電化完成に伴う改正が実施される。

北海道では「かむい」グループの電車急行ながら札幌〜旭川間をノンストップの1時間39分で結ぶ「さちかぜ」が登場。同区間の所要

は気動車特急より10分以上速く、表定速度は82.9km/hに達した。

一方、房総西線は電化区間の距離が短いため、「うち房」の一部の安房鴨川延長にとどまる。同年10月1日、奥羽本線のうち秋田〜青森間が飛び地電化的な開業を迎えるが、客車列車の到達時分が短縮されるだけだった。

1968（昭和43）年10月から1971年10月までの3年間は、各地で電化に関係するダイヤ改正が実施されるが、特急増発のなかにあっても、急行もその多くが現状維持に近い形で存置されたため、急行の本数はほぼ横這い状態で推移した。この章における気動車・客車急行のうち、特徴ある列車の時刻と編成については**表ー31**と**表ー32**に示す。

表—31 1965年～71年における気動車急行(抜粋)の編成と時刻

1970.10.1 大雪5−1号・紋別・はぼろ

- ◆505D 大雪5号　　札幌 17:10 → 網走 23:46　　　◆502D 大雪1号　　網走 5:35 → 札幌 12:05
- ◆505D ～ 2605D 紋別　札幌 17:10 → 興部 22:04　　◆2602D ～ 502D 紋別　紋別 6:32 → 札幌 12:05
- ◆505D ～ 2805D はぼろ　札幌 17:10 → 幌延 22:37　◆2802D ～ 502D はぼろ　幌延 6:19 → 札幌 12:05

「紋別」は急行区間の時刻を示す(下り興部～遠軽間、上り遠軽～紋別間普通)

1966.10.1 第1−第2みちのく

- ◆201D 第1みちのく　上野 7:40 → 弘前 20:15　　　◆202D 第2みちのく　弘前 8:47 → 上野 21:14
- ◆201D ～ 2201D 第1みちのく　上野 7:40 → 鳴子 14:52　◆2202D ～ 202D 第2みちのく　鳴子 13:45 → 上野 21:14
- ◆201D ～ 2601D 第1みちのく　上野 7:40 → 宮古 18:55　◆2602D ～ 202D 第2みちのく　宮古 9:50 → 上野 21:14

1966.10.1 三陸

- ◆103D 三陸　　上野 7:00 → 青森 19:28　　　　　◆104D 三陸　青森 8:50 → 上野 21:41
- ◆103D ～ 2603D 三陸　上野 7:00 → 久慈 19:10　　◆2604D ～ 104D 三陸　久慈 9:10 → 上野 21:41
- ◆103D ～ 2303D 三陸　上野 7:00 → 盛 16:30　　　◆2304D ～ 104D 三陸　盛 11:50 → 上野 21:41

1968.10.1 赤倉

- ◆2801D 名古屋 11:00 → 新潟 19:34　　　　　　　◆2802D 新潟 8:40 → 名古屋 17:30

1968.10.1 紀州1−4号

- ◆901D 紀州1号　名古屋 10:40 → 天王寺 20:05　　◆904D 紀州4号　天王寺 10:30 → 名古屋 19:55

1968.10.1 だいせん1−2号

- ◆701D だいせん1号　大阪 9:50 → 益田 19:58　　◆704D だいせん2号　益田 8:50 → 大阪 19:22
- ◆701D ～ 721D だいせん1号　大阪 9:50→（大社17:56）　◆724D ～ 704D だいせん2号　(大社10:57) → 大阪 19:22

表—32 1968年10月1日における客車急行(抜粋)の編成と時刻

瀬戸1—2号（旧・さぬき）
← 宇野方　　　　　　　　　　　　　　　　　　　　　　　　　　　　　　東京方 →

①	②	③	④	⑤	⑥	⑦	⑧	⑨	⑩	⑪
郵便	指1等	1寝B	2寝	2寝	ビュフェ	2寝	2寝	2寝	2寝	2寝
オユ11	スロ54	オロネ10	スハネ16	スハネ16	オシ16	スハネ16	スハネ16	スハネ16	スハネ16	オハネフ12

◆35レ　東京 19:55 → 宇野 9:08　　　◆36レ　宇野 19:55 → 東京 10:00

出雲
← 浜田方　　　　　　　　　　　　　　　　　　　　　　　　　　　　東京方 →

①	②	③	④	⑤	⑥	⑦	⑧	⑨	⑩	⑪
指2等	指2等	指2等	2寝	2寝	1寝B	指1等	2寝	食堂	2寝	2寝
ナハフ11	ナハ11	ナハ11	オハネ12	オハネ12	オロネ10	スロフ62	オハネ12	オシ17	オハネ12	オハネフ12

└── 米子〜東京 ──┘

◆33レ　東京 19:30 → 浜田 14:15　　　◆34レ　浜田 11:50 → 東京 7:15

雲仙2—2号（旧・玄海）
← 長崎方　　　　　　　　　　　　　　　　　　　　　　　　　　　　　　　　　　京都方 →

①	②	③	④	⑤	⑥	⑦	⑧	⑨	⑩	⑪	⑫	⑬
指2等	1寝B	指1等	食堂	2寝	2寝	2寝	2寝	2等	2等	2等	2等	2等
スハフ43	オロネ10	オロ11	オシ17	スハネ16	スハネ16	スハネ16	スハネ16	ナハ10	ナハ10	ナハ11	スハフ42	スハフ42

└── 京都〜博多 ──┘

◆211レ　京都 21:15 → 長崎 13:19　　　◆212レ　長崎 19:30 → 京都 10:39

日南1—3号（旧・夕月）
← 宮崎方　　　　　　　　　　　　　　　　　　　　　　　　　　　　　　　新大阪方 →

①	②	③	④	⑤	⑥	⑦	⑧	⑨	⑩	⑪
荷物	2寝	1寝B	指1等	2寝	2寝	指2寝	1寝B	2等	2等	2等
マニ	オハネフ12	オロネ10	スロ54	スハネ16	スハネ16	スハ44	スハフ43	マロネ41	スハネ16	オハネフ12

└── 大阪／新大阪〜大分 ──┘

上りのみ
◆205レ　大阪 20:06 → 宮崎 13:12　　　◆206レ　宮崎 17:12 → 新大阪 10:28

きたぐに（旧・日本海）
← 大阪方　　　　　　　　　　　　　　　　　　　　　　　　　　　　　　　　　青森方 →

①	②	③	④	⑤	⑥	⑦	⑧	⑨	⑩	⑪	⑫	⑬
郵便	指自1等	2等	2等	食堂	2等	2等	2等	2寝	2寝	2寝	1寝B	2寝
オユ10	スロ62	スハ43	ナハ10	オシ17	ナハ10	スハ46	ナハフ11	スハフ42	スハネ16	スハネ16	オロネ10	オハネフ12

└─ 大阪〜秋田 ─┘　　　└── 大阪〜新潟 ──┘

◆501レ　大阪 20:45 → 青森 18:32　　　◆502レ　青森 11:51 → 大阪 9:22

十和田4—6号
← 上野方　　　　　　　　　　　　　　　　　　　　　　　　　　　　　　　　青森方 →

①	②	③	④	⑤	⑥	⑦	⑧	⑨	⑩	⑪
指2等	1寝B	指1等	2寝	2寝	2寝	食堂	指2等	2等	2等	2等
スハフ42	オロネ10	スロ62	スハネ16	スハネ16	スハネ16	マシ35	ナハ11	ナハ11	ナハ10	オハ47	スハフ42

◆203レ　上野 20:35 → 青森 8:59　　　◆208レ　青森 21:30 → 上野 9:51

狩勝4—3号（旧・まりも）
← 札幌方　　　　　　　　　　　　　　　　　　　　　　　　釧路方 →

①	②	③	④	⑤	⑥	⑦	⑧	⑨	⑩
郵便	荷物	2寝	2寝	1寝B	2寝	2寝	2寝	指1等	指2等
オユ	マニ	オハネフ12	スハネ16	オロネ10	スハネ16	スハネ16	スハネ16	スロ54	スハ45	スハフ44

◆417レ　札幌 21:30 → 釧路 6:20　　　◆418レ　釧路 21:25 → 札幌 6:30

第4章：環境の変化により急行の相対的地位が低下(1964〜1971)　141

COLUMN
近郊形車両なども編成に入った遜色急行

　国鉄時代の急行形車両といえば、電車では165系と455系、気動車では広義のキハ58系、客車では10系と43系が代表格で、各形式とも普通車（2等車）は座り心地が改善されたボックス形固定クロスシート。デッキ付近にはトイレ・洗面所が設けられ、快適な旅行が楽しめるよう工夫されていた。

　しかし、急行によっては本来普通列車用でロングシートも併設される車両で編成される列車もあり、それが堂々と定期列車で運転され、鉄道ファンの間では「遜色急行」と呼ばれていた。この遜色急行は、急行普通車に冷房車が見られるようになった1970（昭和45）年10月1日改正時点でも、北海道のキハ22形使用列車を筆頭に全国のローカル線などに見られたが、その中の代表格といえば3ドア車の115系近郊形電車を使用した上野〜宇都宮（〜黒磯・日光）間の「なすの1号」と、同〜高崎（〜水上・前橋）間の「ゆけむり2号・あかぎ1号」、それに新宿〜甲府間の「かいじ6号」だろう。

　これらの列車はいずれも下りの片道運転で、上りのペア列車がないことが共通していた。朝の8時台に上野を発つ「なすの1号」と「ゆけむり2号・あかぎ1号」は、通勤ラッシュ時に同駅に着く普通列車の車両をそのまま使用することが理由。新宿20時発の「かいじ6号」も、中央東線快速運用の115系が共通運用されていた。これらの列車は、有料という点で利用客からの評判は芳しくなかったが、休日の行楽旅行には最適なことや、ビジネス客の帰宅列車として時間帯が良好なことで、結構繁盛していた。しかし、1976（昭和51）年11月6日の国鉄運賃・料金改訂を前に快速列車に、格下げされた。

　そうした遜色急行はJR化後の2003（平成15）年10月1日から津山線急行「つやま」として登場する。キハ48以外に車両がなかったのが理由だが、国鉄〜JRの最後を飾る昼行急行列車としてはいただけなかった。

内房線を行く113系電車急行「うち房」。定期列車は165系の独断場だが、季節や臨時では近郊形の113系がしばしば使用された。◎安房勝山　1971年2月　撮影：荻原二郎

第5章

優等列車の特急一極化により、急行は衰退へ〔1972〜1987〕

Chapter 5. Express Trains on the Decline due to a Focus on High-class Limited Express Trains (1972-1987)

寝台列車とはいえ、スハ44系も連結した旧「夕月」の「日南3号」大阪行き。◎西ノ宮〜芦屋　1975年3月　撮影：篠原 丞

01 北陸トンネル列車火災を機に急行から食堂車消ゆ

Dining carriages disappear from express trains as a result of the "Express Kitaguni Fire Accident" in Hokuriku tunnel

1 山陽新幹線岡山開業

　山陽新幹線のうち新大阪～岡山間は1972 (昭和47) 年3月15日に開業。これに合わせて白紙改正が実施される。新開業区間へは「ひかり」が東京から直通するため、昼行在来線列車へは岡山での乗り換えが原則となり、山陽西部・九州・山陰の各方面へは特急と急行、距離の短い四国 (宇野) 方面へは快速が接続する。

　新幹線沿線から在来線各都市への時間短縮には特急へのリレーが最適だが、沿線人口の多い山陽在来線では同一県内での都市間移動客を無視できないため、岡山以西の急行も改正前とほぼ同数が確保される。だが、同じ新幹線接続でも山陰地区への直通客が大半を占める伯備線では、特急「やくも」が4往復に対し、急行「伯耆」は2往復となり、最初から特急優位の形でスタートする。

　九州方面への夜行は、新大阪～岡山間の部分開業では夜間での乗り換えが発生するうえに、時間短縮がさほど見込めないため、特急・急行とも大部分が京阪神始終着で残存する。また、前述の昼行列車も岡山付近に大規模な車両基地が存在しないため、一部は改正前どおり京阪神～山陽・九州間の直通運転となる。

　岡山始終着の電車急行は九州行き「玄海」が475系、山陽内列車には153系が使用され、本線経由の「山陽」と呉線経由の「安芸」にまとめられる。双方ともサロ・サハシ各1両込みの10両編成だった。

2 優等列車の主役は急行から特急へ

　1968 (昭和43) 年10月改正で一挙に5往復に増発された上野～仙台間特急「ひばり」は、便利さが受けて連日好調な乗車率を記録した。その影響は各地の幹線路線に波及し、優等列車利用客が特急に集中するといった現象をもたらした。そこで、この1972 (昭和47) 年3月改正では「ひばり」のほか、とくに需要の高い「雷鳥」「とき」「やまびこ」の増発により、当該区間では特急と急行の本数が逆転する。

　また、長距離の昼行急行は可能な限り特急に格上げする方針が出されたことで、「十和田1－1号」や「白山」といった客車列車も電車特急への仲間入りを果たすほか、山陽新幹線との一貫高速輸送を狙い四国にも待望の特急が誕生する。

　夜行も老舗急行の「瀬戸」や「出雲」が列車名もろとも特急になるが、従来とは異なり類似区間にエコノミー志向客の受け皿となる列車は設定されなかった。このため均一周遊券利用客は、行き先地によっては料金負担を強いられた。

　しかし、そうしたなかにあって、仙台～青森間で455系電車化された「くりこま」2往復のうち、下り1号と上り2号は北海道連絡の機能を有し、同区間を特急なみの4時間45分で結び、表定速度も81.6km/hに達する。全車座席指定なので、いっそのこと車両を485系に置き換え、特急として運転してもおかしくなかった。

　「くりこま1－2号」の大健闘はあるものの、1972年3月改正は、新幹線岡山開業を機に在来線優等列車の主役が急行から特急に交替する意味では画期的なダイヤ改正といえるが、1971 (昭和46) 年3月末に1258本だった急行の本数は1240本になっただけで、大局的には現状維持を貫いた。本数では70本以上の増発を見た特急の大多数が"新設での増発"であるほか、小規模

ながら急行が増発された路線が存在したことが理由だった。

3 特急のイメージを覆した房総特急の登場

かつて「気動車王国」といわれた房総半島の鉄道も、1972（昭和47）年7月15日の蘇我〜大網〜安房鴨川間の竣工により東西両線（房総環状線）の電化が完成。同時に総武本線東京〜錦糸町間の地下新線と錦糸町〜津田沼間の複々線化も完成したことで、内房線と外房線に改称された路線には東京地下駅始終着の183系電車特急の運転が開始される。

最長でも150kmに満たない短距離をかなりの駅に停車し、改正前の急行と大差ないスピードで結ぶ房総特急は、在来の国鉄特急とは明らかに性格を異にする存在だった。急行用電車も製造が終了していた当時、転換クロスシートにグレードアップした新車をつくり、房総急行に充てる方法もあったと思われるが、赤字問題が社会化してきた国鉄としては、東京というバックボーンを味方につけて、特急で増収を図りたかったのだろう。ともあれ、房総特急は内房・外房線とも定期だけで5往復、多客時には季節・臨時を合わせ最大10往復設定される。

一方、急行は「なぎさ」と「みさき」の列車名で、中間の勝浦〜館山間を普通とした循環運転が復活するが、在来の165系を使用する関係で本数は4往復に減らされる。

内房・外房線では、かつての"準急ダイヤ"の上を単に特急形と急行形の電車が走るといっ

「増収政策のための特急乱造」といわれながらも、海水浴客輸送では満員の盛況を誇った183系電車特急「わかしお」。
◎勝浦 1972年8月 撮影：伊藤威信

ただけだが、実際には料金云々よりも本数の多い特急に利用客が集中し、「なぎさ」と「みさき」は影の薄い存在となってしまった。房総特急のように短距離特急が成功すると、特急の運転路線が拡大し、追われた急行はやがて行き場がなくなってしまうのである。

4 エル特急登場により急行は補佐役に

1957（昭和32）年に北陸本線田村〜敦賀間の交流電化に始まる日本海縦貫線の電化は、白新・羽越線の竣工をもって1972（昭和47）年8月5日に完成。これをメインにしたダイヤ改正が10月2日に実施される。

この改正のスターは、電気方式が直流〜交流60Hz〜直流〜交流50Hzと変化する1,000km以上の区間を走り通す「白鳥」に代表される485系電車特急である。しかし、そうした華やかさとは裏腹にせっかくの長距離電化でも、半数以上の距離にあたる富山〜青森間では交直流電車による定期急行が1本も入らず、「しらゆき」など全線架線下を行く列車も気動車のままで残されたのは残念だった。

この1972年10月ダイヤ改正は、3月15日改正の総仕上げとしての位置づけもなされ、山陰本線京都口の特急新設のほか、主要幹線の電車特急が増発されたのが特色だった。

そして、本数が同一列車名だけで5往復以上に達した特急には可能な限り自由席が設置され、始発駅時刻も先の急行「ときわ」の例にならい、毎時00分や30分などわかりやすい数字とされ、等時隔運転化が図られる。これらの条件を満たした特急には「エル特急」の名称がつけられ、やがて国鉄の主要商品として成長を続けていく。

ただ、同じ特急増発でも先の3月15日と異なるのは、10月2日改正では急行からの格上げ列車が多く、とくに「エル特急」が走る路線の急行は、補佐役というよりは特急通過駅での利用客救済や、短距離の都市間連絡列車の役割を帯びていく。

5 北陸トンネルの列車火災事故

日本海縦貫線電化の余韻が残る1972（昭和47）年11月6日深夜、北陸本線敦賀〜南今庄間の北陸トンネル内を走行中の青森行き急行「きたぐに」の食堂車（③号車）・オシ17から出火。死者30人、重軽傷者714人の大惨事になる。

出火原因とは直接の関係はないが、オシ17が石炭レンジを使用する旧形の食堂車であり、国鉄部内でも3月15日改正から連結列車を「きたぐに」と上野〜青森間の「十和田2・3号」の2本だけにとどめるなど、構造が問題視されていた形式であったため、この火災事故を機に営業線上から姿を消す。これは急行における食堂車営業の終焉でもあった。

また、電車急行では半室構造のビュフェ車を連結する列車があるが、当初は繁盛したものの1968（昭和43）年10月以後は、路線によっては特急の増発で長距離旅客の移行が進んだこともあり、利用客が減少する。

1972年3月改正では、新幹線連絡の岡山〜広島／下関間急行はそれを見込んで営業が休止されたのを手始めに、1973（昭和48）年10月から11月にかけて、関西／岡山〜九州間や九州島内、それに東北・上越・北陸線で休止が相次ぐ。そして、最後まで残った信越本線や中央東線も1976（昭和51）年11月末を限りに営業が休止され、『時刻表』在来線本文ページでは急行からコーヒーカップの記号が消滅する。

1962（昭和37）年製のサハシ451からは電子レンジが置かれ、カレーライスやハンバーグ定食などのランチものの提供も可能となるが、構造上食事をゆっくり味わえるような雰囲気でないことや、家族連れやグループ客での利用には向かなかったことも衰退の理由だと思われる。

1等展望車やクロ151形パーラーカーは東海道本線御用達の車両だが、サハシ形式のビュフェ車もビジネス客の利用が多く、食事の回転が速い同線だから成功したのであり、それ以外の線区に投入するには無理があったようだ。

02 特急形車両、急行に格下げ転用

Limited express carriages begin appearing with express trains

1 地域限定の大規模改正続く

　国鉄では1972（昭和47）年10月改正後も、1973（昭和48）年3月1日と10月1日に特急増発をメインとした全国的なダイヤ改正、そしてこれとは別に1973年7月10日に中央西線全線電化、1974（昭和49）年4月25日には日豊本線南宮崎電化に伴う局地的な改正が実施される。

　このうち1973年10月1日改正は、山陽・東北・上越の各線では日中の規格ダイヤパターンや特急列車番号の付与基準が変更されるなど、当該の線区に限っては白紙改正同様の大規模なものだった。

　しかし、特急は増発されてますます利便性が高まる一方、東北・上信越線の急行は特急待避が発生し、「まつしま5号」の上野～仙台間所要は改正前の4時間40分から5時間18分へ、「佐渡1号」の上野～新潟間は4時間31分から4時間59分へ、「信州1号」の上野～長野間は3時間26分から3時間55分へと、「ヨン・サン・トオ」以前の水準まで大幅にダウンする。サービス低下もよいところで、これでは旅客に特急利用を促しているようなものだった。

　そうした一方で、急行の体質改善も実施される。当時、電車や気動車で運転される急行は北海道用など一部を除き、普通車の冷房化が完了していたが、定期の客車急行は皆無の状況だった。

　そこで、波動用12系客車のうち山陽新幹線岡山開業後、運用に余裕ができた車両を活用することにより、この改正から「きたぐに」と京都～広島間の「音戸2－1号」の普通車が置き換えられる。利用客からは当然ながら好評を博するが、もっと早い時期から実施してもよい措置だった。

　これとは別に鉄道創業期から活躍を続けてきた蒸気機関車は、鉄道100周年にあたる1972年度末に在籍数が1,000両の大台を割り、全機引退の日が近づく。

　蒸機牽引急行も本州では1970（昭和45）年9月に呉線、北海道では1971（昭和46）年12月に運転を終了しているが、この改正では京都～都城間急行「日南3号」の宮崎～都城間牽引機がDF50からC57に交替され、九州の地に5年ぶりに蒸気急行が復活。7両ながらオロ11とオハネ12を含む優等列車ならではの編成で有終の美を飾った。

　その少し前の1973年7月10日改正では、名古屋～長野間でわが国初の振子式電車381系が特急「しなの」に使用され話題をまくが、同区間の気動車急行も定期3往復が165系電車化される。全国的なダイヤ改正ではないため、1971年に修学旅行専用車の座を降りた155系を関西地区の波動用に充て、それから捻出された165系を急行「きそ」に使うといった、涙ぐましい作戦だった。

　1974年4月の日豊本線南宮崎開業では、485系電車特急が大阪や博多から宮崎まで進出するが、翌年に山陽新幹線博多開業が予定されていることもあり、急行は肥薩線経由の「えびの2－3号」が特急「おおよど」に格上げされた以外は、「日南3号」の末端区間牽引がDF50に戻されるにとどまった。

　なおこの間、1973年10月1日改正直後にオイルショックが世界中を襲い、わが国の高度経済成長も終焉を迎える。総需要抑制により旅行を含む消費が低迷し、国鉄の経営にも大きな影響を与えた。

2　50-3ダイヤ大改正

　1975（昭和50）年3月10日、山陽新幹線が博多開業を迎え、太平洋ベルトは高速鉄道で結ばれる。この日には関西～北陸間を短絡する湖西線が全面開業するほか、千葉鉄道管理局管内の総武・成田・鹿島各線の電化もすでに完成しているため、これに合わせた全国ダイヤ改正が実施される。

　山陽新幹線博多開業により、山陽在来線の昼行優等列車は陰陽連絡線から短区間を乗り入れる一部の列車を除き、特急・急行とも一刀両断される。前月号まで太数字や太線が所狭しとばかり並んでいた『時刻表』山陽本線ページも、1975年3月号では昼間時間帯は通勤路線なみに細字だけで埋まるのだから、一見しただけでショックを受けたものだった。

　この処置に伴い、九州の昼行優等列車は山陰本線へ出入りする列車を除き島内運転となり、小倉または博多で新幹線に接続するダイヤになる。鹿児島・日豊本線ではエル特急に指名された「有明」「にちりん」とともに、電車急行も鹿児島本線へは「ぎんなん」「かいもん」が計11往復、日豊本線へは「ゆのか」と「日南」で計10往復が設定され、これに鹿児島本線では豊肥・肥薩線直通気動車急行が加わることにより、ほぼ改正前の本数が維持された。

　しかし、長崎・佐世保線では電化が改正に間に合わなかったことで、新幹線接続は気動車急行となる。博多～長崎・佐世保間とも改正前をしのぐ10往復が設定されるが、鹿児島・日豊本線とは質面で「格差」をつけられ、沿線としては新幹線の九州進出を素直に喜ぶことができなかった。

　東京／関西間の夜行は特急こそ大多数が存続するものの、急行は大阪地区から熊本／長崎・佐世保／大分行きの「阿蘇」「雲仙・西海」「くにさき」の3往復に整理され、これを機に車両も183系普通車と同様の設備を持つ14系座席車に置き換えられる。だが、車両のグレードアップを名目に全車座席指定とされたため、東海道・山陽本線からの九州ワイド周遊券利用客は従来のように"無料パス"で九州入りができなくなるなど、利用客からの反発が大きく、同年12月からは自由席が設定された。

　湖西線開業では大阪から北陸方面に直通する特急全列車と急行「立山」が湖西線経由になるが、急行「ゆのくに」と「きたぐに」は義理堅く米原回りルートで残る。だが、これだけでは米原口の優等列車が激減するため、特急「加越」新設や、急行「くずりゅう」増発により、本数が確保される。

　千葉管内では東京～銚子・鹿島神宮間に電車特急が新設されたほか、同区間の急行も165・153系により電車化される。しかし、本数は内房・外房線が3往復、総武線が2往復、鹿島神宮行きは1往復だけで、必要最小限度が残されたといった感じで、不便極まりなかった。特急ルートから漏れた成田線経由の銚子行きは、電車化された「水郷」が2往復を受け持つ。

　この改正では、寝台急行の「北陸」と「北星」、それに「紀伊」が列車名もそのまま特急に格上げされる。1972（昭和47）年10月改正での大阪～新潟間「つるぎ」同様、"寝るだけのブルトレ"がノーマルとなるあたりに、寝台特急も質の低下を否定できなかった。

　このように1975年3月改正では、急行は山陽区間からほぼ消滅したことに加え、特急への格上げがあったため、1974年度末における本数は1,107本となる。在来線特急が496本なので、まだ2倍以上の開きはあったものの、両種別間での勢いの差は歴然としていた。マラソンにたとえれば、2位のランナーからはるか前方に居る先頭走者の背中が見えてきたといったところだろう。

3　特急形車両が続々と急行へ

　1975（昭和50）年3月改正は「白紙改正」に匹敵する大規模なものだったが、以後も約1年

EF81がオハ14系客車を牽く臨時急行が湖西線を行く。◎1978年　所蔵：フォト・パブリッシング

　半の間に函館本線札幌～旭川間での電車特急新設(1975.7.18)、奥羽本線全線電化、長崎・佐世保線電化(1976.7.1)、高山本線の特急増発(同10.1)と、局地的なダイヤ改正が実施される。
　このうち、1975年11月25日の奥羽本線関連では、仙台～秋田間気動車特急「あおば」がキハ181系の撤退で、急行「きたかみ1-3号」に格下げされるといった変則事態が発生するが、他の3改正では新・増設の特急を急行格上げにより賄うため、急行は本数を減らす。
　ところで、当時の客車列車は寝台特急こそ、ベッド幅52cm・3段式寝台の20系から14系、24系を経て70cm・2段式の24系25形(以下25形)への"進化"の途上にあったが、急行は前述の関西～九州間3往復が14系座席車、「きたぐに」の座席部分が12系であるほかは、寝台・座席車とも相変わらず一般形客車が使用されていた。
　そうしたなか、1976(昭和51)年2月20日に特急「つるぎ」が25形化されるが、前日まで同列車に使用されていた20系は経年が比較的浅いため、同時に急行「銀河」に転用される。最初から特急専用車両として生を受けた車両としては、初の格下げ使用だった。
　この20系の寝台構造はナハネ10に始まる一般形軽量寝台客車と同様だが、固定窓と空気バネ台車装備の車内はさすが特急形で、利用客からの評判も上々だった。これに気を良くしたのか、国鉄も1978(昭和53)年3月までに急行「新星」「天の川」「十和田2-2号」を20系に置き換えるほか、寝台・座席併結の「かいもん4-4号」と「日南4-4号」は20系+12系の編成で編成全体の冷房化を図る。
　また「十和田2-2号」については座席車を連結するため、ナロネ21をボックスシートのナハ21に改造。この活用法は"十和田方式"として注目を浴びるが、寝台・座席併結でも寝台の比率が高い列車でないと改造の効果がなく、その点が惜しまれた。

03 大幅値上げによる国鉄離れで苦闘する急行

Express trains struggle due to a gap with other JNR prices caused by a major increase in fares

1 国鉄の運命を決めた運賃・料金大幅値上げ

　国鉄の営業収支は1964（昭和39）年度に赤字に転落して以来、黒字に回復することはないばかりか、経営悪化は年ごとに深刻さを増していった。そこで、国鉄は1974（昭和49）年10月に平均23.2％の運賃・料金値上げ、翌年11月には料金の32.2％値上げを実施するが、それでも累積赤字解消の兆しはなかった。

　そこで、1976（昭和51）年11月6日に起死回生とばかり、戦中・戦後の混乱期を除いては例のない平均50.4％に及ぶ大幅値上げを実施する。この3回の改訂により、1974年9月に東京～大阪間を急行「銀河」のB寝台（下段）では3730円（運賃2230円＋急行料金300円＋寝台料金1200円）で旅行できたのが、わずか2年余りのうちに8000円（運賃4300円＋急行料金700円＋寝台料金3000円）へと、なんと2倍以上の値段になる。

　しかも、オイルショック後の長引く不況に加え、国鉄は労使関係の複雑化で、一般人には言葉の意味が受け取れないような"スト権奪還スト"などで最大8日間にわたる全面運休を行うなど、ただでさえ国鉄離れが目立ってきているなかでのできごとだったので、さすがにタイミングは悪かった。これにより、国鉄は多くの旅客を失う。

　優等列車の中でとくに落ち込みが顕著だったのは、寝台特急とローカル線を行く急行である。前者は区間によっては鉄道利用よりも安くなった航空機に、後者はクルマに移行してしまったのである。

　1977（昭和52）年という年は、国鉄ではダイヤ改正は局地なものを含めてもほとんど実施されていない。国鉄も大幅値上げが結果として"自殺行為"になってしまったことで、元気がなかったのだろう。

2 53-10は記憶に残る改正

　1978（昭和53）年10月2日、国鉄では1975（昭和50）年3月以来約3年半ぶりに全国ダイヤ改正が実施される。紀勢本線の西線部分にあたる新宮～和歌山間電化以外にこれといったプロジェクト完成がなく、全体としては利用客の減少した寝台特急の廃止がトップニュースになるなど、改正の文字にはほど遠い内容だった。北海道連絡の長距離列車を含む昼行全特急が、この改正を機に自由席車を連結。特急の利用客減を公表したようなものだった。

　しかし、優等列車の号数番号が新幹線なみに下り奇数、上り偶数とされたほか、183系や485系、583系など可変式愛称表示幕を有する先頭車両では列車名がイラスト入りとなり、とくに号数番号の付与基準は現在にいたるまで受け継がれている点では、国鉄史上でも"記憶に残る改正"となる。

　この改正でも新規電化の紀勢本線はもちろん、主要幹線では特急が増発され、急行はその本数分だけ廃止される。また本州北辺の「なつどまり」のように、利用客の少ない列車が快速に格下げになるほか、幹線・ローカル線を問わず、一部の列車で末端区間が普通となって走る例が増えたのも特徴だった。

　号数番号の上下別化で、電化後も相変わらず気動車のままで残る「きのくに」は26号、「ちとせ」は22号に達するなど、"エル急行"の称号をつけてもよいほどの健闘を示したが、一方で

は「越後」や「そうま」「しいば」のように、特急格上げや列車名の統合で静かに消えた列車もあった。こうした一連の流れで、急行は1012本にまで本数を減らすが、それでも辛うじて大台を維持する。

また、1971 (昭和46) 年5月を最後に製造が終了していたはずの12系客車が、1977 (昭和52) 年3月から1978 (昭和53) 年11月までに125両製造される。これにより、「津軽」2往復と「ちくま5－4号」「さんべ5－6号」座席車の12系化が実施される。相方となる寝台車は20系で、とくに「ちくま」は気動車の客車化という珍しい例だった。夜行急行では、このほか「だいせん5－6号」が20系十和田方式の編成にグレードアップされる。

3 減量改正で急行の衰退進む

国鉄運賃は1977 (昭和52) 年12月9日に法定制が緩和され、改訂は運輸大臣の認可制になる。これにより、国鉄は1978 (昭和53) 年7月、1979 (昭和54) 年5月、1980 (昭和55) 年4月と年中行事のように値上げを繰り返す。値上げ幅こそ1978年が19.2%で以後は10%未満だったが、先の1976 (昭和51) 年11月の段階で大手私鉄よりはるかに高い水準になっており、それに値上げ分が加算されるわけだから、こうした施策が社会から支持されるわけはなかった。

この間、前述の1978年10月のほか、日豊本線全線電化に伴うダイヤ改正が1979年10月1日に実施されるが、特急「にちりん」と急行「錦江」はせっかく電車化されたにもかかわらず、11両や6両といった編成を持て余しているような感じだった。

そうしたなか、1980年10月1日にまたまた全国規模のダイヤ改正が実施される。先の1978年10月から2年しか経過していないが、

この間、国鉄の単年度赤字はさらに拡大しており、内外からも経営健全化が叫ばれていた。そこで、この改正では381系増備車が登場した紀勢本線や、高速バスの台頭に四苦八苦する九州地区に特急を増発して活性化を図る半面、直通旅客がめっきり減った東京～北海道間では輸送を航空機に任せ、鉄道は千歳空港～札幌間の旅客だけを取り込むという、現実重視の方針に切り替えられる。また、利用率の低い優等列車は新幹線特急からローカル急行にいたるまで切り捨てるといった荒療治が行われた。

これら一連の施策により、紀勢本線天王寺口では特急が10往復に対し急行は4往復になる。九州では主要4幹線が特急一極化のモデル線区とされたため、その先鋒を切って博多～熊本／鹿児島相互間を結ぶ昼行急行は全滅する。日豊・長崎・佐世保の各線では若干数の急行が残るが、それは車両 (485系) 不足によるもので、次回での格上げを想定し、特急の号数を空けておくといった念の入れようだった。

北海道では青函連絡船は単に青森～函館間を結ぶローカル航路として位置づけられ、上野～札幌間直結は二の次とされた結果、老舗急行「大雪」にルーツを持つ「ニセコ1－4号」や夜

山陽新幹線開業後は岡山～九州間電車急行として活躍した「玄海」がセノハチに挑む。◎瀬野～八本松　1974年10月　撮影：篠原丞

第5章：優等列車の特急一極化により、急行は衰退へ (1972～1987)　151

行の「すずらん5-6号」が廃止されたほか、室蘭本線長万部～東室蘭間から定期急行が姿を消す。

一方、利用率不振により廃止となった急行には、関西～九州間の「阿蘇・くにさき」「雲仙・西海」、四国連絡の「鷲羽」、木次線の「ちどり」といった夜行列車のほか、昼行では九州内の「ぎんなん」「ちくご」「錦江」「あさぎり」「はんだ」、本州では「くまの」「やまのゆ」「つわの」などが該当する。とくに関西～九州間急行の全廃により、ワイド周遊券利用客は足を奪われたも同然だった。また、列車名消滅とまではいかなくても、「東海」や「土佐」のように同一ネーム内で本数が削減されたものも多数見られた。

この結果、宇野・筑豊・山口の各線は優等列車が少数ながら特急だけという"特異"な線区になる。また、九州の伊田・日田彦山・佐賀・志布志・大隅の各線、北海道では江差・松前・胆振・標津・池北の各線から急行が姿を消す。これらの大半は国鉄が経営再建策のひとつとして廃止を検討している路線だった。

これら一連の列車削減により、1980年10月改正で急行は848本にまで本数を減らす。なお、特急は寝台列車など一部の削減はあっても九州列車の大健闘により、全体では619本に微増する。この改正は旅客列車が約3万キロ減少したことで、"減量ダイヤ"と呼ばれるが、旅客列車キロの削減は戦中・戦後の混乱期を除いては例がなく、不名誉な改正といわざるを得なかった。

4 国鉄は分割民営化の方針へ

急行形電車のパイオニアとして1958（昭和33）年に登場し、以来「東海」や「比叡」「伊豆」に使用される153系電車も、1980年代にさしかかると初期車は老朽化が著しくなってきた。そこで特急と急行とが併用される東京～伊豆間では、急行「伊豆」の特急格上げが検討される。そして153系に替わる新車として、1981（昭和56）年1月から185系が落成する。特急形ながら「伊豆」の運用を引き継ぎ、通勤時間帯には普通にも使用するため、153系のドア間に転換クロスシートを配したようなレイアウトになる。当時、転換クロスシートは近郊形の117系やキハ66系で採用されているため、185系は特急よりも急行で運転したほうが似合うような車両だった。

この185系は新製直後こそ急行「伊豆」に暫定使用されるが、1981年10月1日から特急「あまぎ」と「伊豆」を統合した定期6往復の特急「踊り子」の一員として運転される。湘南地区伝統の「伊豆」の列車名があっさり消え、伊東線の優等列車は特急だけになる。

同日には札幌～帯広間を短絡する千歳空港～追分～新得間の石勝線が開業を迎え、千歳空港駅は"空と鉄道の連絡駅"から一転して、北海道の鉄道における重要駅としての地位を獲得する。函館／札幌～釧路間3往復の特急「おおぞら」は新線にシフトするが、札幌～帯広／釧路間4往復の急行「狩勝」は、新線と旧線で2往復ずつ分けることになり、夜行を含む石勝線経由の2往復には「まりも」の列車名が復活する。急行の特急格上げが進む当時、本数が現状維持で残されたのは特筆に値するできごとだった。

翌1982（昭和57）年5月17日には関西本線名古屋～亀山間が電化開業する。しかし、こちらは普通電車増発と入れ替わる形で、それまで3往復以上設定されていた「かすが」「紀州」の両急行は、名古屋～亀山間併結の2往復に削減される。図らずもこの日、第二次臨時行政調査会が国鉄の分割民営化を内容とする報告を定例調査会に提出。1980（昭和55）年12月の国鉄再建法成立により、赤字ローカル線廃止など自力で経営再建に乗り出してきた国鉄にとってはショッキングなできごとだった。

そのわずか1ヵ月余りのちの6月23日、東北新幹線が大宮～盛岡間で先行開業を迎える。本数的に新幹線が在来線優等列車の補佐を担うダイヤ編成のため、急行関連は新幹線から秋田への連絡列車となった「たざわ」2往復の時刻変更にとどまった。

04 東北・上越新幹線開業で特急と本数が逆転

A reversal in the number of limited express and express trains due to the opening of the Tohoku and Joetsu Shinkansen lines

1 特急一極化への動きが加速

　伯備線と山陰本線伯耆大山〜知井宮間の電化は1982（昭和57）年7月1日に完成し、この日から381系電車に一新された「やくも」は岡山〜出雲市間に7往復設定される。これにより、前日まで気動車急行として補佐役を担っていた「伯耆」は廃止され、伯備線は先の山口線、伊東線に次いで、複数本数の優等列車のすべてが特急だけの線区になる。急行が"自滅"したような山口線とは異なり、伊東・伯備線は明らかな特急一極化であり、これを機に以後も幹線区間で導入が進められる。

　同年7月30日、第二次臨調は国鉄の5年以内の分割民営化を柱とする基本答申を首相に提出する。国鉄を抜本的に再建するには地域を分割した特殊会社にするしか方法がなく、それも急務と判断したのである。

2 東北・上越新幹線大宮暫定開業

　全国新幹線整備法にもとづき1971（昭和46）年に東北新幹線ともども着工された上越新幹線は、1982（昭和57）年11月15日に大宮〜新潟間が開業。また東北新幹線から秋田へのアクセス路線に抜擢された田沢湖線の電化が完成する。これにより、同日には東北・上越新幹線大宮暫定開業と銘打ち、それをメインとした全国ダイヤ改正が実施される。

　両新幹線開業に伴い、青森・秋田・金沢方面へは盛岡・福島・新潟・長岡の各駅で新幹線から「はつかり」「たざわ」「つばさ」「いなほ」「北越」の特急群にリレーされるダイヤが組まれたが、それにより東京都内から3方面への旅客は最低2度以上の乗り換えを余儀なくされた。

　そこで新幹線による時間短縮の効果が少ない会津若松方面を含め、東北・上越在来線には特急のほか、「ばんだい」「まつしま」「あづま」「ざおう」「佐渡」「よねやま」といった直通急行が存続する。なかでも上野〜仙台間の「まつしま」は定期5往復となって息を吹き返す。だが、新幹線開業で在来線の線路容量にゆとりが生じたにもかかわらず、全列車とも5時間前後を要するなど、腑に落ちないダイヤ設定だった。

　また、上野〜大宮間では185系によるアクセス列車「新幹線リレー号」が運転されるが、その185系を使用して上野〜水上／万座・鹿沢口／前橋間に「谷川」「白根」「あかぎ」の短距離特急が設定される。だが、こちらも少数ながら急行が「ゆけむり」「草津」「はるな」の列車名で残される。エコノミー志向客への便宜を図るというよりも、車両の絶対数が足りないための策だった。

　東北・上越新幹線開業による両在来線特急大量削減で余剰が生じた485系や183系は、房総各線を含む全国電化幹線の特急に転用されたため、田沢湖・内房・外房・総武・成田の各線で優等列車が特急に一本化される。

　また、東北本線仙台〜青森間をはじめ、白新・羽越線新潟〜秋田間、北陸・信越線金沢〜新潟間、それに九州の日豊・長崎・佐世保の各線では、昼間の優等列車は支線区からの短距離乗り入れを除き特急オンリーとなる。さらに東北・上越線から分岐する北上・大船渡・磐越東・日光の各線と山田線宮古〜盛岡間は、新幹線接続路線としては力不足と見放されたのか、急行は全廃される。

　この結果、1982年11月改正で、「きたかみ」「志

第5章：優等列車の特急一極化により、急行は衰退へ（1972〜1987）　153

賀」「しらゆき」「新星」「仙山」「大社」「たざわ」「鳥海」「出島」「出羽」「日光」「白馬」「ゆのか」「ゆのくに」といったなじみの列車名が急行名簿から消える。優等列車本数も特急が700本に対し、急行が590本となり、ついに立場は逆転してしまった。

ただ、車両面に関しては季節列車になった夜行急行「立山」が583系電車化されたほか、客車列車の「きたぐに」「能登」「妙高」が14系寝台車＋14系座席車の編成になり、北海道の「まりも3－4号」「大雪5－6号」「利尻」も寝台車部分がこの改正に間に合わなかったものの、1983（昭和58）年6月までに同様の編成に改められる。これにより、国鉄線上から一般形客車による急行は消滅するが、ドアが手動で冷房もない車両がそれまで優等列車として通用していたのだから、恐れ入ったものである。

3 貨物削減の59－2ダイヤ改正

1983（昭和58）年6月10日、先の第二次臨調の基本答申にもとづいて国鉄再建監理委員会が設置され、国鉄の分割・民営化に向けての作業が開始される。

それから1ヵ月も経たない7月5日に中央東線岡谷～塩尻間を短絡する通称塩嶺ルートが開業。同日のダイヤ改正では特急「あずさ」のスピードアップが実施されるものの、下り方の接続駅が岡谷となった飯田線では、豊橋口の急行「伊那」4往復が全廃される。中央自動車道の開通以来、利用客が激減していたが、豊橋～飯田間などでは需要があるだけに思い切った処置だった。

明けて1984（昭和59）年2月1日、全国ダイヤ改正が実施される。先の1982（昭和57）年11月からは1年余りしか時間が経過していないことや、また厳冬期での改正も例がないが、この改正は旅客よりも貨物輸送が主役だった。人員と時間を要するだけで、時代の要請にそぐわないヤード系貨物列車を全廃し、拠点間直行列車だけを残したのである。こうした貨物列車の大幅削減は車両基地の統廃合や機関車運用、さらには駅員の配置にも影響を与え、そのとばっちりを喰らうかのように、急行では山陰本線西部の「さんべ5－6号」、高山本線の「のりくら9－12号」といった個性派夜行が姿を消す。

また、東海道本線の「比叡」が廃止されるほか、磐越西線の「ばんだい」も線内快速列車に格下げされるが、前者は利用客減、後者は新幹線乗り継ぎ客の料金負担を軽減するためのサービス的措置が理由だった。

4 60－3ダイヤ改正

1985（昭和60）年3月14日、東北・上越新幹線が上野開業を迎え、同時に全国ダイヤ改正が実施される。国鉄の分割・民営化については"分割"という視点では国鉄内部でも疑問視する考えがあったが、民営化についてはほぼ意見が一致しており、鉄道の利点をアピールすべく列車の増発やスピードアップを行うなど、久しぶりに"改正"という言葉がぴったりするダイヤ改正だった。

この改正で東北・上越新幹線が待望の東京都区内乗り入れを果たしたため、東北・上越在来線に残されていた「まつしま」「佐渡」など昼行直通急行は姿を消す。夜行も「十和田」「天の川」が廃止され、時代の流れとはいえ一抹の淋しさを感じさせた。

また、改正前に上野～大宮間で運転されていた「新幹線リレー号」も使命を終え、185系は上越線や東北本線直流区間内で「新特急」の接頭愛称を持つ短距離特急の増発に充てられる。これにより、上越・吾妻・両毛（高崎～前橋）各線では優等列車が特急に一本化され、東北本線全線と奥羽本線福島～山形間では昼行急行が全廃される。

さらに東北・上越在来線特急廃止による485系や、編成短縮により発生した車両を使用して、1982（昭和57）年11月に続き幹線区間での

特急増発が推進された結果、阪和・紀勢（多気～和歌山）・常磐・磐越西・白新・羽越の各線では優等列車の特急一本化が完成。夜行急行などが存続する北陸・中央西・高崎・北陸・信越（高崎～長野）・石勝・石北（遠軽～網走）の各線では、昼行に限り優等列車は特急だけとなる。

以前は急行が大手を振って走っていたイメージが強い常磐線や信越本線では、想像すらできない光景だった。この結果、これらの各線では「ときわ」「奥久慈」「きのくに」「紀州」「あがの」「くずりゅう」「赤倉」「信州」など沿線から親しまれた列車名が姿を消す。

支線区では、急行では花輪線の「よねしろ」と「べにばな」の仙山線区間が快速化される一方、利用実績が芳しくない「ごてんば」は廃止される。

1985年3月改正では、特急が776本に対し、急行は1982年11月当時よりも200本以上減少して347本になるなど、急行にとっては不本意な改正といえた。しかし、それでも鳥取～岡山間の「砂丘」が3往復から4往復に増発されたほか、1往復になった「ちどり」の区間短縮列車といえば身も蓋もないが、芸備線急行として「みよし」が新列車名で登場した。

このほか、東海道夜行急行「銀河」は20系から14系寝台車に、「きたぐに」は583系電車化されるなど、明るい面が垣間見られたのは幸いだった。北海道の「宗谷」と「天北」は冷房化と乗り心地改善のため14系客車化されるが、一部は夜行「利尻」と共通運用するため、14系座席車＋同寝台車の編成になる。レッキとした昼行列車のため寝台車は座席車扱いとなるが、このあたりは改善と言えるかどうかは、疑問符がつくところだった。

5 国鉄はついに分割民営化

国鉄の分割民営化は、1985（昭和60）年3月改正後の7月26日に国鉄再建監理委員会が、「1987（昭和62）年4月に旅客輸送は分割による全国6社体制」を骨子とする答申を首相に提出

したことで、大筋が決定。1986（昭和61）年2月21日には、国鉄改革法に盛り込む分割民営化後の新旅客鉄道会社名が内定する。

そして、新会社発足を5ヵ月後に控えた同年11月1日、国鉄としては最後の全国ダイヤ改正が実施される。先の1985年3月改正は質的に完成度が高いので、白紙改正に匹敵する大改正は1～2年先送りしてもよいのだが、1987年4月1日に実施される民営化への移行をスムーズにするためには、施設や車両、要員をあらかじめ"新会社"に割り当てた管理体制やダイヤを組んでおくことが不可欠で、ダイヤ改正は避けて通ることができなかったのである。

また、鉄道創業時から続く鉄道郵便は1986年10月1日付けで廃止されており、荷物輸送もこの改正で業務を終了するため、旧・新橋駅でもある汐留駅も廃止される。鉄道発祥地は国鉄の終焉に立ち会うのを避け、ひと足先に身を引いたかのようだった。

この改正での目立ったプロジェクト完成は福知山線と山陰本線福知山～城崎間の電化だけで、同区間には従前の気動車特急「まつかぜ」と同急行「丹波」を統合する形で485系電車特急「北近畿」が新設される。それ以外の路線では、前回に続き幹線区間への特急増発とスピードアップが継続実施される。

すでに各鉄道管理局で民営化への準備が進んでいるせいか、始終着駅の多様化や車両のアコモ改造、特急の短編成化に伴う半室グリーン車の導入など、多様化したニーズに対応するサービス改善が図られているのが特色だった。

これら特急の増発により、本州のエル特急運転路線としては、最後まで並走昼行急行が残されていた中央東線も、昼行の特急一極化が完成し、急行は「かいじ」「かわぐち」のほか昼行「アルプス」に併結の「こまがね」が廃止。幹線電車急行を象徴する10両以上の長大編成は、「東海」以外に見られなくなると同時に、飯田線全線から急行は姿を消す。この図式で、昼行急行が消滅した路線としては、前述の福知山線と山陰本

線城崎～米子間、それに石北本線が全線に拡大される。

その一方で、急行の中でも利用客の少ない列車は今回も淘汰され、陸羽東・釧網・名寄・留萌・羽幌・函館(長万部～札幌)・日高の各線から優等列車が撤退する。名寄・羽幌の両線は廃止が決定しているので致し方ないとしても、改正前は急行「ニセコ」とともに特急まで走っていた函館本線のヤマ線区間がこのリストに加わっているのには違和感があるが、民営化後にさらなるスピードアップを目論む北海道総局の意向が強かったといわれる。

なお、「ニセコ」の廃止があっても昼行客車急行は「宗谷」「天北」で新会社に引き継がれるので、伝統の列車システムは辛うじて国鉄時代の在位を全うする。

この改正で特急は904本、急行は「天竜」改め「かもしか」の参入や「よねしろ」復活があったものの、前記のほかに「白兎」「志摩」「もがみ」「るもい」「はほろ」「紋別」「しれとこ」などが廃止されたこともあり、前回より100本以上減の239本にまで落ち込む。

だが、電車では回転または転換クロスシートを採用した169系アコモ改造車が長野地区の「かもしか」に使用されたほか、夜行の「アルプス」と「妙高」には183系や189系が参入。気動車では「礼文」用キハ54に転換クロスシート装備の急行仕様新製車が入るなど、体質改善も実施される。客車急行も20系が定期運用から退き、25形化された「銀河」のほか北海道と九州島内

列車にも2段式B寝台車が投入され、居住性の改善が図られる。

なお、この改正で急行が4往復以上設定されている路線としては、山陰本線京都～綾部間、御殿場線松田～御殿場間、身延線、因美線、津山線、土讃線(高松)～高知間、高徳線、肥薩線(熊本)～人吉間、七尾線(金沢)～穴水間、高山本線(名古屋)～高山間、篠ノ井線松本～(長野)、信越本線長野～直江津間、函館本線札幌～旭川間と宗谷本線旭川～音威子府間があげられる。

身延線と小田急電鉄からの乗り入れ車が健闘する御殿場線、夜行列車が本数を稼いでいる篠ノ井線と信越本線、それに函館本線以外は未電化路線である。このなかで最大本数は高徳線の12往復である。この章のまとめとして、準急の急行格上げが実施された直後の1966(昭和41)年5月1日からこの1986年11月改正までの昼行・夜行優等列車の運転本数変遷を**表－33**と**表－34**、1976(昭和51)年以後における客車急行の編成と時刻とを**表－35**に示す。

ダイヤ改正後の11月28日、国会で国鉄分割民営化に伴う国鉄改革関連8法が可決成立し、国鉄にとって最後の年となった1987年2月20日には、分割民営化後の新会社の略称を「JR」、全体を「JRグループ」に決定。シンボルマークとイメージカラーが発表される。そして迎えた3月31日、この日限りで国鉄は115年、公共企業体としても38年の歴史にピリオドを打つ。

表－33 昼行直通優等列車・運転本数の比較と変遷(1966.5.1～1986.11.1)

対象運転区間		代表列車名	66 5 1	68 10 1	72 3 15	72 10 2	73 10 1	75 3 10	78 10 2	80 10 1	82 11 15	84 2 1	85 3 14	86 11 1	備考
東京～伊東	特急	あまぎ・踊り子	‥	‥	2	2	2	2	2	2	6	6	6	6	1981.10.1、特急に統合
	急行	伊豆・おくいず	6	6	4	4	4	4	4	4	‥	‥	‥	‥	
姫路～岡山	特急	かもめ・しおじ	11	11	6	7	9	‥	‥	‥	‥	‥	‥	‥	
	急行	鷲羽・とも・つくし	21	22	6	6	6	‥	‥	‥	‥	‥	‥	‥	赤穂線経由の急行を含む
岡山～広島	特急	つばめ・はと	9	8	14	17	22	‥	‥	‥	‥	‥	‥	‥	
	急行	山陽・安芸	13	13	15	15	15	‥	‥	‥	‥	‥	‥	‥	呉線経由の急行を含む
広島～下関	特急	つばめ・はと	7	6	12	15	20	‥	‥	‥	‥	‥	‥	‥	
	急行	山陽・玄海	12	12	13	13	13	‥	‥	‥	‥	‥	‥	‥	
名古屋～新宮	特急	くろしお・南紀	1	1	1	1	1	3	3	3	3	4	4	4	
	急行	紀州	2	2	3	2	4	2	‥	‥	‥	‥	‥	‥	

表—33の続き

対象運転区間	種別	代表列車名	66.5.1	68.10.1	72.3.15	72.10.2	73.10.1	75.3.10	78.10.2	80.10.1	82.11.15	84.2.1	85.3.14	86.11.1	備考
白浜〜天王寺	特急	くろしお	1	4	4	5	5	7	9	9	13	11			
	急行	きのくに	12	10	10	9	9	9	8	4	4	4	‥	‥	
大阪〜鳥取 (福知山線経由)	特急	まつかぜ	2	2	2	2	2	2	2	2	2	2	‥	‥	
	急行	だいせん・いなば	2	2	2	2	2	2	2	2	2	2	‥	‥	
大阪〜福知山	特急	北近畿	‥	‥	‥	‥	‥	‥	‥	‥	‥	‥	‥	8	同区間単一列車比較
	急行	丹波	4	4	4	5	5	4	4	4	4	4	‥	‥	
姫路〜豊岡 (播但線経由)	特急	はまかぜ	‥	‥	2	2	2	2	2	2	2	2	2	3	
	急行	但馬	4	4	3	3	3	3	3	3	3	3	2	‥	
岡山〜米子	特急	おき・やくも	‥	‥	4	4	6	6	6	6	7	7	7	8	
	急行	しんじ・伯耆	3	3	2	2	2	2	2	2	2	‥	‥	‥	
京都〜綾部	特急	あさしお	‥	‥	4	4	4	4	4	4	4	4	5	6	一部舞鶴・宮津線経由
	急行	白兎・丹後	6	8	9	7	8	8	8	8	8	7	6	‥	
出雲市〜益田	特急	まつかぜ・おき	1	1	2	2	2	5	5	5	4	4	4	‥	
	急行	さんべ・石見	5	5	5	5	5	4	4	4	3	1	1	‥	
益田〜小郡	特急	おき	‥	‥	‥	‥	‥	3	3	3	3	3	3	‥	
	急行	あきよし・つわの	2	2	3	3	3	2	‥	‥	‥	‥	‥	‥	
博多〜熊本	特急	つばめ・有明	2	3	6	7	9	10	11	17	16	15	15	25	
	急行	ぎんなん	13	13	13	13	12	16	15	‥	‥	‥	‥	‥	
熊本〜西鹿児島	特急	なは・つばめ	1	2	4	5	8	9	9	9	9	9	9	11	
	急行	かいもん・そてつ	5	5	4	4	4	2	2	2	2	2	2	‥	
小倉〜大分	特急	みどり・にちりん	2	3	3	4	5	8	12	17	17	17	17	‥	
	急行	ゆのか・青島	9	9	10	10	10	10	11	5	‥	‥	‥	‥	
大分〜宮崎	特急	日向・にちりん	1	2	2	2	2	7	7	7	8	7	7	‥	
	急行	日南	6	5	5	5	5	4	4	1	‥	‥	‥	‥	
博多〜長崎	特急	かもめ	1	1	1	1	1	‥	7	10	13	13	13	13	
	急行	出島・いなさ	8	7	9	9	9	9	7	1	‥	‥	‥	‥	
博多〜佐世保	特急	かもめ	1	1	1	1	1	‥	6	10	13	13	13	13	
	急行	弓張	8	7	7	7	7	7	3	‥	‥	‥	‥	‥	
熊本〜人吉 (肥薩・吉都線経由)	特急	おおよど	‥	‥	‥	‥	‥	1	1	‥	‥	‥	‥	‥	
	急行	えびの	4	4	4	4	4	4	4	4	4	4	4	‥	
高松〜松山	特急	しおかぜ	‥	‥	3	3	3	4	4	4	4	4	4	13	
	急行	いよ・うわじま	12	14	12	12	12	11	10	10	9	9	1	‥	
高松〜高知	特急	南風	‥	‥	1	1	1	3	3	3	3	3	4	‥	
	急行	土佐・あしずり	8	12	13	13	13	11	11	8	8	6	5	‥	
大阪〜金沢	特急	雷鳥・白鳥・北越	2	4	9	12	13	15	16	17	18	18	17	18	1975.3.10から一部を除き湖西線経由
	急行	ゆのくに・立山	5	5	6	5	6	4	4	‥	‥	‥	‥	‥	
名古屋〜金沢	特急	しらさぎ	1	2	4	4	4	6	7	7	6	6	6	6	
	急行	兼六・こがね	1	2	1	2	1	1	‥	‥	‥	‥	‥	‥	
米原〜金沢	特急	加越	‥	‥	‥	‥	‥	6	6	6	6	6	6	6	米原〜金沢/富山相互始終着列車比較
	急行	くずりゅう	‥	3	3	3	3	4	5	5	1	1	‥	‥	
金沢〜長岡	特急	白鳥・はくたか・北越	1	1	3	3	5	6	8	8	8	9	9	10	
	急行	しらゆき・越後	2	2	2	2	2	2	1	1	‥	‥	‥	‥	
名古屋〜高山	特急	ひだ	‥	‥	1	1	1	1	5	5	5	5	5	5	新名古屋発着の「北アルプス」を含む
	急行	のりくら	6	6	6	6	6	8	4	4	4	4	4	4	
名古屋〜松本	特急	しなの	‥	1	3	3	8	8	9	9	9	9	9	‥	
	急行	きそ・赤倉	4	6	5	5	4	4	3	1	1	‥	‥	‥	
新宿〜松本	特急	あずさ	2	3	5	8	8	8	10	10	10	10	10	16	同区間単一列車比較
	急行	アルプス	7	7	7	7	7	5	5	5	3	3	3	‥	
新宿〜甲府	特急	あずさ	‥	‥	1	1	1	1	1	1	1	1	1	4	同区間相互始終着列車比較
	急行	かいじ	‥	2	3	3	2	3	2	1	1	1	1	‥	
東京都内〜館山	特急	さざなみ	‥	‥	2	4	5	5	7	9	9	9	9	9	1972.7.15〜1975.3.15は循環急行運転
	急行	うち房	6	7	7	4	4	3	3	2	‥	‥	‥	‥	
東京都内〜安房鴨川	特急	わかしお	‥	‥	2	5	5	6	9	9	9	9	9	9	〃
	急行	そと房	6	7	7	4	4	3	3	2	‥	‥	‥	‥	
東京都内〜銚子	特急	しおさい	‥	‥	‥	‥	‥	5	5	5	7	7	7	7	
	急行	犬吠	4	5	7	7	7	2	2	2	‥	‥	‥	‥	
東京都内〜鹿島神宮	特急	あやめ	‥	‥	‥	‥	‥	4	4	5	5	5	5	5	香取〜鹿島神宮間は1970.8.20開業
	急行	鹿島	‥	‥	‥	‥	‥	2	2	2	‥	‥	‥	‥	
東京都内〜銚子 (佐原経由)	特急	すいごう	‥	‥	‥	‥	‥	‥	‥	‥	2	2	2	2	
	急行	水郷	2	5	4	4	2	2	‥	‥	‥	‥	‥	‥	
上野〜宇都宮	特急	なすの	‥	‥	‥	‥	‥	‥	‥	‥	‥	‥	9	9	上野〜日光・黒磯相互始終着列車比較
	急行	なすの・日光	6	5	6	7	7	6	7	7	7	7	‥	‥	
上野〜仙台	特急	ひばり	2	5	11	13	13	15	14	‥	‥	‥	‥	‥	同区間相互始終着列車比較
	急行	まつしま	3	3	3	3	2	2	2	3	5	5	‥	‥	
上野〜会津若松	特急	あいづ	1	1	1	1	1	1	1	1	1	1	1	1	
	急行	ばんだい・いいで	3	4	4	4	4	4	4	4	3	3	‥	‥	
上野〜山形	特急	つばさ・やまばと	3	4	5	5	5	6	6	7	7	7	‥	‥	
	急行	おが・ざおう	3	2	1	1	1	1	1	1	1	1	‥	‥	
上野〜盛岡	特急	やまびこ	‥	1	2	3	4	4	4	‥	‥	‥	‥	‥	同区間相互始終着列車比較
	急行	いわて・もりおか	2	4	4	4	4	3	3	‥	‥	‥	‥	‥	
上野〜平	特急	ひたち	1	‥	2	2	2	6	12	12	12	12	12	13	
	急行	ときわ・そうま	14	14	13	12	11	7	5	4	‥	‥	‥	‥	

第5章：優等列車の特急―極化により、急行は衰退へ(1972 〜 1987)

表—33の続き

対象運転区間		代表列車名	66.5.1	68.10.1	72.3.15	72.10.2	73.10.1	75.3.10	78.10.2	80.10.1	82.11.15	84.2.1	85.3.14	86.11.1	備考
上野~青森	特急	はつかり	1	2	4	4	6	6	7	7	..	..	..	..	同区間相互始終着列車比較。
	急行	十和田・八甲田	2	2	..	..	..	..	..	..	..	..	..	..	常磐線経由を含む
盛岡~青森	特急	はつかり		1	2	4	4	6	6	7	11	11	12	14	
	急行	十和田・くりこま	6	7	5	5	5	5	4	3					
上野~高崎	特急	あかぎ	..	..	..	..	..	..	..	2	2	2	3		上野~高崎・前橋相互始終着列車比較
	急行	あかぎ・はるな	2	3	4	4	5	5	4	2	2	..	..		
上野~水上	特急	谷川	..	..	..	..	..	..	..	4	4	5	5		
	急行	ゆけむり	4	7	7	7	7	6	6	3	3	..	..		
上野~長野原	特急	白根・草津	..	..	..	..	..	..	..	4	4	4	4		末端区間が普通になる列車を含む
	急行	草津	3	4	4	4	5	5	5	1	1	..	..		
上野~新潟	特急	とき	2	3	7	9	13	13	14	14					
	急行	佐渡・鳥海	6	5	5	3	2	3	2	2	..				
上野~秋田 (上越線・水原経由)	特急	いなほ	..	..	1	2	2	2	3	1	1				
	急行	鳥海	1	1											
新潟~秋田	特急	白鳥	1	1	1	1	1	1	1	1	1	1	1	1	
	急行	鳥海	3	4	4	4	4	4	4						
上野~長野	特急	あさま	..	2	4	4	5	7	8	9	8	8	13	13	上野~長野・妙高高原相互始終着列車比較
	急行	信州	7	5	6	6	6	6	5	5	4	..	..		
上野~直江津	特急	あさま・白山	1	2	3	2	3	4	4	4	6	6	5	5	
	急行	妙高	2	3	2	2	2	2	2	2					
秋田~青森	特急	白鳥	1	1	1	2	2	2	2	4	4	6	5		
	急行	津軽・しらゆき	4	5	7	7	7	7	7	4	1	1			
函館~札幌 (室蘭・千歳線経由)	特急	おおぞら・北斗	3	4	6	7	7	5	5	6	7	7	7	9	
	急行	すずらん	3	3	2	2	1	1							
函館~札幌 (小樽経由)	特急	北海	..	1	1	1	1	1	1	1					
	急行	ニセコ	3	3	3	3	3	3	2	1					
札幌~旭川	特急	いしかり・ライラック	..	..	..	..	..	7	7	10	10	19			小樽/札幌~旭川間相互始終着列車比較
	急行	かむい・さちかぜ	5	5	10	11	11	6	5	6	4	2			
室蘭~札幌	特急	ライラック	..	..	..	..	..	7	7	7	7	6			室蘭~札幌/旭川間相互始終着列車比較
	急行	ちとせ	7	7	7	7	11	10	2	2	2	1			
旭川~網走	特急	おおとり・オホーツク	1	1	1	2	2	2	2	3	3	4			
	急行	大雪	4	4	4	3	3	2	2	..	..	..			
札幌~帯広	特急	おおぞら	2	2	3	3	3	3	3	3	4	6	7		1982.7からは石勝線経由を含む
	急行	狩勝	3	3	3	3	3	3	2						

とくに断りのない場合は、左記区間を直通する昼行定期列車(毎日運転の臨時列車を含む)の本数を記載。
夜行区間を走る急行のうち自由席の普通車を連結し、左記相互間で昼行利用が可能な列車も昼行列車とみなす

表—34 夜行急行列車・運転本数の変遷 (1966.5.1 ~ 1986.11.1)

対象運転区間		代表列車名	66.5.1	68.10.1	72.3.15	72.10.2	73.10.1	75.3.10	78.10.2	80.10.1	82.11.15	84.2.1	85.3.14	備考
東京~関西	急行	銀河・いこま	3	2	2	1	1	1	1	1	1			
東京~九州	特急	あさかぜ・はやぶさ	5	6	6	5	5	5	5	5	5	5		
	急行	桜島・高千穂	3	1	1	1								
東京~山陽	特急	あさかぜ・瀬戸	..	..	2	2	2	2	2	2	2	2		
	急行	瀬戸・安芸	3	3	1									
東京~山陰	特急	出雲・いなば	..	..	1	1	1	1	1	2	2	2		
	急行	出雲	1	1										
東京~南紀	特急	紀伊	..	..	..	..	1	1	1	1				
	急行	大和・那智	2	1	1	1								
名古屋~九州	特急	金星	..	1	1	1	1	1	1					
	急行	阿蘇	1	1	1	1								
関西~山陽	特急	安芸	..	..	..	..	..	1	1					
	急行	音戸・鷲羽	3	3	3	3								
関西~九州	特急	あかつき・彗星	1	5	11	13	11	9	7	6	4	3		
	急行	天草・夕月	8	7	7	7	3	2						
関西~山陰~九州	急行	だいせん・さんべ	2	2	2	2	2	2	2	2	1	1		
名古屋~南紀	急行	紀州	1	1	1	1	1	1	1					下りのみ。気動車
陰陽連絡	急行	ちどり	1	1	1	1	1	1	1					木次線経由・気動車
九州内	急行	かいもん	1	1	2	2	2	2	2	2	2	2		
四国	急行	うわじま	1	1	1	1	1	1	1	1	1	1		気動車
関西~日本海縦貫	特急	日本海	..	1	2	2	3	3	3	3	3			
	急行	きたぐに・立山	3	3	2	3	3	1	1	1	1			
名古屋~高山・富山	急行	のりくら	1	1	1	1	1	1	1					気動車
大阪・名古屋~中央線	急行	ちくま・きそ	3	3	3	3	3	2	2	2	2			
新宿~信州	急行	アルプス	3	3	2	2	2	2	2	2	1			1968.10.1.からは電車のみ
上野~長岡~北陸	特急	北陸	..	..	..	..	1	1	1	1	1			
	急行	能登	1	1	1	1	1	1	1	1				

表—34の続き

対象運転区間		代表列車名	66.5.1	68.10.1	72.3.15	72.10.2	73.10.1	75.3.10	78.10.2	80.10.1	82.11.15	84.2.1	85.3.14	備考
上野〜新潟	急行	佐渡・天の川	2	2	1	1	1	1	‥	‥	‥	‥	‥	
上野〜長岡〜羽越	特急	出羽	‥	‥	‥	‥	‥	‥	1	1	1	1	1	
	急行	鳥海	1	1	2	2	2	2	1	1	‥	‥	‥	
上野〜信越〜北陸	急行	越前・妙高	4	2	2	2	2	2	2	2	2	2	2	上野〜直江津間を含む
上野〜東北・仙台・青森	特急	はくつる・北星	1	1	1	1	2	2	2	2	2	1	1	
	急行	八甲田・新星	5	5	5	5	4	4	4	1	1	1	1	
上野〜常磐〜青森	特急	ゆうづる	1	2	4	5	7	5	5	4	4	3	2	
	急行	十和田	4	3	2	2	2	2	2	1	1	1	1	
上野〜福島〜奥羽線	特急	あけぼの	‥	‥	1	1	2	2	2	3	3	3	3	
	急行	津軽・おが・出羽	4	4	3	3	3	2	2	1	1	1	1	
上野〜郡山〜磐越西線	急行	ばんだい・ひばら	2	1	1	1	1	1	1	‥	‥	‥	‥	
北海道内	急行	まりも・大雪・利尻	4	4	4	4	4	3	3	3	3	3	3	

定期列車(毎日運転の臨時列車を含む)のみ掲載。数字は下りの本数。

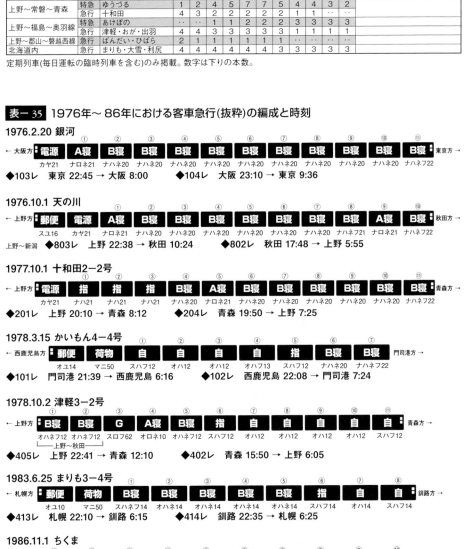

表—35 1976年〜86年における客車急行(抜粋)の編成と時刻

第5章：優等列車の特急一極化により、急行は衰退へ(1972 〜 1987)

COLUMN
「サン・ロク・トオ」の急行は現在の特急以上

　全国特急網が構築された半世紀以上前の1961（昭和36）年10月1日当時、地方幹線では特急は1往復だけで、実質的に長距離輸送は急行が担い、準急が中・短距離の都市間輸送などを支えていたことは本文中で触れた。では、当時の急行と準急とでは停車駅でどれほどの違いがあったのか。また、現在の特急と比較すればどうなのか。四国の2大幹線である予讃線と土讃線を例にあげ、検証してみよう。

　まず頭に入れておきたいのは、当時の四国では特急の設定はなく、急行が最上位列車だったという事実である。そして四国急行は本州電車特急と宇高連絡船を介して高松で接続をとるため、途中停車駅が特急なみに精選されており、予讃線高松～松山間では5駅、土讃線高松～高知間では3駅だけだった。そのため準急が小まめに停車し、急行を補佐していた。その後、両線で急行が増発されたことや、1966（昭和41）年3月には準急が急行に格上げされたことで、1968（昭和43）年10月改正後は急行停車駅が大幅に増加する。

　四国島民待望の特急は1972（昭和47）年3月15日改正で登場。当初は停車駅が必要最小限に整理されるが、元来から沿線人口が多くなく、県都間を直通する旅客も限られるため、以後の改正から特急停車駅が少しずつ増やされる。そして、JR化後は急行が廃止されたため、特急は急行の役割も兼ねなくてはならなくなり、現在の停車駅は別表のようになる。これからすれば、四国では現在の特急は急行以下で、かつての準急なみといえよう。

　つまり、準急・急行用車両が消滅し、優等列車用は特急用車両だけとなった現在では、準急・急行・特急の3種別は1つに統合され、それが代表として「特急」の種別を名乗っているといってもよいのかもしれない。

予讃・土讃線優等列車の停車駅

予讃線下り			高松	鬼無	坂出	宇多津	丸亀	多度津	詫間	高瀬	観音寺	豊浜	川之江	伊予三島	関川	新居浜	伊予西条
年月日	種別	列車名															
1961.10.1	急行	四国・道後	◎	→	→	→	→	→	→	→	◎	→	→	→	→	→	◎
	準急	いよ・せと	◎		◎	◎	◎	◎		◎	◎		◎	◎		◎	◎
2016.1.1	特急	いしづち・宇和海	◎		◎	○	◎	○			◎			◎		◎	◎

予讃線下り			伊予小松	壬生川	今治	菊間	伊予北条	松山	伊予市	伊予長浜	伊予中山	内子	伊予大洲	八幡浜	卯之町	伊予吉田	宇和島
年月日	種別	列車名															
1961.10.1	急行	四国・道後	→	→	◎	→	→	◎									
	準急	いよ・せと	○	◎	◎	○	○	◎									
2016.1.1	特急	いしづち・宇和海	→	◎	◎		○	◎	○	…	○	◎	◎	◎	◎	○	◎

土讃線下り			高松	坂出	宇多津	丸亀	多度津	善通寺	琴平	箸蔵	阿波池田	三縄	大歩危	大杉	新改	土佐山田	後免	高知	旭	朝倉	伊野	佐川	多ノ郷	須崎	土佐久礼	窪川
年月日	種別	列車名																								
1961.10.1	急行	黒潮・浦戸	◎	→	→	→	→	→	→	→	◎	→	→	→	→	→	→	◎								
	準急	足摺・土佐	◎	◎	◎	◎	◎	◎	◎		◎		◎	◎		◎	◎	◎								
2016.1.1	特急	しまんと・あしずり	◎	○	◎	◎	◎	◎	◎		◎		◎	◎	○	◎	○	◎	○	○	○	○	○	○	○	◎

◎=全列車停車　○=一部列車停車　…=経由せず

第6章
JR化もカンフル剤にならず、衰退の道へ
〔1987〜2016〕

Chapter 6. The Formation of JR Fails to Act as a Stimulant and the Path toward Decline Continues (1987-2016)

24系25形の編成もめっきり縮小された末期の寝台急行「銀河」。◎2006年3月　所蔵：フォト・パブリッシング

01 JR化後の一時期は急行本数が増加

The number of express trains increases temporarily after the formation of JR

1 国鉄分割民営化によりJR各社の誕生

　1987（昭和62）年4月1日、前日に解体した国鉄にかわり、新事業体としてJR旅客6社などが発足する。これに伴い、旧国鉄が所有していた急行形車両は、165・167・169系電車が571両、455系など交直流電車が447両、56・57・58系気動車が1198両、また波動用に分類されるものの定期急行の運用も持つ12・14系客車が789両、車籍が新会社に引き継がれる。

　急行列車の本数は減少の一途をたどり、交直流急行形電車がすでに急行運用から離脱するなど、本来の持ち場でないローカル輸送に専念するものも多かったが、急行用車両の勢力はまだまだ捨てたものではなかった。

　JR旅客6社はこのほかにも特急形や通勤形車両、それに機関車などを旧国鉄から引き継ぎ、それぞれ貴重な戦力として新会社の基盤固めに努める。国鉄末期の1985（昭和60）年3月改正ごろからは、旅客の動向に視点をあてたダイヤ設定や割引率の高い企画切符が好評であるほか、のちに"バブル"と呼ばれる好景気の到来で、利用客が少しずつ戻りつつあった。それに加え、JR化そのものが国民から期待をもって迎えられたことなどが追い風となって、JR各社が順調に滑り出すことができたのは幸運といえた。

2 JR化を乗り越えた急行列車

　国鉄が1955（昭和30）年前後に相次いだ青函・宇高連絡船の海難事故を教訓に、長年の悲願としていた青函海底トンネルを含む津軽海峡線と瀬戸大橋を渡る本四備讃線は、1988（昭和63）年3月13日と4月10日に相次いで開業。同時にJRグループも発足以後1年間の成果を発表すべく、全体としては3月13日に、瀬戸大橋関連は4月10日にダイヤ改正を実施する。

　JR発足後の新形特急車の投入はJR九州の783系電車だけにとどまったが、JR北海道と東日本の2社は上野～札幌間に寝台特急「北斗星」3往復を運転。A寝台1人個室の「ロイヤル」やフルコースのフランス料理を味わえる予約制の食堂車を連結するなど、以前の寝台特急では考えられないような豪華列車に仕立て、話題を独占した。

　また、JR各社は新幹線をはじめとする特急の増発やスピードアップを行うとともに、グレードアップ改造車を次々に投入する。同様の気配りは各社の都市圏通勤輸送にも及んだ。新生JR各社が国鉄時代から蓄えていた"底力"を一気に爆発させた感じで、とくに3大都市圏ではライバル関係になる私鉄に危機感を与えたことは記すまでもない。

　一方、急行はJR東海・西日本・九州の3社では現状維持の形がとられるが、JR北海道では青森～札幌間に14系座席車による夜行「はまなす」が新設されるという明るい話題があるものの、札幌都市圏では電車特急整備により利用客が減少している「かむい」が廃止され、「ちとせ」も1往復のみとなる。

　JR東日本では新潟地区の「とがくし」と「南越後」が統合され、（長野～）妙高高原～新潟間に「赤倉」のネームが復活するが、利用客減が続く只見線の「奥只見」は廃止される。この「奥只見」の撤退により、本州以南から非冷房の急行が消滅したのは皮肉だった。東日本ではこのほか、長野県都と諏訪・信南地区を結ぶ「かもしか」全

162

3往復が、全区間快速に格下げになるが、車両がグレードアップされてから時間が経過していないので、この措置は腑に落ちなかった。

JR四国では、国鉄末期に導入された特急形185系気動車がJR化後も増備され、高松～徳島間急行「阿波」11往復を一気に特急「うずしお」に格上げ。ここに高徳線には2両・全車自由席という前代未聞のミニ特急が誕生し、「阿波」の列車名は特急格上げの対象から外された高松～牟岐間急行「むろと」に横滑りして存続する。

1988年春には2つの巨大プロジェクトが完成するが、その間の4月1日に九州の松浦線が第三セクターの松浦鉄道に移管され、唐津～長崎間を同線経由で運転されていた急行「平戸」が廃止される。これにより、瀬戸大橋開業の4月10日現在における急行の本数は209本（急行としての列車キロのない「みまさか」は除外）になる。その運転一覧については**表ー36**に示す。

JR各社では未電化区間での後継車両の目途が立たないことなどで、キハ58系が急行の中心勢力だが、国鉄末期の1986（昭和61）年からJR化後も急行運用で残るキハ58については、JR四国では座席を回転クロスシートやバケットタイプの固定クロスに、JR九州ではリクライニングシートに改造する工事が実施されており、これについては1989（平成元）年度まで継続される。

3 昼行客車急行の消滅

国鉄再建法により、1983（昭和58）年10月の白糠線に始まった赤字ローカル線の廃止は、前述の松浦線のようにJR化後も継続されるが、その一方、国鉄時代に財政悪化のため新線建設工事が凍結されていた路線のうち、一部は工費地元負担の第三セクター鉄道として建設が継続される。

表ー36 1988年4月10日現在における急行列車運転一覧

会社	列車番号	列車名	運転区間	車種	連結車両両数							記事
					A寝	B寝	G	指	自	計	
北海道	201・202	はまなす	青森～札幌	14系客車	…	…	…	2	3	5	★
	701D・702D	ちとせ	（静内～）苫小牧～札幌	40系気動車	…	…	…	…	2	2	
	305・302	宗谷	札幌～稚内	14系客車	…	…	…	0.5	3.5	4	上りは5両
	303・304	天北	〃	〃	…	…	…	0.5	3.5	4	天北線経由
	411・412	まりも	札幌～釧路	〃	…	3	…	0.5	1.5	5	★石勝線経由
	311・312	利尻	札幌～稚内	〃	…	2	…	0.5	2.5	5	★上りは4両
	511・512	大雪	札幌～網走	〃	…	2	…	0.5	1.5	4	★
	401D・402D	狩勝	札幌～帯広（～釧路）	56・40系気動車	…	…	…	…	3	3	滝川経由
	801D・804D	そらち1～4号	札幌～滝川（…新得）ほか	40系気動車	…	…	…	…	2	2	2往復
	511D・512D	ノサップ	釧路～根室	54形気動車	…	…	…	…	1	1	
	301D・306D	礼文	旭川～稚内	〃	…	…	…	…	2	2	
東日本	401M・402M	アルプス	新宿～南小谷	183系電車	…	…	1	3	5	9	★下りは白馬から普通
	311M…316M	赤倉1～6号	（長野～）妙高高原～新潟	165系電車	…	…	…	…	…	…	3往復
	601・602	能登	上野～金沢	14系客車	…	…	3	…	5	8	★
	301M・302M	妙高	上野～長野	189系電車	…	…	1	3	5	9	★
	101・102	八甲田	上野～青森	14系客車	…	…	…	2	5	7	★
	401・402	津軽	〃	〃	…	…	…	2	6	8	★奥羽本線経由
	1811D…1814D	べにばな1～4号	山形～新潟	58系気動車	…	…	…	…	…	…	2往復 米坂線経由
	601D…606D	陸中1～6号	盛岡～釜石/宮古	〃	…	…	…	…	…	…	3往復 宮古まで役は1往復
	1111D…1114D	月山	山形～酒田	〃	…	…	…	…	…	…	2往復 新庄経由
	913D・912D	よねしろ	秋田～大舘（～陸中花輪）	〃	…	…	…	…	…	…	
東海	301M…304M	東海1～4号	東京～静岡	165系電車	…	…	…	2	9	11	2往復 グリーン車は自由席
	401M…408M	あさぎり1～8号	新宿～御殿場	小田急3000形	…	…	…	…	5	5	4往復 定員制
	4701M…4710M	富士川1～10号	静岡/三島～甲府	165系電車	…	…	…	…	4	4	5往復 三島始終着は707M・704M
	201D・202D	かすが	名古屋～奈良	58系気動車	…	…	…	1	1	2	
	701D…708D	のりくら	名古屋～富山ほか	〃	…	…	…	1	2	3	6

第6章：JR化もカンフル剤にならず、衰退の道へ(1987～2016)

表―36の続き

会社	列車番号	列車名	運転区間	車種	A寝	B寝	G	指	自	計	記事
西日本	101・102	銀河	東京〜大阪	25形客車	1	11	…	…	1	13	★寝台列車、他に電源車連結
	811D・812D	みささ	大阪〜鳥取	58系気動車	…	…	1	1	1	3	
	(853D・856D)	みまさか	大阪〜津山(〜中国勝山)	〃	…	…	…	…	2	2	大阪〜津山間「みささ」に併結
	601Dほか	砂丘1〜8号	鳥取〜岡山	〃	…	…	0.5	…	2.5	3	4往復 グリーン車は自由席
	611D・612D	ちどり	米子〜広島	〃	…	…	…	…	2	2	
	811D・814D	たいしゃく	(新見)備後庄原〜広島	〃	…	…	…	…	4	4	上りは備後落合まで急行
	813D・812D	みよし	(備後落合〜)三次〜広島	〃	…	…	…	…	2	2	
	705・706	だいせん	大阪〜倉吉(〜出雲市)	14系寝+12系客車	…	4	…	2	1	7	★
	901D・811Dほか	丹後1〜11号	京都〜城崎ほか	58系気動車	…	…	1	2	6	9	下り6本・上り5本
	801D・804D	ながと	浜田〜下関(〜小倉)	〃	…	…	…	…	2	2	上りは下関〜益田
	803D・802D	さんべ	(鳥取)米子〜下関	〃	…	…	…	…	2	2	
	611D…614D	但馬1〜4号	大阪〜豊岡ほか	〃	…	…	1	1	1	3	2往復 編成は下り3号(大阪直通)
	401D・402D	わかさ	西舞鶴〜敦賀	〃	…	…	…	…	2	2	上りは敦賀〜京都
	411D・410D	はしだて	天橋立〜敦賀	〃	…	…	…	…	2	2	
	501M・502M	きたぐに	大阪〜新津(〜新潟)		1	4	1	…	4	10	★上りは全区間急行
	301D…314D	能登路1〜14号	金沢〜輪島ほか	58系気動車	…	…	…	…	2	2	7往復 過半数が金沢〜七尾間
	4711D・4712D	たかやま	大阪〜飛騨古川		…	…	1	1	2	4	
	4801・4802	ちくま	大阪〜長野	14系寝+12系客車	…	3	…	1	2	6	★
四国	101D…104D	いよ1〜4号	高松〜松山	58系気動車	…	…	1	4	…	5	2往復
	601Dほか	うわじま1〜8・10号	松山〜宇和島ほか	〃	…	…	…	…	3	3	下り4本・上り5本 指定席連結もあり
	201Dほか	土佐1〜7号	高松〜高知	〃	…	…	…	1	2	3	下り4本・上り2本
	701D…707D	あしずり1〜7号	高松〜窪川ほか	〃	…	…	…	…	3	3	下り4本・上り3本
	501D…504D	阿波1〜4号	高松〜牟岐	〃	…	…	…	…	2	2	2往復
	401D…404D	よしの川1〜4号	徳島〜阿波池田	〃	…	…	…	…	2	2	2往復
九州	101・102	かいもん	(門司港)小倉〜西鹿児島	25形+12系客車	…	2	…	1	4	7	★
	501・502	日南	博多〜宮崎(〜西鹿児島)	〃	…	2	…	1	4	7	★
	601D・606D	由布1〜6号	博多〜別府		…	…	…	1	2	3	3往復 久大本線経由
	701D・706D	火の山1〜6号	熊本〜別府		…	…	…	1	2	3	3往復 久大本線経由
	1811D・1810D	くまがわ	(博多)熊本〜人吉		…	…	…	1	3	4	
	5611D・5616D	えびの1〜6号	熊本〜宮崎		…	…	…	1	2	3	3往復 肥薩線経由

定期列車のみを記載。★は夜行区間を含む列車。会社名は列車を受け持つJR旅客会社とする
連結両数は『時刻表』1988年3月号等による。2往復以上設定列車の編成は特記がない限り、下り1号の始発駅のものを記載

 1988(昭和63)年7月16日に開業した福知山〜宮津間の宮福鉄道(北近畿タンゴ鉄道を経て、現・京都丹後鉄道)もそのひとつで、同日から大阪〜天橋立間急行「みやづ」が毎日運転の臨時列車として設定される。旅客への料金負担を軽減するため、急行区間は福知山までとされるが、福知山線ではすでに姿を消したキハ58系の復活であるせいか、利用客からは「なんで今さら急行やねん」とばかり評判は良くなかった。そのせいか、「みやづ」は阪神地区というバックボーンを抱えながらも、在位中は通常期2両、海水浴シーズンでも3両という短編成だった。

 ところ変わって、北海道ではJR化後も客車編成のままで残されていた「宗谷」と「天北」が、札幌駅高架一部使用開始に合わせ1988年11月3日から気動車に戻される。それにより、キハ40・48形の機関を新品に交換し、内装を特急なみに一新したキハ400・480形が使用される。同時にスピードアップで、下り「宗谷」の札幌〜稚内間は従前の6時間29分から5時間50分になる。これにより、JR線上から昼行客車急行は消滅する。東海道電車特急の構想が具体化した1957(昭和32)年度に、昼行優等列車は電車または気動車化する方針が出されて以来、達成までに30年を要したわけである。

 なお、「天北」は経由先の天北線が1989(平成元)年5月1日に廃止されたため、同日付けで宗谷本線経由に変更され、列車名も「宗谷1〜4号」に改称。これにより「宗谷」は2往復になるが、1992(平成4)年7月1日にはうち1往復が宗谷本線沿線自治体の要望もあり、「サロベツ」に再改称される。

4 久々に急行列車が増加

　1989（平成元）年3月11日、JR化後2回目の全国ダイヤ改正が実施される。JR各社とも経営が軌道に乗ってきたのか、JR東日本は常磐線用651系電車、JR東海は大出力のキハ85系、JR四国は振子式2000系気動車など、新機軸を搭載した特急車を戦列に送る。

　しかし、常磐線では国鉄時代に急行が消滅されているほか、キハ85系は量産先行車、2000系は試作車とあって、これに伴う急行の本数減は高山本線の「のりくら」1往復にとどまる。

　この改正で、JR東海では関西本線急行「かすが」用キハ58の座席が、新幹線0系からの発生品とはいえ、簡易リクライニングシートに取り替えられたほか、JR西日本では姫新線の「みささ・みまさか」が廃止されたものの、因美・津山線の「砂丘」は1往復増発の5往復となって、陰陽連絡の機能を強化する。

　また、JR九州では熊本〜宮崎間急行「えびの」3往復のうち2往復を博多始終着として観光客の誘致に努める一方、「くまがわ」は熊本〜人吉間の運転とし、一挙に4往復に増発されるなど、急行の体質改善が図られたのが特徴だった。こうした施策により、1989年3月改正での急行は215本になる。ダイヤ改正ごとに減少の一途をたどる急行の本数が、わずかとはいえ増加に転じたのは、1970（昭和45）年度以来18年ぶりのことであった。

　だが、残念ながら急行の健闘もここまでだった。同年4月30日には標津線バス転換のあおりで「ノサップ」が廃止。7月22日には予讃線と土讃線特急の増発に伴い、両線急行の特急格上げなどで「いよ」の列車名が消滅するほか、「うわじま」「あしずり」「土佐」の各列車も減便され、その削減本数は計12本に及ぶ。先の改正で「くまがわ」の増発で得た"貯金"も使い果たし、急行本数は再び減少に転じるとともに、200本を維持するのも困難な状況になる。

風光明媚な若狭湾を車窓に眺めながら走るキハ58系2両の急行「わかさ」。◎所蔵：フォト・パブリッシング

第6章：JR化もカンフル剤にならず、衰退の道へ（1987〜2016）

02 JR化後の急行仕様車も量産にいたらず

Express-style carriages that appear after the formation of JR fail to achieve mass production

1 各地に地域色の急行形車両

　JRグループは1990（平成2）年から1993（平成5）年までは、恒例のように3月に全国ダイヤ改正を実施する。国鉄時代の1970年代半ばから末期にかけて、運賃値上げが年中行事であったのとは大違いである。また、JR各社はこうした定例の改正とは別に、社内でプロジェクト完成や車両の落成があれば、1社だけで動くことのできる身軽さを生かし、その都度ダイヤ改正を行う。この間における急行の動きを会社ごとに追ってみよう。

　1990年3月10日改正では、量産化されたJR東海キハ85系が全面的に高山本線特急に進出し、特急「ひだ」はもちろんのこと、急行「のりくら」の運用をも置き換える。これにより、高山本線では大阪から乗り入れの「たかやま」だけがJR西日本持ちの急行としてキハ58系のままで残る。その「たかやま」は、キハ85系とは設備面でも種別間以上の格差があるせいか、普通車の座席が簡易リクライニングシート化されるとともに、塗装も上半がアイボリー、下半がピンクといった鮮やかなものに改装される。

　なお、キハ58系の塗装については、JR化後は東日本や西日本では支社（旧国鉄時代の管理局）などを単位とする地域色か、列車オリジナル色。東海と四国、それに九州は独自のコーポレートカラーを採用。JR九州では急行に限っては、別に同社の急行色を用意するといった念の入れ方だった。さらにJR東日本と西日本には旧国鉄色車も残されたため、"分割民営化の成果"といってしまえばそれまでだが、ファンの目からは統一感がなく残念だった。ちなみに、JR北海道では1両だけが地域色になるが、他の車両は旧国鉄色のままだった。

　話をJR東海に戻すと、列車設定以来小田急車両で運転されている御殿場線急行「あさぎり」は、3000形SSE車の老朽化により、1991（平成3）年3月16日改正から小田急・JR東海双方による新型車に置き換えられるとともに特急に格上げされ、運転区間も新宿～沼津間に延長される。

　JR西日本では同年9月1日に七尾線津幡～和倉温泉間の電化が完成し、大阪・名古屋から和倉温泉まで電車特急が直通するが、それと引き換えに急行「能登路」は415系電車とキハ58系による計3往復に整理される。同社では翌1992（平成4）年3月14日改正でも、ミニ急行と化した「はしだて」と「ながと」が廃止される。

JR化後、地方路線の活性化のため、キハ58系がジョイフルトレインに起用されるケースが増加した。◎由布院　2008年3月　所蔵：　フォト・パブリッシング

2 急行形仕様のキハ110系誕生

　JR東日本では1990（平成2）年1月から2月にかけて製造された新型気動車110系急行仕様車が、そのまま3月10日改正から「陸中」3往復中2往復に使用される。量産車が登場した翌1991（平成3）年3月16日改正では、3往復ともキハ110系化される。同時に期間限定の急行として「銀河ドリーム号」が花巻～釜石間に下りのみ設定されるが、利用率がよくないのか、1年だけで終わってしまった。キハ110系は一般形車も製造されるが、リクライニングシート装備の急行形が結果的に「陸中」用のみで終わってしまったことは惜しまれた。

　この間、JR東日本ではわが国としては初の試みである新在直通運転（山形新幹線）に向け、1990年9月1日から奥羽本線福島～山形間の改軌工事が本格化する。それに伴い、急行「津軽」の福島～山形間は東北・仙山線経由となり、車種も583系電車に変更される。さらに1991年8月27日には一部でバスによる代行運転を余儀なくされたことで、これを機に新潟～仙台間急行「べにばな」は新潟～米沢間快速に格下げされた。

　そして1992（平成4）年7月1日の山形新幹線開業に際しては、県内急行「月山」が快速に格下げされる。新幹線特急となった「つばさ」との乗り継ぎでの料金負担を軽減するための策だったが、「月山」用キハ58系は「よねしろ」とともに座席を「陸中」用キハ110系なみにグレードアップされていたため、以後はもっぱら快速列車の指定席として使用された。

　なお、JR東日本では1991年から「赤倉」用165系にもリクライニングシート改造車が入るが、新宿～村上間夜行快速「ムーンライト」からの転用車で、こうなると急行と

快速とどちらが上位の種別かわからなかった。

3 三島会社では急行は風前の灯に

　三島会社と呼ばれるJR北海道・四国・九州の3社では、1990（平成2）年3月改正では急行の動きはなかったものの、北海道では同年9月1日の札幌駅高架化完成に伴うダイヤ改正が実施され、札幌～旭川間に785系特急「スーパーホワイトアロー」が大増発された結果、気動車急行「狩勝」「そらち」「ちとせ」の3列車は廃止される。

　また、1991（平成3）年3月改正では夜行客車急行「利尻」が合理化のため、キハ400・480形＋スハネフ14という気動車・客車混成の珍編成となるが、寝台利用客からは客車時代のように駅発車時のショックがないということで好評を博した。これにより、JR北海道では1992（平成4）年3月に「大雪」、1993（平成5）年3月には「まりも」の普通車部分が気動車化されるが、キハ183系使用のため、両列車とも種別は特急に格上げされる。この結果、1993年3月以後のJR北海道で急行として残る列車は、宗谷本線の4往復と「はまなす」だけになる。

　JR四国では、1990年11月21日に予讃・土讃両

陸中3号　釜石・山田線急行「陸中」3往復は1990年3月から翌年にかけてキハ110系急行仕様車に置換えられ、"急行復権"の期待を抱かせた。◎盛岡　1999年8月　撮影：寺本光照

線で2000系気動車投入に伴う全面ダイヤ改正が実施され、捻出されたキハ181系やキハ185系を転用することで、徳島線を除く優等列車の特急化が実現する。これによって、急行「うわじま」「あしずり」「土佐」「阿波」が廃止され、JR四国内では「よしの川」2往復だけが急行として残ることとなった。

JR九州では1992年7月15日に全面ダイヤ改正が実施され、787系による鹿児島本線特急「つばめ」が九州内だけにとどまらず、全国区的な人気で迎えられる。同時にJR四国から購入のキハ185系により、久大本線急行「由布」と豊肥本線急行「火の山」が特急に格上げされ、それぞれ「ゆふ」「あそ」に改称される。

4 夜行からも急行の衰退が加速

JR化後の夜行急行については、全体として並走する航空機路線や高速バスに押され気味だったが、とくに"バブル"が崩壊し、「平成不況」に転じた1992(平成4)年ごろから一部の列車を除き、利用率の低迷が目立つ。

そのため1993(平成5)年3月18日改正で、JR東日本では「妙高」の廃止と「能登」の489系化、九州では「かいもん」と「日南」の787系化と特急への格上げが実施される。「能登」や九州急行の電車化は、同改正で気動車化された前述の「まりも」同様、昼行の特急と車両を共通化することにより、運用効率を上げる作戦でもあった。

なお、夜行とは別に1989(平成元)年3月改正で博多直通を再開したはずの「えびの」は客足が伸びず、熊本始終着に戻される。JR九州では夜行急行の特急化により、急行で残るのは「えびの」と「くまがわ」だけになる。

そして、1993年12月1日のJR東日本ダイヤ改正では、夜行列車の統廃合が実施され、「津軽」と「八甲田」が廃止される。伝統ある両列車の引退は、ネームだけでは利用客がついてこないという厳しい現実を『時刻表』を通じて公開したわけで、以後、夜行列車は苦難の道を歩む。これにより、1993年12月改正以後も全国で残る急行は列車名で31種、計115本になる。昼行列車99本のうち半室を含むグリーン車を連結するのは「東海」「たかやま」「砂丘」「丹後」のみ。16本ある夜行列車は客車の「銀河」「ちくま」「だいせん」「はまなす」と気動車の「利尻」がB寝台車を、逆に電車の「きたぐに」「能登」「アルプス」はグリーン車を連結する。

また、「銀河」にはA寝台車も入り、その組成内容からはいつ何時、特急に格上げされてもおかしくはなかった。583系電車の「きたぐに」にもA・B寝台の設備があり、こちらは東北・上越新幹線開業前における幹線夜行急行の名残をJR時代に伝えていた。

東北本線の名撮影地を行く急行「八甲田」。この列車はJR化後も存続した。◎南福島〜金谷川 1982年10月 撮影:高橋義雄

03 車両の老朽化で追われゆく急行列車

Express trains are being chased out due to aging carriages

1 使用車両の状況で急行の存続が

　JR化後、一時期を除き減少の一途をたどる急行もなんとか100本以上の数字を維持したまま1990年代半ばの時期に入るが、キハ54とキハ110系で運用される「礼文」と「陸中」以外は、どの列車も使用形式の車齢は若いもので13年以上、高齢車となると30年を優に超えていた。

　こうなると、急行がどこまで存続できるかは、使用車両がいつまで仕業に耐えられるかにかかってくる。代替えとなる急行車の新製があればそれに越したことはないのだが、JR各社とも優等列車用車両の増備は特急形に限定している状況では、それも難しかった。このあたりは1994（平成6）年12月から列車廃止が本格化したブルートレインと同じだった。

　そして1995（平成7）年10月1日、JR東海に短編成にも適合できる373系電車が登場し、身延線に入ると急行「富士川」は特急格上げの形で消滅する。373系は翌1996（平成8）年3月16日改正では、「東海」の運用に進出。これにより、準急～急行で歴史を刻んできた「東海」も特急の仲間入りを果たす。

　同日には、JR西日本と四国でもダイヤ改正が実施される。西日本では、山陰本線園部～綾部間と北近畿タンゴ鉄道福知山～天橋立間の電化が完成し、京都からは城崎と天橋立、大阪からは天橋立への電車直通が可能となるため、同区間に電車特急が新設される。これにより、「丹後」と「みやづ」はもちろん、播但線の「但馬」も廃止され、国鉄時代は気動車王国だった北近畿の鉄道はイメージチェンジを遂げる。

　一方、四国ではそれまで特急のなかった徳島線にキハ185系特急「剣山」3往復が設定され、「よしの川」は1往復だけ残り、JR四国最後の急行も土俵際に追い詰められる。

2 165系もついに急行運用から撤退

　1997（平成9）年10月1日、北陸（長野）新幹

165系と185系を併結し、堂々14両編成で高崎線を上野に急ぐ「ゆけむり8号・草津8号」。185系も1982年11月改正までは急行に使用された。◎本庄〜岡部　1982年11月　撮影：高橋義雄

第6章：JR化もカンフル剤にならず、衰退の道へ(1987〜2016)　169

線が開業する。このダイヤ改正で長野〜新潟間に特急「みのり」が増発された結果、急行「赤倉」は使命を譲り廃止される。1970年代には167・169系を含め、全国の直流区間で活躍した165系もこれで急行運用が終了する。これは、153系に始まる急行形電車の優等列車からの撤退でもあった。同日にJR西日本では山陰本線西部のロングラン急行「さんべ」が姿を消す。国鉄時代に「離婚・再婚列車」として推理小説のネタにもなった名物列車も、モータリゼーションの前には打ち勝てなかった。

また、夜行「ちくま」も客車からJR東海の383系に置き換えられる。昼行特急「しなの」の間合い運用ではあるが、種別は急行のままで据え置かれた。

JR西日本では同年11月29日にもダイヤ改正が実施され、鳥取〜岡山間のスピードアップを狙って同区間に智頭急行・山陽本線経由の特急「いなば」3往復を新設。これに伴い同区間で5往復を誇った「砂丘」は全廃されるが、1往復だけは(智頭〜)津山〜岡山間急行「つやま」として残る。当初はキロハ28込みのキハ58系編成だったが、車両の老朽化により2003(平成15)年10月からは津山線快速と変わらぬキハ48形に置き換えられ、利用客から非難の的となってしまったのは残念だった。

3 21世紀まで残る急行列車

1999(平成11)年は規模こそさほど大きくないものの、3度のダイヤ改正が実施される。その第1弾の3月13日にはJR四国で徳島線特急「剣山」の増発により、「よしの川」が廃止。これにより、JR6社のトップを切って四国から急行が消える。もっとも、「よしの川」はその前年からキハ185系化されていたので、なぜその時点で特急格上げがなされなかったのか、そのほうが不思議だった。続く10月2日にはJR西日本で舞鶴線電化に伴う改正が実施され、これを機に「わかさ」が廃止される。キハ58系も老朽化が進

み、若さは残っていなかった。

また、利用率が低迷する夜行の「だいせん」は、キハ65形エーデル車に置き換えられ、普通車だけの編成になる。通常期は2両だけでの運転で、傍で見るのも気の毒なくらいだった。

そして、12月4日にはJR東海で高山本線を主体とした改正が実施され、急行「たかやま」は特急に格上げ。「ひだ」の仲間入りを果たす。この「たかやま」の撤退によって、キハ58系から全室グリーン車を連結する見栄えのよい編成は見られなくなる。また、関西本線の「かすが」もキハ75系に置き換えられる。快速用3ドア車のため中間の客用ドアは締め切り扱いとされた。

ミレニアムの2000(平成12)年は3月11日に全国ダイヤ改正が実施される。JR北海道の宗谷本線は優等列車3種別制の1961(昭和36)年10月に急行2往復が設定されていながらも、その後は特急に縁がない不思議な路線だったが、旭川〜名寄間の高速化工事が完成したため、この改正で「スーパー宗谷」以下4往復の特急が登場する。当然ながら急行からの格上げによる設定で、「利尻」「礼文」「サロベツ」と並べば国立公園になる急行群も消滅してしまった。

この結果、JR北海道が車両を保有する急行は「はまなす」1往復だけとなる。JR九州では、高速道路を行くバスに太刀打ちができず、熊本〜宮崎間急行としては半ば使命を終えた「えびの」3往復は、全区間または人吉以遠が廃止される。これにより、「くまがわ」は6往復となる。こちらもJR九州としては最後の急行だった。

こうして、2000年3月改正を乗り切った列車がいよいよ21世紀での活躍を許されるが、当該の急行は列車名で16種、計51本になる。本数の減少は残念だが、夜行に関しては先の1993(平成5)年12月からの6年余りのうちに、姿を消したのは「利尻」だけで、それも発展的解消である。同じ期間中に寝台特急が次々に廃止されている現状から、この本数での存続は奇跡とさえ思われた。

04 「はまなす」の撤退で定期急行の活躍にピリオド

The retirement of the "Hamanasu" marks the end of the regular express

1 各地で急行の撤退が進む

　こうして21世紀に足を踏み入れたJR急行群だが、大半の列車は車両の老朽化が進む一方、昼行は大半が2～4両の短編成列車、夜行も「銀河」「きたぐに」「はまなす」以外は、合理化や効率化によって生み出された車両で運転されているといった具合であり、その前途は多難だった。

　21世紀としては最初の改正となる2001（平成13）年3月3日には、日本海縦貫線でダイヤ改正が実施され、七尾線急行「能登路」は金沢～珠洲間の気動車1往復に削減される。1991（平成3）年9月の七尾線和倉温泉電化の際、先の能登線に続いてのと鉄道に移管された穴水～輪島間の経営状況が思わしくなく、同年4月1日に廃止が決定したため、それに伴う列車整理だった。

　そして、翌2002（平成14）年3月23日改正では「能登路」として残った1往復も廃止される。同時に芸備線急行4往復も、急行区間が一定の利用客の見込める三次～広島間とされ、列車名は「みよし」に統合される。これにより、同線伝統の「ちどり」と「たいしゃく」のネームは消滅する。「ちどり」も列車は1989（平成元）年3月改正で、木次線から撤退して芸備線内運転となっていたので、それからも10年以上の月日が経過していたわけである。

　同年12月1日にはJR東日本で「アルプス」の廃止と「陸中」「よねしろ」の快速への格下げが実施される。夜行「アルプス」といえば、1970（昭和45）年前後にはスキー客や登山客で賑わい、ピーク時には普通列車を含む"山岳夜行"が10本以上運転された実績があるが、月日が流れ、通常期では列車を必要としないほどにまで鉄道利用客が減少したわけである。もっとも、スキー人口も当時に比べれば大幅に減少しており、JRよりもスキー場のほうが悩みは深刻だった。「陸中」「よねしろ」の急行からの撤退は東北・秋田新幹線から乗り継ぐ旅客の料金負担を軽減するための措置といえた。ともあれ、これによりJR東日本所属車両は急行運用から姿を消す。

　「アルプス」のように、特急格上げなどを伴わない夜行急行の純然たる廃止は9年ぶりだが、あとを追うかのように、2003（平成15）年10月1日に「ちくま」、2004（平成16）年10月16日には「だいせん」が姿を消す。またこの間、2004年3月13日に九州新幹線新八代～鹿児島中央間が開業し、これに伴い「くまがわ」はキハ185系2両編成の特急に格上げされる。特急といってもワンマン運転で、急行以上に"格"が墜ちた感じだった。これにより九州からも急行が消滅。急行が残るのはJR本州3社と北海道になる。

2 ついに定期急行全廃へ

　2002（平成14）年以後も相次ぐ廃止や特急への格上げ、逆に快速への格下げなどで、急行は「はまなす」「かすが」「銀河」「きたぐに」「能登」「みよし」「つやま」の計7列車名、10往復20本という、危機的というか末期的な本数で2006（平成18）年を迎える。

　このうち、「みよし」は4往復と本数的に健闘しているが、三次～広島間には2003（平成15）年10月改正でキハ40系の快速「みよしライナー」と「通勤ライナー」が新設され、老朽化が進むキハ58系の状況いかんによっては快速への格下

げが考えられるので、楽観視はできなかった。

こうしたなか、2006年3月18日改正で「かすが」が廃止。急行からJR東海車両が撤退するとともに、奈良県は沖縄を除く都道府県で唯一、JR優等列車の設定がない県になる。同県では近鉄特急が縦横に走っているので、県民はJR特急空白県のコンプレックスなどこれっぽっちも感じていないが、もちろん名誉なことではなかった。

そして、翌2007(平成19)年7月1日には「みよし」4往復が快速への統合により、あっさりと廃止される。世が国鉄時代ならキハ185系投入で優等列車としての存続が考えられるのだが、どうしようもなかった。これにより、キハ58系は46年間続いた急行列車運用から降板する。残る昼行急行は「つやま」だけになるが、こちらも2009(平成21)年3月14日改正で快速への格下げにより廃止。車両がロングシート併設のキハ48だけに、惜しまれての引退ではなかった。

夜行もまず、2008(平成20)年3月15日に「銀河」が、戦後だけでも60年以上に及ぶ列車史に幕を降ろす。東京〜大阪間列車だけに改善次第では巻き返しの可能性は十分にあったが、それができなかったのは複数の会社をまたがって走るブルートレインと同じで、JR化の弊害ともいえよう。この「銀河」の廃止で、鉄道ファンの間で、急行全廃のXデーがいつになるか話題になる。急行の消滅は現実として受け入れざるを得ない状況になったのである。

急行廃止はその後も1年に1列車ずつのペースで続き、2010(平成22)年3月13日に「能登」、2012(平成24)年3月17日には「きたぐに」が引退する。両列車は運転区間から2015(平成27)年春の北陸新幹線金沢開業時に廃止が濃厚と思われていただけに、前倒しの撤退は意外だった。だが、489系も583系も経年が45年前後なので、それ以上の稼働を望むにも無理があったようだ。

そして最後まで客車列車として、また定期急行として残った「はまなす」も、北海道新幹線が新函館北斗に乗り入れる2016(平成28)年3月

表―37 JR化後における急行列車(抜粋)の編成と時刻

1991.3.16 由布

←別府方　① 指 キハ58　② 自 キハ58　③ 自 キハ58　④ 自 キハ58　博多方→

◆1801D　由布1号　博多 7:48 → 別府 11:22　　◆1802D　由布2号　別府 8:18 → 博多 11:48
◆1803D　由布3号　博多 13:24 → 別府 16:50　　◆1804D　由布4号　別府 11:56 → 博多 15:35
◆1805D　由布5号　博多 17:30 → 別府 20:53　　◆1806D　由布6号　別府 16:10 → 博多 19:22

1995.4.20 東海

←静岡方　① 自 クハ165　② 自 モハ164　③ 自 モハ165　④ 自G サロ165　⑤ 自G サロ165　⑥ 自 モハ164　⑦ 自 モハ165　⑧ 自 クハ165　⑨ 自 クハ165　⑩ 自 モハ164　⑪ 自 クモハ165　東京方→

◆301M　東海1号　東京 7:15 → 静岡 9:53　　◆302M　東海2号　静岡 10:29 → 東京 12:57
◆303M　東海3号　東京 13:35 → 静岡 16:06　　◆304M　東海4号　静岡 16:54 → 東京 19:30
⑨〜⑪号車は304M「東海4号」のみ連結

1998.12.8 たかやま

←大阪方　② 指 キハ58　③ G キロ28　④ 自 キハ28　⑤ 自 キハ58　高山方→

◆4711D　大阪 7:57 → 飛騨古川 13:09　　◆4712D　飛騨古川 15:04 → 大阪 20:26

26日をもって引退が決定している。JRの急行列車は、途中敗戦後のブランクがあるものの明治期の「山陽急行」から122年、料金制度ができてからも110年の歴史に、いよいよピリオドを打つのである。

　JR化後に誕生した数少ない急行列車のひとつである「はまなす」が、旧国鉄車両を使用する列車というのも奇遇だが、「はまなす」そのものは仮に優等列車3種別制の時期に活躍していたとしても、500kmに近い走行距離から種別は準急ではなく急行であったものと考えられる。これからすれば、JR最後の急行を飾る列車がB寝台車やリクライニングシート装備の指定席車を連結するな

年末輸送のため、2両増結の12両で運転される急行「きたぐに」。583系電車が定期列車として使用された最後の列車だった。◎高岡　2011年12月　所蔵　フォト・パブリッシング

ど、編成で見栄えのする「はまなす」であってよかったと思う。なお、JR化後の急行で特色のある列車の編成と時刻を**表―37**に示す。

表―37の続き

1999.3.13 利尻

◆311D　札幌 22:04 → 稚内 6:00　　◆312D 稚内 22:13 → 札幌 6:00

2007.3.18 銀河

◆101　東京 23:00 → 大阪 7:18　　◆102　大阪 22:22 → 東京 6:42

2011.3.12 きたぐに

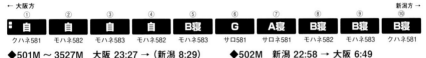

◆501M〜3527M　大阪 23:27 →（新潟 8:29）　　◆502M　新潟 22:58 → 大阪 6:49

2015.3.14 はまなす

◆201　青森 22:18 → 札幌 6:07　　◆202　札幌 22:00 → 青森 5:39

定期列車のみを記載。編成と時刻は廃止1年前のものを示す

歴史に輝く 名急行10選

明治期の官民並立時代に山陽鉄道神戸〜広島間で運転を開始して以来120余年。急行列車は全国各地で運転され、多くの仲間を輩出してきた。ここでは「名急行10選」と題し、とくに列車名のついた1950年代以後の名優に絞り、各列車の活躍の跡を簡単に振り返ってみることにする。

◎東京　1959年5月　撮影：伊藤威信

銀河　60年以上にわたり活躍を続けた東海道夜行

　東京〜大阪間の距離は556.4km。列車が表定速度50km/h台で走っても、10時間前後で到達できる。ということは、起終点駅での時刻が大切な夜行列車には打って付けの区間である。このため、同区間では戦前から夜行急行が数多く設定されてきた。
　戦後も1947（昭和22）年6月21日に1往復が復活。3往復となった1949（昭和24）年9月15日には、このうちの15・16列車にいち早く「銀河」の列車名が授けられる。そして1950（昭和25）年10月改正で東京〜神戸間運転に復した「銀河」は、以後も東海道夜行急行が増発されるなか、総帥格列車として活躍を続ける。1961（昭和36）年10月改正で寝台急行化され、3年後の東海道新幹線開業で仲間が引退するなかでも、姉妹列車の「明星」改め「銀河1−1号」とともに東海道夜行の座を守り、1970（昭和45）年の万国博開催時には存在感をいかんなく発揮する。
　東京〜大阪間運転に戻り1往復だけになってからは、格下げ使用とはいえ20系や14系、25形が入るなど、車両に関しては特急なみの扱いを受ける。しかし、JR化後も25形が継続使用されたため、陳腐化だけは否めなかった。
　そして、ファンから惜しまれつつ2008（平成20）年3月15日改正で、60年以上にわたる歴史に幕を降ろす。戦後の東海道本線を支えた名列車だけに、これといった改善がなされないまま晩年を迎えたのは残念だった。

きりしま　東京～九州間を結んだ"完全セット"編成列車

　航空機が未発達の時代、国鉄は1000km以上に及ぶ東京～九州間の直通輸送も引き受けなければならず、1950年代には多くの急行が運転されていた。これらの列車は東海道線内と九州内が昼行、山陽線内が夜行というのが大半の運転パターンだった。懐の深い九州各地の主要都市に無理のない時刻に到着できるからである。
　さて、"九州急行"と呼ばれたこれらの列車の代表格は、東京～鹿児島間を30時間以上かけて結ぶ「きりしま」で、途中、岡山と広島を除く各県都での時間帯が良好なため、全区間で年間を通じて混雑を呈していた。3等寝台が復活し、ネームが漢字の「霧島」になった1956(昭和31)年からは、ロネ・ハネ・特ロ・並ロ・ハザ・シを連結した"完全セット"編成となり、各種の旅客のニーズに応

◎木葉～植木　1964年3月　撮影：林嶢

えた。その後、東京～九州間ではのちにブルートレインと呼ばれる寝台特急の登場で、"九州急行"もさすがに時代遅れの列車となり、本数も削減されるが、それでも「霧島」は1968(昭和43)年10月改正で九州行きが1往復だけとなっても、日豊本線経由で同じ鹿児島県都を終点とする「高千穂」と本州内併結で生き残る。
　食堂車以外は座席車のみの編成となったが、南九州離島からの旅客を含むエコノミー志向客からの支持は高かった。だが、こうした超長距離急行も新幹線博多開業だけはどうすることもできなかった。

彗星　豪華編成を誇った東海道夜行急行

　戦後初の白紙改正が実施された1950(昭和25)年10月改正で、3往復ある東京～大阪／神戸間急行のうち、後発の2列車には「彗星」と「明星」の愛称がつけられた。戦前から東海道夜行急行はエリート列車として位置づけられていたため、「銀河」を含むこれらの列車は"御三家"と呼ばれ、「銀河」と「彗星」は寝台・座席車併設、「明星」は座席車のみの輸送力列車を担当する。1956(昭和31)年3月の3等寝台車復活後、初の試みとして1957(昭和32)年10月から東海道本線に寝台専用列車を運転することになり、「彗星」が抜擢された。戦前の急行との血脈関係は薄いものの、列車番号が17・18であることや、編成中に2等寝台車が多く連結したことなどで、"名士列車の再来"とまで呼ばれた。
　東海道夜行客車急行は1961(昭和36)年10月改正で全列車が寝台列車化されるが、その中にあって淡緑色部分の長い「彗星」の編成は際立っていた。
　そうした「彗星」に、1962(昭和37)年5月からサロンカー・オシ16が連結される。東海道夜行は到達時分との関係で軽食堂車でくつろげる時間は限られるが、それでも就眠までにはアルコール、起床後はモーニングセットを求める客で繁盛したという。「彗星」の賑わいは東海道新幹線開業前における在来線・栄華のひとシーンでもあった。

◎東京　1954年9月　撮影：伊藤威信

まりも　札幌で昼行座席列車が寝台列車に変身

　戦前はもとより戦後も長らくの間、北海道急行は青函連絡船を介して本州急行に接続するダイヤが組まれていたので、設定本数は限れていた。その中で代表列車を選ぶとなると、エピソードが多いことなどから、函館～釧路間の「まりも」となろう。同列車は1949(昭和24)年9月改正で登場。1951(昭和26)年4月に終点に近い阿寒湖に分布するマリモにちなんだ列車名がつけられた。この急行「まりも」は下りの函館発が昼下がりであることや、運転距離やスピードから、函館～札幌間が昼行、札幌～釧路間が夜行になるダイヤが特徴だった。
　運転開始当初は座席車のみの編成だったが、やがて札幌～釧路間限定ながらも編成に寝台車が加わる。そして1961(昭和36)年10月改正は昼行・夜行区間とも旅客が増加。そのため寝台車だけで6両となった1964(昭和39)年10月には、編成の不必要な増加を抑えるため、札幌で寝台車を連結する

◎小樽　1962年5月　撮影：柳川知章

代わりに、函館からの同数の座席車6両を切り離す作業が実施された。全区間を直通するのは、郵便・荷物車以外には食堂車や座席指定の1・2等車だけなので、"付属編成"のほうが長かった。
　こうしたことで、1965(昭和40)年10月改正では、「まりも」は札幌～釧路間の寝台列車となり、昼行の函館～札幌間は「ていね」に改称される。函館本線でのC62重連がファンの間で脚光を浴びるのは、「ていね」が「ニセコ」に再改称されてからのことである。

みちのく 上野〜青森間の十数時間を昼行で通す

東京〜北海道間の輸送を鉄道が独占していた1950年代半ばまでの時代、上野〜青森間急行は本州内の都市間輸送よりも、東京（上野）と札幌の時刻を重視したダイヤが組まれていた。その中で戦後もいち早く復活し、1950（昭和25）年10月改正から常磐線経由になった急行「みちのく」は、上野〜青森間を昼行で通すダイヤが特色だった。だが、いくら昼行といっても750kmもある全区間を蒸気機関車牽引で走り切るには14時間以上かかり、青函連絡船は深夜便になるというハンデがあった。それにもかかわらず、翌日正午には札幌に到着でき、ビジネスや観光に時間が使えることで、人気は高かった。

この「みちのく」には当時、座席車や食堂車以外に1等寝台車が連結され、連絡船で航送のうえで札幌まで直通していた。もちろん利用客は限られたが、斬新なアイデアだった。この寝台車航送は、津軽海峡に浮遊機雷が出現したことで休止した。以後も復活の計画は立てられたが、洞爺丸事故の影響で日の目を見ることはなかった。「みちのく」は1956（昭和31）年11月改正後も、北海道連絡の看板列車として高い乗車率を誇るが、スピードアップや居住性改善を求める利用客の要望は、1958（昭和33）年10月の特急「はつかり」誕生として結実し、以後は補佐的列車の色彩を濃くする。「ヨン・サン・トオ」では列車名を気動車急行に譲るが、その後、由緒深い「みちのく」のネームが電車特急として復活したのは幸いだった。

◎我孫子〜柏　1962年9月　撮影：林　嶢

日本海 ネーム通り日本海縦貫線を走り通す多目的急行

「日本海」といえば、2012（平成24）年3月改正で引退した日本海縦貫ブルトレのイメージが強いが、本題の急行「日本海」は別系譜の列車で、特急「日本海」と運命をともにした大阪〜新潟間急行「きたぐに」の前身にあたる。この「きたぐに」も1982（昭和57）年11月までは大阪〜青森間をロングランしていたのである。

さて、急行「日本海」はそのルーツを日本海縦貫全通の大正年間に求めることができるが、戦後は一貫して運転区間の南半分にあたる北陸本線内が夜行となるダイヤが組まれた。しかし、北海道連絡はもちろんのこと、関西からの結び付きが強い日本海側の諸都市の連絡も配慮しなければならないため、大阪〜青森の全区間ではつねに20時間以上を要し、列車名が「日本海」である時代にはとうとう20時間の壁を切ることができなかった。

1961（昭和36）年9月までは寝台専用急行は大阪〜富山間で、以北は昼行列車として走り通し、青函連絡船深夜便に接続。1961年10月からはそれが大阪〜新潟間となり、夜間（上り午前）便に変更されるが、大阪〜札幌間では途中2泊の旅を避けることができなかった。しかし、それでも周遊券利用客を中心に「日本海」を利用して北海道まで出かける旅客は多かった。旅費が比較的安いこともあるが、特急「白鳥」がまだまだ庶民には利用できる存在ではなく、他に適当な列車がなかったからである。

◎新潟　1962年2月　撮影：林　嶢

なにわ 寿司カウンターが繁盛した東海道電車急行

戦後、東海道本線に未電化区間が残されていた時代には、なぜか東京〜大阪相互間を起終点とする昼行急行は設定されていなかった。そのため、東京〜大阪間を昼間に移動するには九州行き急行群を利用するしかなく、とくに東京を朝一番に発つ「阿蘇」に関西方面への旅客が殺到し、車内は立ち客が出るほど混雑していた。そこで1956（昭和31）年11月改正では、東海道全線電化により線路容量が緩和されたことで、東京〜九州間急行群から関西行き旅客を分離する狙いもあって、東京〜大阪間急行「なにわ」が新設される。東海道本線内を下りは九州急行群の先頭、上りはしんがりを承るダイヤで、全区間でEF58が先頭に立った。「なにわ」は純然たる昼行電車のため、2等車2両と食堂車、それに郵便・荷物車以外は3等車がずらりと並ぶ庶民派の編成だったが、それだけに座席確保が容易とのことで人気を呼び、1960（昭和35）年の電車急行「せっつ」誕生につながる。

1961（昭和36）年3月から「なにわ」は「せっつ」ともども153系急行用編成に置換えられ、リクライニングシートのサロ152と半室ビュフェ車のサハシ153を2両ずつ連結した堂々12両になる。とくにビュフェには寿司カウンターが設けられ、その賑わいは今も伝説として語り継がれている。同年10月改正で、東海道電車急行は昼行だけで6往復となり栄華を極めるが、東海道新幹線開業後は削減されていき、最後まで残された「なにわ」2往復も1968（昭和43）年10月改正で姿を消した。

◎大阪　1962年3月　撮影：林　嶢

津軽　"「津軽」で帰れ"は旅立つ子を見送る親心

　1954（昭和29）年10月当時、福島〜青森間を結ぶ奥羽本線の距離は487.4kmで、東北本線同区間の467.2kmと大差がなかった。しかし、常磐線区分を含む東北本線では「みちのく」「北斗」など上野〜青森間直通急行が多数運転されているのに、奥羽本線福島口での唯一の急行である「鳥海」は秋田止まりだった。これは奥羽本線には福島・山形県境の板谷峠に代表されるように、沿線に大小の峠が散在してスピードアップを妨げているため、青森まで延長しても採算がとれないと考えられたからになる。だが、秋田以北からの要望もあり、1956（昭和31）年11月改正では、上野〜秋田間夜行急行を延長する形で「津軽」が設定される。大阪からの「日本海」が運転されていても、上野からの直通急行がなかった能代・大館・弘前地区の喜びは大きかった。

◎栗橋〜古河　1974年1月　撮影：林嶠

　そして、時代が高度成長期を迎え北東北から東京への集団就職者が増えると、「津軽」はいつしか"出世列車"の異名を持つことになる。奥羽沿線から普通列車で送り出された若者が東京で身を立て、帰省時には「津軽」に乗車し、故郷に錦を飾ることをステータスとしたからである。もっとも、当時の東北本線急行も旧盆や年末の帰省シーズンには同様の役割を果たしていたが、列車本数が多く旅客が分散するため、「津軽」ほど持てはやされることはなかった。こうした「津軽」も寝台特急「あけぼの」登場や東北新幹線の開業で、列車としての比重は次第に低下し、1993（平成5）年12月に廃止される。

オホーツク・摩周・宗谷
北海道で花を咲かせた多層建て急行の代表格

　国鉄時代の気動車急行といえば、その小回りの利く機動性を生かした多層建て列車が多く見られたが、その中でも最もスケールが大きい列車となると、1961（昭和36）年10月改正からわずか3年だが、函館〜網走・釧路・稚内間の3階建てで運転された「オホーツク・摩周・宗谷」の右に出るものはないだろう。

◎上目名　1970年2月　撮影：柳川知章

　この多層建て急行は、改正前に函館〜旭川間で運転されていた「アカシヤ」を気動車化する際に、函館〜札幌間を室蘭・千歳線経由に変更。さらに運転区間を網走・釧路・稚内まで延長して成立する。つまり、気動車の持つスピードと分割・併合の簡便性を最大限に活用した列車ともいえた。上野発の夜行急行「北上」・「八甲田」に乗車すれば、翌日中には北海道の奥地に到着できる魅力が受け、1961（昭和36）年10月当初9両だった編成は、1年後には12両になり、5両が釧路、4両が網走、3両が稚内に直通。別途表—22（P.115）に記したように、3ヵ所の終点にはほぼ同時に到着するのだから恐れ入る。多客時にはそれでも輸送力不足で、最大15両で運転されるほどだった。

　だが、これほどまでの人気列車を北海道国鉄がそのままにしておくはずもなく、1964（昭和39）年10月改正で「オホーツク」と「摩周」は特急に格上げ。「宗谷」のみは周遊券利用客の救済のため急行のまま存続する。特急格上げを逃した「宗谷」がその夢を実現させるのは、それから36年後のことである。

はまなす　世はJRながらも国鉄時代が色濃く残る列車

　「はまなす」は青函トンネル開業の1988（昭和63）年3月13日改正で、青森〜札幌間に新設された客車急行である。客車列車や急行がJR時代になって設定されるというのも奇異だが、改正前の青函連絡船深夜便に青森〜函館間だけの固定客が存在することや、札幌での時刻がビジネスや観光に利用でき、潜在需要が見込めることが列車の誕生につながったようだ。

◎油川　2007年8月　所蔵：フォト・パブリッシング

　当初は利用客の動向をうかがう狙いもあり、編成は14系普通車のみの5両だったが、青函フィーバーによる旅客増や寝台車連結の要望もあり、幾度かの変遷を繰り返したのち、1992（平成4）年3月からはB寝台車2両を加えた7両に落ち着く。この組成は基本的に現在にまで続くが、1993（平成5）年以後は指定席車にドリームカーやカーペットカーが連結され、利用客のニーズに合わせた配慮がなされている。寝台車込みの7両編成が20年以上にわたり継続されていることは、「はまなす」の利用率が安定している証だが、車両の老朽化や青函トンネル通過時の問題があり、北海道新幹線が開業する2016（平成28）年3月26日改正での廃止が決定している。東京〜新函館北斗間の新幹線が「はまなす」の旅客に影響を与えるとはほとんど考えられず、車両更新もないままで姿を消すのはもったいない気がする。しかし、逆の見方をすれば、余力を残して利用客やファンから惜しまれながら引退することで、「はまなす」は今後も"急行列車史の最後を飾る名列車"として、その活躍が受け継がれていくことだろう。

（資料）急行列車一覧

列車名	設定年月日 / 廃止年月日	設定時の使用車両 / 廃止時の使用車両	設定時の運転区間 / 廃止時の運転区間	備考
あいづ	1966(昭41).3.5 / 1968(昭43).10.1	55系気動車	喜多方・田島・川口〜仙台	会津地方の3駅を起点とするローカル急行。列車名はのち特急に転用
青島	1965(昭40).10.1 / 1975(昭50).3.10	58系気動車	広島・門司港〜西鹿児島	ハネムーンルートの日豊本線を行く代表的昼行急行。グリーン車2両を連結
青葉①	1947(昭22).6.29 / 1964(昭39).3.20	一般形客車 / 453系電車	上野〜仙台	仙台行きだが、車両の一部は「みちのく」に併結で青森へ直通。1963.6で待望の電車化
青葉②	1964(昭39).3.20 / 1965(昭40).10.1	453系電車 / 455系電車	上野〜仙台	せっかくの電車化も、ほどなく「まつしま」「みやぎの」に使命を譲り夜行輸送用列車に転用。盛岡延長により「きたかみ」に改称
赤石	1963(昭38).6.1 / 1968(昭43).10.1	58系気動車 / 165系電車	新宿〜飯田（辰野経由）	新宿〜飯田間を直通。スピードの遅い飯田線内は1966.3.5まで準急とされた。のち「こまがね」に統合
あかぎ	1966(昭41).3.5 / 1982(昭57).11.15	165系電車	上野〜前橋 / 上野〜前橋ほか	東京と上州を結ぶビジネス列車で、1960.3.10、準急として運転開始。地味ながら最終的には特急に格上げ
赤倉①	1962(昭37).12.1 / 1985(昭60).3.14	58系気動車 / 165系電車	名古屋〜新潟（松本経由）	中部横断の昼行急行でグリーン車2両を連結。1982.11に遅まきながら電車化
赤倉②	1988(昭63).3.13 / 1997(平9).10.1	165系電車	長野〜新潟間など	3往復設定。急行区間は新潟県内の妙高高原〜新潟間のみ。特急「みのり」設定とともに廃止
あかしや (アカシヤ)	1953(昭28).4.5 / 1961(昭36).10.11	一般形客車	函館〜札幌 / 函館〜旭川	戦後北海道の第3急行。青函連絡船の早朝・夜行便に接続。本州内のパートナーは「北上」
アカシヤ	1962(昭37).10.1 / 1968(昭43).10.1	56系気動車	函館〜札幌（室蘭・千歳線経由）	道南のビジネス急行。函館駅終着ながら青函連絡船に接続しないダイヤは設定当時は異例だった
あかつき①	1958(昭33).10.1 / 1961(昭36).10.1	一般形客車	東京〜大阪	不定期の夜行急行で当初はオール座席車。1959.9.22改正で不定期のまま寝台列車化
あかつき②	1962(昭37).6.10 / 1964(昭39).10.1	一般形客車	東京〜大阪	2代目は不定期ながら寝台急行で登場。1962.10.1に晴れて定期格上げ
あがの	1966(昭41).3.5 / 1985(昭60).3.14	55系気動車 / 58系気動車	新潟〜仙台 / 新潟〜福島ほか	磐越西線の全線を走る都市間連絡急行。晩年は五泉〜新潟で起終点は福島となった
阿寒	1963(昭38).6.1 / 1968(昭43).10.1	56系気動車	札幌〜根室	根室本線の全線を通した北海道の名急行。釧路以東の短編成は気動車列車ならでは
安芸①	1949(昭24).9.15 / 1970(昭45).10.1	一般形客車	東京〜姫路 / 東京〜広島（呉線経由）	東京直通は1950.5.11から。1962.10に寝台列車化。呉線が未電化のため本州最後の蒸気急行となる
安芸②	1970(昭45).10.1 / 1972(昭47).3.15	153系電車	大阪〜呉（赤穂線経由）	実際には大阪〜三原間急行「とも」の区間延長。途中赤穂線経由するのもユニークだった
安芸③	1972(昭47).3.15 / 1975(昭50).3.10	153系電車	岡山〜呉／広島	山陽新幹線開業により、岡山で接続する呉線行きの電車急行の総称ネームになる
あきよし	1966(昭41).3.5 / 1985(昭60).3.14	55系気動車 / 58系気動車	浜田〜東唐津・天ヶ瀬 / 浜田〜日田（美祢・彦山経由）	当初は山口〜博多間準急で運転開始も、2階建てで本州内は山口線と美祢線を、九州内は日田彦山線と筑肥線を走る
あけぼの	1962(昭37).7.15 / 1968(昭43).10.1	58系気動車	仙台〜青森（横黒線経由） / 仙台〜青森（北上線経由）	東北管内初の急行として新設されるも、6年で総称ネーム「きたかみ」を名乗ることに。急行での「あけぼの」は印象が薄い
阿佐	1966(昭41).3.5 / 1968(昭43).10.1	58系気動車	小松島港〜高知（徳島線経由）	徳島県初の準急で登場。南海汽船に連絡し大阪〜高知間ルートを形成。「よしの川」に統合で消滅
あさぎり 【九州】	1966(昭41).3.5 / 1980(昭55).10.1	55系気動車 / 58系気動車	門司港〜由布院（日豊・久大線経由）	北久ヶ瀬・由布院温泉を結ぶ観光列車で日田彦山線としては"順路"で結んだ。上りは天ヶ瀬始発
あさぎり 【東海】	1968(昭43).10.1 / 1991(平3).3.16	小田急3000形電車	(小田急)新宿〜御殿場	1959.7.2に小田急気動車による準急で運転開始。1968.7の電化を機に総称ネームとして定着
あさしお	1964(昭39).12.1 / 1968(昭43).10.1	58系気動車	金沢〜出雲（小浜・宮津経由） / 金沢〜米子（小浜・宮津経由）	全区間を日本海の海岸線に沿って結ぶローカル気動車急行。後発の「大社」を併結したため母屋を取られる
あさひ	1966(昭41).3.5 / 1982(昭57).7.1	55系気動車 / 58系気動車	仙台〜新潟（仙山・米坂経由）	準急で運転開始、左記区間を最短で結ぶ。列車名は新潟・山形県境の朝日岳による
旭川	1966(昭41).3.5 / 1968(昭43).10.1	22形気動車	旭川〜名寄・遠軽〜旭川（循環）	列車名通り旭川を始終着とし、石北・名寄・宗谷線をたどる北海道北辺の循環列車
足摺 (あしずり)	1966(昭41).3.5 / 1990(平2).11.21	55系気動車 / 58系気動車	高松〜土佐佐賀 / 高知〜中村	1961.4.15に準急で設定。1968.10.1に「あしずり」に変更。のち高知以南の運転となり特急に格上げ
あずみ	1961(昭36).10.1 / 1968(昭43).10.1	58系気動車	名古屋〜長野	「しなの」「信州」と共通運用の夜行気動車急行。列車名は北アルプスの麓・安曇野に因む
阿蘇①	1949(昭24).12.1 / 1961(昭36).10.1	一般形客車	東京〜博多 / 東京〜熊本（筑豊線経由）	東京〜九州間の老舗急行。1950.10.1に九州内を筑豊線経由の熊本行きに変更
阿蘇②	1961(昭36).10.1 / 1975(昭50).3.10	一般形客車	名古屋〜熊本	東海道線電車急行の増発で名古屋始終着急行で再出発。九州内は鹿児島線経由になる
阿蘇③	1975(昭50).3.10 / 1980(昭55).10.1	14系座席客車	新大阪〜熊本	新幹線博多開業で新大阪始終着の急行に再編。14系使用も全車座席指定のためか、不評を買ったのも事実
吾妻	1958(昭33).10.1 / 1964(昭39).3.20	一般形客車	上野〜仙台	1954.10.1、準急で運転開始。急行に昇格後も奥羽線や磐越西線直通車を併結する地味な列車だった
あづま	1964(昭39).3.20 / 1985(昭60).3.14	451系電車 / 455系電車	上野〜福島	福島から上野向けのビジネス急行。1968.10改正では列車名統合で客車夜行も仲間に加わる
あばしり	1966(昭41).3.5 / 1968(昭43).10.1	22形気動車	旭川〜網走	石北線内だけを走るローカル急行だが、列車名は行き先の「あばしり」であまりにも有名だった
あぶくま	1966(昭41).3.5 / 1982(昭57).11.15	451系電車 / 455系電車	白河〜仙台 / （白河）〜郡山〜盛岡	準急時代が長かった東北本線南部のローカル電車急行。晩年は常磐線急行と共通運用だった
あまぎ	1966(昭41).3.5 / 1968(昭43).10.1	153系電車	東京〜伊豆急下田・修善寺	湘南電車準急出身の東京〜伊豆間の全車座席指定列車。「伊豆」に統合で急行での列車史を終える

	列車名	日付	車両	区間	備考
あ	天草	1956(昭31).3.20	一般形客車	京都〜熊本	関西〜九州間では初の急行で当初から寝台車連結。1961.10に筑豊線経由となり、蒸機が後押しに活躍
		1975(昭50).3.10			
	天の川	1963(昭38).6.1	一般形客車	上野〜新潟	上野〜新潟間の寝台急行。のちに秋田まで延長。車両も20系化される
		1985(昭60).3.14	20系客車	上野〜秋田(新潟経由)	
	有明	1965(昭40).10.1	475系電車	岡山〜熊本	岡山〜博多間の「山陽」を熊本延長と同時に電車化。1967.10に愛称を特急に転用。「しらぬい」に改称される
		1967(昭42).10.1			
	アルプス	1960(昭35).4.25	55系気動車	新宿〜松本	1960〜70年代の中央東線を代表する急行。一時は11往復体制で。晩年は夜行のみ残存
		2002(平14).12.1	183系電車	新宿〜信濃大町	
	阿波	1968(昭43).10.1	55系気動車	高松〜徳島	準急当時から車両・編成ともミニで採算性が心配されたが、頻発運転のダイヤは好評だった
		1990(平2).11.21	58系気動車	高松〜牟岐	
い	いいで	1963(昭38).6.1	58系気動車	上野〜新潟(磐越西線経由)	上野〜新潟間が大回り運転のため、実質的には「ばんだい」+「あがの」の合体列車といえた
		1982(昭57).11.15	〃	〃	
	伊香保	1969(昭44).3.22	165系電車	上野〜渋川	列車名が示す通り伊香保温泉向けの観光急行。「草津」や「ゆけむり」と併結された
		1982(昭57).11.15	〃	〃	
	いこま	1961(昭36).10.1	153系電車	東京〜大阪	東海道新幹線開業前に活躍した電車急行。列車名は近鉄沿線の生駒山に由来
		1968(昭43).10.1	〃	〃	
	いしづち	1966(昭41).3.5	55系気動車	小松島港〜松山	起終点間を結ぶ需要はないが、南海汽船に連絡するので大阪南部・和歌山から金刀比羅宮への参拝客が利用
		1968(昭43).10.1	〃	〃	
	伊豆	1964(昭39).11.1	157系電車	東京〜伊豆急下田・修善寺	東海道新幹線開業で浮いた157系を転用。当時は東京〜伊豆間唯一の急行だった
		1981(昭56).10.1	153系電車	〃	
	いすず	1966(昭41).3.25	58系気動車	岐阜/名古屋〜鳥羽	近鉄が旅客を独占していた区間に、新幹線連絡急行として参入するが鳥取・設備面で弱体が隠せなかった
		1968(昭43).10.1	〃	〃	
	いずも(出雲①)	1951(昭26).11.25	一般形客車	東京〜大社(福知山線経由)	戦後は大阪〜大社間準急で登場。東京直通がなり急行に格上げ。1956.11.19に列車名を漢字の「出雲」になる
		1961(昭36).10.1	〃	〃	
	出雲②	1961(昭36).10.1	一般形客車	東京〜浜田	1961.10に京都から直接山陰線に入り、東京〜山陰間の連絡を強化。1964.10から寝台車主体の編成になる
		1972(昭47).3.15	〃	〃	
	伊勢	1953(昭28).11.11	一般形客車	東京〜鳥羽	東京〜南近畿間の夜行急行の一つ。新幹線開業前は伊勢志摩観光や神宮参拝客から愛用された
		1968(昭43).10.1	〃	〃	
	いでゆ	1975(昭50).3.10	58系気動車	大阪〜鳥取	東京〜伊豆間のイメージが強い列車名だが、定期急行での在位は山陰急行のみ。しかし、「だいせん」への改称で消滅
		1978(昭53).10.2	〃	〃	
	伊那	1966(昭41).3.5	80系電車	名古屋〜上諏訪など	飯田線初の優等列車。戦前製国電の多い飯田線では全金の80系をクイーンの80系がきわめる
		1983(昭58).7.5	165系電車	(大阪〜)豊橋〜上諏訪など	
	いなさ	1968(昭43).10.1	58系気動車	博多〜長崎など	電化前の長崎本線を代表する気動車急行。「ながさき」と「出島」の間の6年半をつなぐ。長崎市内の稲佐山に由来
		1975(昭50).3.10	〃	〃	
	いなば①	1966(昭41).3.5	58系気動車	鳥取〜広島(木次線経由)	木次線をかつて終着するため「いなば」を命名。下り(広島行き)が昼行、上りが夜行のダイヤだった。のち「ちどり」に統合
		1968(昭43).10.1	〃	〃	
	いなば②	1972(昭47).3.15	58系気動車	大阪〜鳥取	大阪〜松江間気動車急行「だいせん2・1号」の区間短縮により、「いなば」が再登場し、3年後には「くにびき」に改称
		1975(昭50).3.10	〃	〃	
	いなわしろ	1968(昭43).10.1	55系気動車ほか	喜多方・田島・川口〜仙台	「あいづ」の改称により登場。会津田島〜会津川口編成はキハ52の1両だけだった
		1982(昭57).11.15	58系気動車ほか	〃	
	犬吠	1966(昭41).3.5	58系気動車	新宿/両国〜銚子	総武本線全線を走破する気動車急行、最盛期は7往復運転。1975.3に電車化
		1982(昭57).11.15	165系電車	〃	
	いぶり	1966(昭41).3.5	22形気動車	札幌〜倶知安〜伊達紋別〜札幌(循環)	札幌を起終点とする循環準急で登場。車窓から羊蹄山が良く見える。1両だけで走った胆振線も今はない
		1980(昭55).10.1	〃	〃	
	いよ	1966(昭41).3.5	55系気動車	高松〜松山	準急時代は高松桟橋〜宇和島間の時代もあった。急行化はもっぱら愛媛県都までの運転で最大4往復設定
		1989(平元).7.22	58系気動車	〃	
	いわき	1966(昭41).3.5	55系気動車	水戸〜仙台(磐越東線経由)	1959.7.22、準急で登場。旧国名が磐城の福島県浜通と県都を結んだ
		1982(昭57).11.15	58系気動車	水戸〜福島(〜仙台)など	
	岩木	1966(昭41).3.5	58系気動車ほか	鰺ケ沢〜青森	1965.10.1、準急で登場した青森県津軽地方のミニ列車。こちらは岩木富士に因む岩木山に因む
		1968(昭43).10.1	〃	〃	
	いわて①	1960(昭35).6.1	一般形客車	上野〜盛岡	設定当時は盛岡以北が不定期だったが、1961.10に青森までの定期化が実現。列車名は岩手山に由来
		1965(昭40).10.1	〃	上野〜青森	
	いわて②	1965(昭40).10.1	455系電車	上野〜盛岡	1965.10の盛岡電化で待望の電車急行運転が実現。1968.10に夜行を含め4往復化され、この頃も最盛期といえた
		1982(昭57).11.15	〃	〃	
	石見	1966(昭41).3.5	55系気動車	鳥取〜石見益田	1961.3.1、準急で登場した山陰本線中・西部の都市間連絡列車。急行格上げ後も終始3〜4両の編成だった
		1985(昭60).3.14	58系気動車	米子(上り鳥取)〜益田	
う	羽越	1968(昭43).10.1	55系気動車	新潟〜秋田	列車名が示す通り、羽越線内の都市間連絡列車だが、1972.10に全区間が電化したが、最後まで気動車で運転
		1982(昭57).11.15	58系気動車	〃	
	うおの	1966(昭41).3.5	55系気動車	(十日町〜)越後川口〜新潟	1962.11.1、準急として登場。飯山線内は普通となり、新潟県魚沼地方と県都を魚野川に因む
		1982(昭57).11.15	58系気動車	〃	
	うしお	1966(昭41).3.5	55系気動車	名古屋〜紀伊田辺ほか	紀勢本線全通の1959.7.15、夜行準急として新設。「潮」に由来するネームは海岸沿いに走る列車にふさわしかった
		1968(昭43).10.1	58系気動車	〃	
	うちうみ	1967(昭42).10.1	58系気動車	新宿/両国〜安房鴨川(館山経由)	本数自慢の房総西線急行のうち、館山止めを「内房」と区別するため循環列車に命名。鴨川到着後は「そとうみ」となる
		1968(昭43).7.1	〃	〃	
	内房①(うち房)	1966(昭41).3.5	55・58系気動車	両国〜安房鴨川(館山経由)ほか	1962.10.1準急で設定された房総西線の代表列車。気動車時代が長かったが1969.7から165系に置換
		1972(昭47).7.15	165系電車	〃	
	内房②	1975(昭50).3.10	165系電車	新宿/両国〜館山	1972.7以来の循環電車急行廃止により、内房線急行は「内房」のネームに戻る。しかし、特急の前本数は3往復のみ
		1982(昭57).11.15	165・153系電車	〃	
	うみねこ①	1965(昭40).10.1	58系気動車	盛岡〜久慈	東北本線内の電車急行「みちのく」に併結されることで、上野〜久慈間の鉄道ルートを確保
		1966(昭41).10.1	〃	〃	
	うみねこ②	1970(昭45).10.1	58系気動車	盛岡〜久慈	上野〜久慈間急行「八甲田1・1号」の区間短縮で「うみねこ」が復活。しかし、時代ほどの勢いはなかった
		1972(昭47).3.15	〃	〃	
	浦戸	1961(昭36).10.1	58系気動車	高松〜高知	特急「うずしお」接続の四国急行。当時としては最短距離を走る急行だった。列車名は浦戸湾に因む
		1966(昭41).10.1	〃	〃	

	列車名	年月日	車両	区間	備考
う	うわじま	1966(昭41).3.5	55・58系気動車	高松〜宇和島	予讃線のロングラン急行。1968.10に総称列車名となり一挙に9往復体制になる。列車名はもちろん宇和島市から
		1990(平2).11.21	58系気動車	新居浜/松山〜宇和島	
	雲仙①	1949(昭24).9.15	一般形客車	東京〜長崎(大村線経由)	戦前の特急「富士」と同じ区間を同じダイヤで走る名急行。雲仙品に因む列車名で長崎行きと即座に浮かぶ
		1968(昭43).10.1	〃	東京〜長崎	
	雲仙②	1968(昭43).10.1	一般形客車	京都〜長崎	東京〜九州間急行削減で、2代目は関西始終着で活躍。旅客の多様なニーズに応えた「完全セット」編成は見事
		1980(昭55).10.1	14系座席客車	大阪〜長崎	
え	えさし	1968(昭43).10.1	20系気動車	函館〜江差	1960.10.1に江差線に登場した初の優等列車。設定距離の関係で準急時代が長かった。
		1980(昭55).10.1	〃	〃	
	越後①	1963(昭38).6.1	165系電車	上野〜新潟	戦後の1948年に設定された上野〜新潟間夜行準急を電車化する際に急行に格上。上越線を「越後」で走った期間は短かった
		1965(昭40).10.1	〃	〃	
	越後②	1968(昭43).10.1	58系気動車	大阪〜新潟	「きたぐに」の名が大阪〜青森急行に転用されたため、気動車急行は行き先の「越後」に変更。設定時間帯がよく好評だった。
		1978(昭53).10.2	57系気動車	〃	
	越前①	1962(昭37).6.10	58系気動車	大阪〜金沢	北陸トンネル開通とともに急行デビューした気動車急行。利用債との関係で上りは6両中2両が福井まで回送扱い
		1963(昭38).4.20	〃	〃	
	越前②	1964(昭39).10.1	471系電車	大阪〜金沢	敦賀〜金沢間準急に格下げ使用されていた越前のネームが復活。ダイヤも気動車時代を継承
		1965(昭40).10.1	〃	〃	
	越前③	1965(昭40).10.1	一般形客車	上野〜福井(信越本線経由)	紆余曲折があった「越前」も新設の信越本線経由夜行に転身。ようやく安住の地を得る
		1982(昭57).11.15	〃	〃	
	越山	1964(昭39).10.1	471系電車	大阪〜富山	電化により金沢止めの電車急行を富山延長。列車名は越州の連山に因むと見られる
		1965(昭40).10.1	〃	〃	
	えびの	1966(昭41).3.5	55・58系気動車	博多〜宮崎(肥薩・吉都線経由)	博多〜宮崎間を最短距離で結ぶ気動車列車。熊本〜都城間はスイッチバックを繰り返す
		2000(平12).3.11	58系気動車	熊本〜宮崎(〜宮崎)	
	えりも	1966(昭41).3.5	56・20系気動車	札幌〜様似	札幌から千歳・日高線経由で終点様似まで運転。列車名の襟裳岬へはさらにバスで2時間弱
		1986(昭61).11.1	55・58系気動車	札幌〜静内	
お	おいらせ	1956(昭31).11.19	一般形客車	上野〜青森(常磐線経由)	準急格上げにより登場した上野〜青森間第4夜行。夜行区間は仙台までで古い優等列車の流れを受け継ぐ
		1965(昭40).10.1	〃	〃	
	大隅	1966(昭41).3.5	55・58系気動車	志布志〜西鹿児島(西都城経由)	運転区間の大部分が鹿児島県内のローカル急行。大隅開業の1973.10から列車名通り大隅半島を駆け巡る
		1980(昭55).10.1	58系気動車	〃	
	男鹿 (おが)	1961(昭36).10.1	一般形客車	上野〜秋田	急行「津軽」の混雑緩和を担った秋田行き列車。1968.10からは昼行気動車も加わる
		1982(昭57).11.15	58系気動車	〃	
	おき①	1965(昭40).10.1	一般形気動車	大阪〜大社(福知山線経由)	大阪〜山陰間夜行「しまね」も、わずか1年で「おき」に改称。列車名は島根半島沖の隠岐諸島に由来
		1968(昭43).10.1	〃	〃	
	おき②	1968(昭43).10.1	58系気動車	京都〜出雲市(伯備線経由)	ヨン・サン・トオでの列車名トレードで伯備線経由急行に転身。大阪〜米子間を最速で結ぶ俊足が買われ特急に格上
		1971(昭46).4.26	〃	〃	
	おくいず	1968(昭43).10.1	153系電車	東京〜伊豆急下田・修善寺	湘南急行にあって全車座席指定列車の「伊豆」と区別するため、自由席連結列車は「おくいず」を名乗る
		1976(昭51).3.1	〃	〃	
	奥久慈	1966(昭41).3.5	58系気動車	上野〜磐城石川	上野と水郡線沿線を結ぶ。常磐線では終始「ときわ」と併結のため、キハ58系の投入が早かった
		1985(昭60).3.14	〃	上野〜常陸太田/常陸大子	
	奥只見	1972(昭47).10.2	58系気動車	会津若松〜小出	1971.8に全線開業した只見線内のみを走るローカル急行。全区間が豪雪地帯のため12〜3月は運休
		1988(昭63).3.13	〃	〃	
	奥利根	1966(昭41).3.5	165系電車	上野〜水上	上野から水上温泉郷を目指す温泉観光列車。終点が近づく頃には利根川も渓流になり、列車名にぴったり
		1968(昭43).10.1	〃	〃	
	奥能登	1663(昭38).4.20	58系気動車	大阪〜和倉(上り輪島)	大阪から能登半島へ直通。金沢以北は準急扱い。キハ55・20系が主体の七尾線ではキハ58系の容姿際立っていた
	おくみの	1966(昭41).3.5	55・58系気動車	名古屋〜北濃	越美南線待望の急行だが、美濃市以北の沿線人口が少なく、列車としては伸び悩んだ
		1980(昭55).10.1	〃	名古屋〜美濃太田〜(〜北濃)	
	オホーツク①	1961(昭36).10.1	56系気動車	函館〜網走	本州内の「北上」に接続。翌日中に網走に到着できることで大好評。わずか3年で特急「おおとり」に格上げ
		1964(昭39).10.1	〃	〃	
	オホーツク②	1964(昭39).10.1	56系気動車	札幌〜網走	札幌〜網走間のビジネス急行。函館本線内は「紋別」や「はまなす」との併結で運転
		1968(昭43).10.1	〃	〃	
	オホーツク③	1968(昭43).10.1	20系気動車	旭川〜名寄(遠軽・紋別経由)	旭川循環急行の名残で、宗谷本線なら近距離の名寄まで遠軽経由でだった。その名寄本線も今はない
		1972(昭47).10.2	〃	旭川〜遠軽(〜興部)	
	音戸	1961(昭36).10.1	一般形客車	大阪〜広島(呉線経由)	比較的短距離を行く寝台急行。下関延長と新幹線接続で力を付ける。1968.10からは寝台・座席併設列車との2往復を
		1975(昭50).3.10	〃	京都/新大阪/小倉〜広島/下関(呉線経由)	
か	かいけ	1966(昭41).3.5	55・58系気動車	大阪〜米子(姫新・因美線経由)	大阪から美作三湯や鳥取県内の温泉行きに便利な一泊型の観光急行。
		1968(昭43).10.1	58系気動車	〃	
	甲斐駒	1966(昭41).3.5	57系気動車	甲府〜長野(小海線経由)	山梨・長野両県都を小海線経由で結ぶ2両の気動車急行。列車名は「甲斐駒ケ岳」から
		1968(昭43).10.1	〃	〃	
	かいじ①	1966(昭41).12.12	165系電車	新宿〜松本	「アルプス」グループの列車名だが、甲府から都内へのビジネスに育てるため「かいじ」を登用
		1968(昭43).10.1	〃	〃	
	かいじ②	1968(昭43).10.1	165系電車	新宿〜甲府	準急時代の新宿〜甲府間急行で「かいじ」を再編。季節波動が大きい時は115系も加わる
		1986(昭61).11.1	〃	〃	
	海星	1965(昭40).10.1	一般形客車	新大阪〜博多	新幹線連絡の九州行き寝台急行。運転区間から誕生は遅すぎるくらいだった。2年後に電車寝台特急「月光」に格上げ
		1967(昭42).10.1	〃	〃	
	かいもん	1966(昭41).3.5	55・58系気動車	博多〜西鹿児島/山川	鹿児島本線の代表的急行。在位が長く気動車から電車、客車と車種も豊富。列車名は「薩摩半島の開聞岳」から
		1993(平5).3.18	12系・25形客車	門司港/小倉〜西鹿児島	
	加越	1963(昭38).4.20	58系気動車	名古屋〜金沢(高山線経由)	高山本線初の急行。キハ58の編成と俊足で「急行」の存在をアピールする。
		1968(昭43).10.1	〃	〃	
	加賀	1963(昭38).4.20	471系電車	大阪〜金沢	準急時代で身を起こした「加賀」も電車化と同時に急行に格上。自由席主体の庶民派列車として好評
		1968(昭43).10.1	〃	〃	
	鹿島	1975(昭50).3.10	165・153系電車	両国〜鹿島神宮	特急「あやめ」の補佐を担う鹿島線電車列車。実質1往復だけ。急行に使命を残すための列車
		1982(昭57).11.15	〃	〃	
	かすが	1966(昭41).3.5	55・58系気動車	名古屋〜湊町/奈良	関西本線全線走破の気動車急行。キハ17系を使用していた1950年代半ばの"無名準急"時代が全盛。
		2006(平18).3.18	75系動車	名古屋〜奈良	

	列車名	年月日	車両	区間	備考
か	月山	1966(昭41).3.5	58系気動車	仙台〜酒田・鶴岡	仙台始終着だが、実際には山形県都と庄内地区間のビジネス・用務客輸送が使命。列車名は出羽三山の月山から
		1992(平4).7.1	〃	山形〜酒田など	
	上高地①	1961(昭36).10.1	58系気動車	新宿〜松本	1961.10改正で6往復になった中央東線の昼間の2往復に命名。「アルプス」「白馬」とトリオで活躍
		1965(昭40).10.1	キハ58/165系	〃	
	上高地②	1966(昭41).3.5	一般形客車	新宿〜松本(〜長野)	2代「上高地」は中央線客車夜行に転用。珍車オロハネ10も連結。初代との間の約半年間のブランクは準急格下げが理由
		1968(昭43).10.1	〃	〃	
	かむい	1966(昭41).3.5	20・56系気動車	札幌〜旭川ほか	札幌〜旭川間の都市間連絡急行。数自慢の711系電車投入により高速運転を実現
		1988(昭63).3.13	56・40系気動車	札幌〜旭川(〜新得)	
	かもしか	1986(昭61).11.1	169系電車	(天竜峡・富士見)松本〜長野	国鉄末期に169系リニューアル車を投入し、「天竜」グループをグレードアップ。「新急行」として注目された
		1988(昭63).3.13	〃	〃	
	からくに	1966(昭41).3.5	20系気動車	出水〜宮崎(山野線経由)	九州南部の山野線を単行で駆け抜けたローカル急行。ループ線もキハ52も今はない
		1972(昭47).3.15	58系気動車	(出水)〜宮崎	
	からくわ	1972(昭47).3.15	58系気動車	一ノ関〜盛	仙台〜盛間急行「むろね」3往復中1往復の区間短縮で発生した大船渡線内急行。唐桑半島がネームのふるさと
		1982(昭57).11.15	〃	〃	
	からつ	1966(昭41).3.25	58系気動車	博多〜佐世保(伊万里・有田経由)	博多〜佐世保「九十九島」併結の佐世保行が有田に出て、"順路"で佐世保に向かう。需要に一致していない経路だった
		1967(昭42).10.1	〃	〃	
	狩勝	1961(昭36).4.15	56系気動車	札幌〜釧路	北海道用キハ56系を最初に使用。1968.10の愛称統合では「まりも」を仲間に、最後は2連運転と、波瀾に満ちた人生だった
		1990(平2).9.1	40系気動車	〃	
	軽井沢	1966(昭41).3.5	165系電車	上野〜中軽井沢	避暑地・軽井沢を目指す観光列車。信越本線優等列車の増発で1968.10からは季節列車として運転
		1985(昭60).3.14	〃	〃	
	かわぐち	1962(昭37).4.14	富士急58系気動車	新宿〜河口湖	新宿〜河口湖間に急行として乗り入れるため、富士急にキハ58を新造した。中央東線電化でキハ165系もりの車両は多彩
		1986(昭61).11.1	165系電車	〃	
	関門	1964(昭39).10.1	153系電車	大阪〜下関	東海道からおさがりの153系で山陽本線直流区間をロングラン。サロ・サハシを2両ずつ連結
		1968(昭43).10.1	〃	新大阪〜下関	
き	紀伊	1968(昭43).10.1	一般形客車	東京〜紀伊勝浦・王寺・鳥羽	東京から南紀圏へ行く「那智」「大和」「伊勢」の3列車を統合して誕生。多層建ても1972.3からは勝浦へ一本化
		1975(昭50).3.10	〃	東京〜紀伊勝浦	
	きじま	1966(昭41).3.5	55・58系気動車	大分〜博多(上り)小倉経由	現在の「ソニック」のルートを走る博多行きのみのビジネス急行。国府町近郊の城島高原からの命名
		1968(昭43).10.1	〃	〃	
	紀州	1961(昭36).3.1	55・58系気動車	名古屋〜天王寺(新宮経由)	紀勢本線全線走破の気動車急行として誕生。1968.10改正で名古屋〜南紀間急行の総称列車名に
		1985(昭60).3.14	58系気動車	名古屋〜紀伊勝浦	
	きそ	1966(昭41).3.5	一般形客車	名古屋〜長野	元々は中央線最古の夜行準急。ヨン・サン・トオで同線の愛称化し、気動車さらに電車も一族に
		1985(昭60).3.14	12系客/165系	名古屋〜長野(〜直江津)	
	木曽駒	1966(昭41).3.5	58系気動車	多治見〜長野(下りのみ)	長野県木曽地方から県都へのビジネス急行。一時上りも設定されたが、「しなの」に統合される片道運転に
		1968(昭43).10.1	〃	〃	
	北アルプス	1970(昭45).7.15	名鉄キハ8000系	神宮前〜飛騨古川	急行「たかやま」の富山地鉄立山季節乗入れに伴い「北アルプス」に改称。社線〜国鉄〜社線を結んだ
		1976(昭51).10.1	〃	〃	
	きたかみ①(北上)	1952(昭27).9.1	一般形客車	上野〜青森(常磐線経由)	左記当時の北海道連絡第3急行。1961.10に寝台列車化されるもダイヤの良さが狙われ、早期に格上げ
		1964(昭39).10.1	〃	〃	
	きたかみ②	1965(昭40).10.1	455系電車	上野〜盛岡	東北本線盛岡電化で夜行電車急行に転身。列車名も平仮名で心機一転
		1968(昭43).10.1	〃	〃	
	きたかみ③	1966(昭41).3.5	58系気動車	仙台〜青森(北上線経由)	3代目は列車名のみ北上線急行に転身。最盛期には3往復となるが、秋田へのメインルートが田沢湖線とされたため敢え無く撤退
		1982(昭57).11.15	〃	仙台〜秋田/青森	
	きたぐに①	1961(昭36).10.1	58系気動車	金沢〜新潟	中部日本海側の諸都市を結ぶローカル気動車急行。1963.4の大阪乗入れで特急に
		1968(昭43).10.1	〃	大阪〜新潟	
	きたぐに②	1968(昭43).10.1	一般形客車	大阪〜青森	特急に転身した「日本海」の後を引き継ぎ、日本縦貫のロングラン急行として活躍。1982.11改正で新潟止めになる
		2012(平24).3.17	583系電車	大阪〜新潟	
	紀ノ川	1980(昭55).10.1	〃	京都〜和歌山(和歌山線経由)	京都〜白浜間急行の区間短縮列車として登場。起終点間の経路の関係で力が発揮できなかった
		1984(昭59).10.1	〃	〃	
	きのくに	1966(昭41).3.5	55・58系気動車	白浜・椿〜天王寺・難波	紀勢本線西部の座席指定気動車急行だったが、1968.10の総称列車名化で人気は特急「くろしお」に
		1985(昭60).3.14	〃	白浜/新宮〜天王寺・難波	
	きのさき	1966(昭41).3.5	55・58系気動車	京都〜城崎	運転経路からは「丹後」の一員だが、本線を城崎まで直行時間帯が温泉観光向けのため「きのさき」を名のる
		1968(昭43).10.1	〃	〃	
	吉備	1966(昭41).3.5	58系気動車	岡山〜広島(呉線経由)	「にしき」の姉妹列車でこちらは岡山〜広島間で運転。165系電車化されても編成は4両のままだった
		1972(昭47).3.15	165系電車	〃	
	きりしま(霧島)	1947(昭22).4.24	一般形客車	東京〜門司	東京〜九州間の代表的急行。鹿児島延長は1948.7。東海道と九州内が昼行で全区間をロングラン
		1970(昭45).10.1	〃	東京〜西鹿児島	
	銀河	1947(昭22).6.21	一般形客車	東京〜大阪	数ある東海道夜行急行の中で歴史と伝統を誇る総帥格の列車。最後までに東海道にいたため特急に昇格できず
		2008(平20).3.15	25形客車	〃	
	銀河ドリーム号	1991(平3).3.16	110系気動車	花巻〜釜石(下りのみ)	釜石祭り「陸中」併結のみキハ110系使用で使用した期間限定の片道急行。時間帯から満点の星を眺めれた
		1992(平4).3.14	〃	〃	
	錦江	1966(昭41).3.5	55・58系気動車	宮崎〜山川	南九州の観光ルートを結ぶ。1970年前後は新婚旅行客で賑わった。名は鹿児島湾の錦江湾から
		1980(昭55).10.1	475系電車ほか	宮崎〜西鹿児島	
	金星①	1961(昭36).3.1	153系電車	東京〜大阪	「なにわ」電車の間合い運用として登場。電車の輸送力を生かした。1961.10の客車化後は不遇に
		1965(昭40).10.1	一般形客車	〃	
	金星②	1965(昭40).10.1	〃	大阪〜富山	北陸本線電車急行増発のための夜行客車寝台急行は「金星」に改称。穀倉地帯の稲の実りが星空に映える
		1968(昭43).10.1	〃	〃	
	ぎんなん①	1966(昭41).3.5	475系電車	博多〜熊本	関西〜九州間電車急行の間合いを利用して準急で誕生。急行格上げ後もサロ・サハシ2両込みの編成だった
		1973(昭48).10.1	〃	〃	
	ぎんなん②	1975(昭50).3.10	〃	博多〜熊本	新幹線博多開業で運用された"エル特急一極化"の中で消えなく廃止。列車名は熊本城の別名銀杏城から
		1980(昭55).10.1	〃	〃	
く	くさせんり	1964(昭39).10.1	58系気動車	博多〜熊本(別府経由)	新幹線に飛び立った九州のエース急行「ひかり」の豊肥本線部分を継承。列車名は阿蘇山中の草千里から
		1965(昭40).10.1	〃	〃	
	草津	1966(昭41).3.5	58系気動車	上野〜長野原	上野と草津温泉最寄の長野原を結ぶ観光急行。1967.7からは165系電車で運転
		1985(昭60).3.14	165系電車	上野〜万座・鹿沢口	

	列車名	年月日	車両	区間	備考
く	草津いでゆ	1966(昭41).3.5 1967(昭42).7.1	58系気動車 〃	上野～長野原 〃	長野原線急行の全車指定列車に「いでゆ」を付けて「草津」と区別。準急時代には蒸機+153系電車で運転
	久慈川	1966(昭41).3.5 1968(昭43).10.1	〃 〃	上野～福島(水郡線経由) 〃	上野から水郡線への直通列車は2列車あり沿線の久慈川に因む名を拝受。これで列車名統合も納得
	九重	1965(昭40).10.1 1967(昭42).10.1	58系気動車 〃	三角～長崎・佐世保(別府経由) 〃	九州北半分を大回り。豊肥本線はかつての「ひかり」のスジを継承。観光列車も旅客が伸びず苦渋する
	九十九島	1966(昭41).3.5 1968(昭43).10.1	55・58系気動車 〃	博多～長崎(筑肥・松浦線経由) 〃	西九州の海岸線をたどるローカル急行。短い編成に比べ「くじゅうくしま」と読む列車名は長い
	くずりゅう	1964(昭41).12.1 1985(昭60).3.14	475系電車 〃	米原～金沢 〃	東海道新幹線から北陸へのアクセスを担う電車急行。列車名は九頭竜川に因む
	くなしり	1966(昭41).3.5	20系気動車	(根室標津～)中標津～釧路	2往復設定の標津線優等列車を急行と準急に分けるため、急行には北方領土island返還後以北国定公園を採用
	くにさき①	1959(昭34).9.22 1960(昭35).6.1	一般形客車 〃	京都～大分 〃	熊本行「天草」との併結で登場した日豊本線急行。利用客の要望で宮崎に延長されたため、「くにさき」は短命だった
	くにさき②	1975(昭50).3.10 1980(昭55).10.1	14系座席客車 〃	大阪～大分 新大阪～大分	新幹線博多開業で国東半島急行が復活。14系車ながらも全車指定で不評。列車生命を縮めた
	くびき	1966(昭41).3.5 1968(昭43).10.1	55系気動車 〃	田口～新潟 〃	信越本線の新潟県内急行。列車名は新潟県南部の地方名だが、この区間の列車は後に廃止と復活を繰り返す
	くまがわ	1966(昭41).3.5 2004(平16).3.13	55・58系気動車 58系気動車	門司港～人吉 熊本～人吉	熊本県南部と北九州を結ぶビジネス列車として好評。晩年は小振りとなり球磨川が車窓の友
	くまの	1966(昭41).3.5 1980(昭55).10.1	55・58系気動車 58系気動車	紀伊勝浦～京都 〃	近畿の代表的観光地を結ぶ気動車急行。急行格上げ当時は新婚客の利用が多く、1号車はアツアツ
	くりこま	1966(昭41).3.5 1982(昭57).11.15	55・58系気動車 455系電車	仙台～盛岡 仙台～盛岡/青森	東北本線北部の都市間連絡急行。1972.3の電車化後、北海道連絡の俊足急行として開花
	黒潮	1961(昭36).10.1 1965(昭40).10.1	特急形気動車 〃	高松～須崎(～窪川)	特急「富士」接続の土讃線急行で、南紀の不定期準急と区別のため漢字を採用。格はこちらが上だった
	黒部	1961(昭36).10.1 1968(昭43).10.1	一般形客車 〃	上野～金沢(信越本線経由) 〃	首都圏～北陸間夜行輸送力増強を担って登場。上越線の「北陸」と張り合った
	月光	1953(昭28).11.11 1965(昭40).10.1	一般形客車 〃	東京～大阪 〃	稲沢電化時に登場した東海道夜行急行。いわば「御三家」の救済列車。全盛期は1等寝台だけで5両を連結
	げんかい	1951(昭26).4.1 1956(昭31).11.19	一般形客車 〃	大阪～博多 東京～博多	戦後初めて登場した大阪始発の九州行急行。当時同区間は準急の持ち場だったため、早々に東京始発になる
	玄海①	1956(昭31).11.19 1957(昭32).10.1	一般形客車 〃	京都～長崎(大村線経由) 〃	戦後京都～博多間夜行として親しまれた準急は長崎延長で急行に格上げ。列車名は玄海国定公園に因む
	玄海②	1958(昭33).10.1 1968(昭43).10.1	一般形客車 〃	京都～博多 京都～長崎	初代「桜島」が特急「はやぶさ」に行き先を譲り博多行きに短縮。列車名「玄海」に戻る
	玄海③	1968(昭43).10.1 1975(昭50).3.10	475系電車 〃	名古屋～博多 岡山～博多/熊本	ヨン・サン・トオで「玄海」は電車急行に進出。特急の補佐役として新幹線博多開業まで活躍
	兼六	1966(昭41).10.1 1975(昭50).3.10	475系電車 〃	名古屋～金沢 〃	特急「しらさぎ」の補完列車ともいうべき電車急行。左記の急行が特急より後という珍しい例だった
こ	こがね	1966(昭41).3.5 1972(昭47).3.15	55・58系気動車 58系気動車	名古屋～米原～富山～名古屋(循環) 〃	名古屋を起終点とする中部循環急行。外回りでネームは先に走る北陸の穀倉地帯に因む
	越路①	1949(昭24).9.15 1965(昭40).10.1	一般形客車 165系電車	上野～新潟 〃	上越線急行で初のネームドトレイン。客車時代は吹雪のため途中で立ち往生。6日ぶりに上野に着く
	越路②	1965(昭40).10.1 1968(昭43).10.1	165系電車 〃	上野～新潟 〃	上越線電車急行の列車名統合で夜行に転出。伝統ある列車名も寝台列車の補佐は不本意だった
	ごてんば	1968(昭43).4.27 1985(昭60).3.14	165系電車 〃	東京～御殿場 〃	御殿場線電化と同時に登場した東京直通の電車急行。一部は全車座席指定となるなど観光開発の旗手として期待された
	こまがね	1968(昭43).10.1 1986(昭61).11.1	165系/キハ58 165系電車	新宿～飯田ほか 新宿～飯田・天竜峡	東京都内と伊那谷を結ぶ電車急行。直通運転は重宝されたが、高速バス登場後は太刀打ちができず撤退
	こまくさ	1970(昭45).10.1 1982(昭57).11.15	58系気動車 〃	山形～秋田 山形～青森	奥羽本線中部の都市間連絡急行。1973.10には青森まで延長。列車名はケシ科の高山植物コマクサから
	五葉	1966(昭41).3.5 1982(昭57).11.15	58系気動車 〃	盛岡～花巻～釜石～盛岡(循環) 〃	東北本線から釜石・山田線を内回りで循環する気動車急行。でも県面積の7分の1に過ぎないのだから岩手県は広い
さ	西海①	1946(昭21).3.13 1968(昭43).10.1	一般形客車 〃	東京～博多 東京～佐世保	「雲仙」と姉妹列車的存在だが、こちらは敗戦後の「駐留軍専用列車」が前身。一般の急行になるのは1956.11のこと
	西海②	1968(昭43).10.1 1980(昭55).10.1	一般形客車 14系座席客車	大阪～佐世保 〃	東京始発を追われた「西海」は関西始発の佐世保保行に転身。晩年は普通車だけの5両だった。
	蔵王 (ざおう)	1960(昭35).6.1 1985(昭60).3.14	一般形客車 455系電車	上野～山形 〃	仙台行「松島」に併結の気動車列車で運転開始。以後気動車、電車とも増発されるが、特急格上げなどで本数は伸びず
	さかり	1966(昭41).3.5 1982(昭57).11.15	58系気動車 〃	盛岡～盛 〃	岩手県内の左記区間を宮城側の気仙沼に立ち寄って結ぶ。起終点が良く似ているのでサハは「盛岡～さかり」と表記
	砂丘	1966(昭41).3.5 1997(平9).11.29	58系気動車 〃	鳥取～宇野(津山経由) 鳥取～岡山	鳥取・岡山両県都を結ぶ陰陽連絡列車。新幹線とも連絡し、JR化後も本数を増やす
	桜島①	1957(昭32).10.1 1958(昭33).10.1	一般形客車 〃	京都～鹿児島 〃	京都～長崎「玄海」が特急「さちかぜ」に追われ鹿児島行きに変更。「桜島」に改称も「はやぶさ」進出で1年の命
	桜島②	1970(昭45).10.1 1975(昭50).3.10	一般形客車 〃	東京～西鹿児島 〃	左記区間の「霧島」の列車名が寝台電車特急に召し上げられたため、「桜島」に改称。東京～九州間急行のアンカーとなる
	佐多①	1966(昭41).3.5 1972(昭47).3.15	58系気動車 〃	宮崎～鹿屋 〃	日南海岸沿いに走るローカル急行。1966.3.25～1968.9.30は「にちりん」の付属編成で博多乗入れをしていた
	佐多②	1975(昭50).3.10 1980(昭55).10.1	58系気動車 〃	宮崎～鹿屋 〃	「しいば」の別府～鹿屋間編成は親列車の電車特急化で分散運転となり、「佐多」と改称。列車名は佐多岬から
	さちかぜ	1971(昭46).7.1 1975(昭50).7.18	711系電車 〃	(小樽～)札幌～旭川 〃	「かもい」グループの看板列車として設定された俊足ノンストップ急行。列車名は九州特急に使用実績がある

	列車名	運転開始日	使用車両	運転区間	備考
さ	さつま	1956(昭31).11.19	一般形客車	東京〜鹿児島	列車名だけで鹿児島行きと分かる存在。始発駅は東京→門司港→名古屋、と縮んでまた伸びる
		1965(昭40).10.1	〃	名古屋〜鹿児島	
	佐渡	1956(昭31).11.19	一般形客車	上野〜新潟	「越路」に次ぐ上越線第2弾。行き先が分りやすい列車名は沿線で好評、1968.10から総称ネームに
		1985(昭60).3.14	165系電車	〃	
	さぬき	1964(昭39).10.1	一般形客車	東京〜宇野	東京〜宇野間夜行急行「瀬戸」の増発に登場した寝台列車。地元の要望により香川の旧国名を名乗る
		1968(昭43).10.1	〃	〃	
	サロベツ	1992(平4).7.1	400系気動車	札幌〜稚内	宗谷本線急行「宗谷」の一員だったが、観光地としてのサロベツ原野をアピールする地元の要望もあり改称
		2000(平12).3.11	〃	〃	
	三瓶	1961(昭36).10.1	一般形客車	大阪〜浜田・大社	「出雲」が京都から山陰本線経由になったもの、福知山線経由の旧ダイヤを継承。1965.10に気動車化
		1968(昭43).10.1	58系気動車	大阪〜益田・(大社)	
	さんべ	1968(昭43).10.1	58系気動車ほか	米子〜熊本ほか	山陰西部急行「やえがき」「なかうみ」「しまね」の3列車を統合。平仮名の「さんべ」となるが個性列車揃い
		1997(平9).3.22	58系気動車	(鳥取)〜米子〜下関〜(小倉)	
	山陽①	1960(昭35).6.1	55系気動車	岡山〜博多	未電化時代の山陽本線を代表する気動車急行。全区間での時間帯がよく利用度が高かった
		1965(昭40).10.1	58系気動車	〃	
	山陽②	1965(昭40).10.1	475系電車	広島〜博多	山陽本線の代表格ネームも急行なる。しかし、スジは広島〜小倉間気動車急行「長門」の格上げだった
		1968(昭43).10.1	〃	〃	
	山陽③	1968(昭43).10.1	165系電車	岡山〜広島/下関	1968.10の列車名統合で「山陽」は本線内電車急行の総称ネームに。新幹線接続を担った1972.3頃が最盛
		1975(昭50).3.10	153系電車	〃	
	さんりく	1966(昭41).3.5	58系気動車	仙台〜弘前(宮古・大館経由)	経路を地図帳で追うと「大鍋弦」。大船渡線などだけではない
		1966(昭41).10.1	〃	〃	
	三陸	1966(昭41).10.1	58系気動車	上野〜青森・盛・久慈	上野発東北行き多層建て急行第2弾。メインは青森行きだが、大船渡・八戸にも直通できて年配利用者から大人気
		1968(昭43).10.1	〃	〃	
	さんりく②	1970(昭45).10.1	58系気動車	仙台〜宮古(釜石線経由)	上野発の多層建て急行「みちのく」の区間短縮により発生した2代目「さんりく」。とかく「さんりく(三陸)」は歴史も複雑
		1972(昭47).3.15	〃	〃	
し	しいば①	1966(昭41).3.5	55・58系気動車	宮崎〜別府(上りだけ)	観光ルートの宮崎へ向かう準急上りの片道急行。列車名はひえつき節で知られる宮崎県椎葉村から
		1968(昭43).10.1	〃	〃	
	しいば②	1972(昭47).3.15	58系気動車	別府〜西鹿児島・鹿屋	せっかく九州に定着しかけた「南風」の列車名が四国特急に栄転したため、再び「しいば」が登場
		1978(昭53).10.2	〃	別府〜西鹿児島	
	志賀①	1961(昭36).5.1	57系気動車	上野〜長野	アプト区間を克服した上野〜長野間気動車急行。キハ57系は初のお目見えだったので"綺麗な列車"で大人気
		1968(昭43).10.1	165系電車	上野〜長野・湯田中	
	志賀②	1969(昭44).10.1	169系電車	上野〜湯田中	気動車時代に長野電鉄乗入れの縁で、「信州」への統合後も、湯田中編成に限り「志賀」のネームが復活
		1982(昭57).11.15	〃	〃	
	四国	1961(昭36).4.15	55系気動車	高松〜宇和島	「四国鉄道近代化」の成果として誕生した四国初の急行。列車名が大きすぎるのか、意外と短期に終わった
		1965(昭40).10.1	58系気動車	〃	
	しなの	1959(昭34).12.13	55系気動車	名古屋〜長野	中央西線の代表列車。キハ58系の製造を待ちきれずキハ55系のまま急行運転を開始
		1968(昭43).10.1	58系気動車	〃	
	しのぶ	1966(昭41).3.5	一般形客車	上野〜福島(〜仙台)	東北本線南部の夜行客車急行。列車名は福島市内の信夫山に因む
		1968(昭43).10.1	〃	〃	
	志摩	1966(昭41).3.5	55・58系気動車	鳥羽〜京都	左記区間を最短経路の草津線経由で結ぶ。観光客で賑わうも近鉄特急が直通運転開始後は不振
		1986(昭61).11.1	58系気動車	〃	
	しまね①	1964(昭39).10.1	58系気動車	大阪〜出雲市(〜大社)	オロネ10連結で有名だった山陰夜行普通列車の急行格上げで誕生。県名を愛称にした列車は稀少
		1965(昭40).10.1	〃	〃	
	しまね②	1965(昭40).10.1	一般形客車	米子〜博多	山陰西部の夜行急行。改正前の長距離普通列車を格上げした点では初代と同じ
		1968(昭43).10.1	〃	〃	
	しもきた	1966(昭41).3.5	58系気動車	盛岡〜弘前(〜碇ヶ関)	左記区間を結ぶ都市間連絡急行。かつて類似区間に同名の準急が運転されていたが、急行としての復活まで経緯は複雑
		1982(昭57).11.15	〃	〃	
	しもつけ	1966(昭41).3.5	165系電車	上野〜黒磯	左記区間の座席指定列車「なすの」で、自由席は「しもつけ」と役目を分担。列車名は旧国の下野から
		1968(昭43).10.1	〃	〃	
	しらぎり	1966(昭41).3.5	55・58系気動車	米子〜広島(伯備線経由)	「ちどり」と同じ起終点間を伯備線経由で結ぶ。列車名は主要河川が合流する三次市に見られる霧から
		1968(昭43).10.1	〃	〃	
	しらぬい	1967(昭42).10.1	475系電車	岡山〜熊本	同区間の急行「有明」のネームが特急に転用されたため、万年不定期だった「しらぬい」を登用。不知火海に因む
		1972(昭47).3.15	〃	〃	
	しらはま	1966(昭41).3.5	55・58系気動車	白浜〜天王寺	左記区間の座席指定急行「きのくに」に対し、こちらは自由席列車。繁忙期の夏場は通路まで満員
		1968(昭43).10.1	〃	〃	
	しらはま②	1968(昭43).10.1	55・58系気動車	京都・名古屋〜白浜ほか	奈良・和歌山線経由で結ぶ白浜行き。同ネームには新宮〜名古屋を和歌山・関西線で大回りする列車もあった
		1980(昭55).10.1	58系気動車	京都〜白浜ほか	
	しらゆき	1963(昭38).4.20	58系気動車	金沢〜秋田	日本海縦貫のロングラン気動車急行。冬場は全区間が列車名通り「銀世界」になるも。周遊券の利用も多かった
		1982(昭57).11.15	〃	金沢〜青森	
	しれとこ	1966(昭41).3.5	20・56系気動車	網走〜釧路	釧網線の代表列車。"カニ族"と呼ばれた団塊の世代が道内各地を旅行した頃は増結で8両も走った
		1986(昭61).11.1	56・40形気動車	網走〜(根室標津)〜釧路	
	しろがね	1966(昭41).3.5	55系気動車	名古屋〜富山〜米原〜名古屋(循環)	中部循環列車「こがね」の夫婦列車で、こちらは北アルプスの銀嶺から「しろがね」を名乗る。国鉄命名秀作のひとつ
		1972(昭47).3.15	58系気動車	〃	
	しろやま	1963(昭38).10.1	一般形客車	大阪〜西鹿児島	北九州を無視し、関西・山陽線と南九州の連絡を強化した夜行列車。列車名は鹿児島市内の城山から
		1972(昭47).3.15	〃	〃	
	信越いでゆ	1965(昭40).10.1	165系電車	上野〜長野	信越本線急行群の総称格を狙い全車座席指定とするも、温泉観光客向きではなく集客に悩んだ
		1966(昭41).10.1	〃	〃	
	しんじ	1966(昭41).3.5	55・58系気動車	宇野〜小郡(伯備/山口線経由)	伯備線経由の陰陽連絡急行。利用客は松江周辺で入れ替わった。列車名は宍道湖に因む
		1975(昭50).3.10	〃	岡山〜小郡/浜田(伯備線経由)	
	信州①	1961(昭36).10.1	58系気動車	名古屋〜長野	中央西線の急行増発で登場。木曽路を「しなの」「信州」の旧国名列車が長野県を目指した
		1963(昭38).〃	〃	〃	
	信州②	1963(昭38).10.1	165系電車	上野〜長野	信越本線アプト廃止と長野電化で、「信州」は信越本線急行のコンパーに。1968.10の169系化時は全盛
		1985(昭60).3.14	169系電車	〃	
	新星	1964(昭39).10.1	一般形客車	上野〜仙台	特急「ひばり」の力が及ばない夜の部を担当。上りの仙台駅では発車約2時間前の21:30から寝台使用が許された
		1982(昭57).11.15	20系客車	〃	

183

	列車名	年月日	車両	区間	備考
す	水郷	1966(昭41).3.5 1982(昭57).11.15	55・58系気動車 165・153系電車	両国～銚子(成田線経由)	準急上がりの急行で都内からの旅客はせいぜい佐原か小見川まで。気動車時代の活躍が目立った
	彗星	1949(昭24).9.15 1964(昭39).10.1	一般形客車	東京～大阪	"東海道夜行御三家"の名門夜行列車。1957.10に国鉄では初の寝台列車となる
	周防	1966(昭41).3.5 1968(昭43).10.1	165系電車	広島～小郡	山陽本線西部の広島向けビジネス列車。夜行列車の隙間を狙ったダイヤ設定は絶妙だった
	スカイライン	1966(昭41).3.5 1968(昭43).10.1	58系気動車	水戸～福島(水郡線経由)	ダイヤからは水郡線北部から福島県へのビジネス列車。列車名は磐梯吾妻スカイラインに因む
	すずらん	1956(昭31).11.19 1985(昭60).3.14	一般形客車 56系気動車	函館～札幌(室蘭・千歳線経由)	左記区間の特殊列車を一般可車化するに際し「すずらん」を命名。その後道内初の気動車急行となり、室蘭・千歳線の発展に貢献
	すばる	1963(昭38).10.1 1964(昭39).10.1	一般形客車	東京～大阪	東海道本線寝台急行の増強を担って登場するも新幹線開業で1年の活躍に終わる。列車名は牡牛座の昴(すばる)から
	するが	1966(昭41).3.5 1966(昭41).3.25	153系電車	(修善寺～)三島～大垣	おもに沼津～名古屋間で急行空白の時間帯を埋め、ビジネス客から好評。準急時代は大鉄局の車両が使用された
	すわ	1966(昭41).3.5 1975(昭50).3.10	57系気動車	長野～小淵沢～小諸～長野	長野を起終点に先に中央東線に走る内回り循環急行。信州ワイド周遊券を使用して一周する味の旅行もよかった
せ	石北	1966(昭41).3.5 1968(昭43).10.1	一般形客車	(函館～)札幌～北見(～網走)	函館～網走間のロングラン列車。途中夜行運転となる区間が急行。こうした設定は北海道ではノーマルだった
	せたな	1966(昭41).3.5 1984(昭59).2.1	20系気動車 20・40系気動車	函館～長万部～瀬棚 函館～長万部(～瀬棚)	瀬棚線沿線や渡島地方から函館へのビジネス列車。末期は長万部に到達したあと、普通になって瀬棚へ戻るダイヤだった
	せっつ	1960(昭35).6.1 1964(昭39).10.1	153系電車	東京～大阪	左記区間初の定期電車急行。この列車により東海道本線本格的な電車列車時代に突入
	せと【四国】	1965(昭40).10.1 1968(昭43).10.1	58系気動車	高松～宇和島	四国初の優等列車も設定15年目にして急行に格上げ。その後「四国」を統合し予讃線の代表列車に
	せと(瀬戸)【本州】	1950(昭25).10.1 1972(昭47).3.15	一般形客車	東京～宇野	左記区間としては初の優等列車、ということは国鉄が四国連絡に力を注ぎ始めたのは戦後になってからということ。
	仙山	1968(昭43).10.1 1982(昭57).11.15	455系/キハ58系 455系電車	仙台～山形	東北でいち早く電化された仙山線に電車急行が入るのは「仙山」の急行格上げ時から。1978.11に3往復化他、愛称名消滅
	千秋	1966(昭41).3.5 1982(昭57).11.15	58系気動車	仙台～秋田(陸羽東線経由) 仙台～秋田/青森	仙台～秋田間の数あるルート中、陸羽東線を選択。列車名は秋田市内の千秋公園に因み「せんしゅう」と読む
そ	そうま	1966(昭41).3.5 1978(昭53).10.2	55・58系気動車 58系気動車	水戸～仙台 上野/水戸～仙台	常磐線北部の都市間連絡急行。全線電化完成されるも、盛岡延長で列車名が変更されるなど、恵まれた人生ではなかった
	宗谷	1961(昭36).10.1 2000(平12).3.11	56系気動車 400系気動車	函館～稚内(室蘭・千歳線経由) 札幌～稚内	「オホーツク」「摩周」との併結で、かつての栄光を求めつつ函館～稚内間のロングラン。北海道内の急行では長め
	そてつ	1968(昭43).10.1 1975(昭50).3.10	55・58系気動車	熊本～西鹿児島	「なぎさ」の改称により登場した南九州の都市間連絡急行。鹿児島本線全線電化で475系が加わった時期もある
	そとうみ	1967(昭42).10.1 1968(昭43).7.1	一般形客車	新宿/両国～安房鴨川(勝浦経由)	房総急行線のうち、安房鴨川止めの「内房」と区別するため優等列車名に命名するも、活躍期間は短かった
	外房①(うち房)	1966(昭41).3.5 1972(昭47).7.15	55・58系気動車 165系電車	新宿/両国～安房鴨川(勝浦経由)	「がいぼう」と読まれた準急時代からの房総東線の代表的列車。「そと房」と表記された時代はずっと気動車で運転された
	外房②	1975(昭50).3.10 1982(昭57).11.15	165系電車 165・153系電車		外房急行廃止に伴い、外房線経由「外房」のネームに戻り電車が入る。しかし、本数が少なく印象は薄い
	そとやま	1966(昭41).3.5 1982(昭57).11.15	58系気動車	盛岡～宮古～釜石～盛岡(循環)	夫婦列車の「五葉」とは逆に盛岡を始終着に山田・釜石線を循環。急行として外回りらしく外山高原に因む
	そらち①	1966(昭41).3.5 1972(昭47).10.2	56系気動車	小樽～上芦別/富良野 小樽～芦別(富良野)	根室本線を帯広や釧路ではなく、富良野付近で引き返す急行が存在したのは炭鉱町赤平・芦別繁栄の名残
	そらち②	1986(昭61).11.1 1990(平2).9.1	40気動車	札幌～滝川(～釧路) 札幌～滝川(～富良野)ほか	北海道の特急ルートから外れた根室本線滝川～富良野間旅客への救済を目的に設定。滝川以東は普通
た	大社	1966(昭41).10.1 1982(昭57).11.15	58系気動車	名古屋～出雲市(小浜・宮津経由) 名古屋～天橋立	名古屋から敦賀へ出て、日本海に沿って山陰に入るロングラン。海水浴シーズンの小浜線の小ほどは連日超満員だった
	たいしゃく	1966(昭41).3.5 2002(平14).3.23	20系気動車 58系気動車	岡山～広島(新見経由) 備後落合～広島	「しんじ」から切り離された列車は新見～備後落合間を単行で走る。「たいしゃく」は1968.10に芸備線内急行の総称ネームに
	大雪①	1947(昭22).6.29 1963(昭38).6.1	一般形客車	函館～旭川 函館～札幌	「まりも」とともに戦後北海道の代表急行。一時は旭川以遠普通で網走に進出。普通列車部は食堂車を連結
	大雪②	1963(昭38).6.1 1992(平4).3.14	56系気動車 14系寝・座客車	札幌～網走	2代目は左記区間の気動車急行に。さらに1968.10には石北本線総称ネームとなり、一族に夜行列車を抱え込む
	だいせん①	1958(昭33).10.1 1968(昭43).10.1	一般形客車 58系気動車	京都～大社(伯備線経由) 京都～出雲市(～大社)	伯備線快速列車から急行に昇進し、京都に進出。伯備線沿線の高齢者の間では地元の名列車は今でも「だいせん」
	だいせん②	1968(昭43).10.1 2004(平16).10.16	キハ58系/一般客 65型気動車	大阪～大社/益田など 大阪～倉吉(～米子)	ヨン・トオで福知山線経由山陰行きの総称ネームに起用。個性が異なる昼行気動車や客車夜行を抱えた。
	だいや	1966(昭41).3.5	165系電車	上野～日光	全車指定の格式ばった列車の多い日光行きで、気軽に利用できるのが「だいや」。今市付近を流れる大谷川に因む
	たかちほ(高千穂)	1951(昭26).11.25 1975(昭50).3.10	一般形客車	東京～都城 東京～西鹿児島	東京から大分・宮崎への急行は1951年になって登場。それも「阿蘇」との併結で。当時の日豊本線の冷遇ぶりが伺える
	たかやま①	1966(昭41).3.5 1970(昭45).7.15	名鉄8000系気動車	神宮前～高山 神宮前～飛騨古川	冷房付・転換クロスシートの名鉄気動車が高山線へ乗り込む。特急並みの設備で大好評だった
	たかやま②	1971(昭46).7.1 1999(平11).12.4	58系気動車	大阪～高山 大阪～飛騨古川	大阪と高山本線を直通する唯一の列車として観光客から好評。21世紀を前に特急に格上げ
	たざわ①	1965(昭40).10.1 1968(昭43).10.1	一般形客車	上野～秋田	2代目「鳥海」のスジを引き継ぎ食堂車連結の幹線急行を担当。活躍期間が短く馴染みが薄かった
	たざわ②	1968(昭43).10.1 1982(昭57).11.15	58系気動車	仙台/盛岡～秋田 盛岡～秋田ほか	2代「たざわ」はネームぴったりの田沢湖線急行を担当。多層建てが於に後続の急行に抜かれるほど話題が豊富
	但馬	1966(昭41).3.5 1996(平8).3.16	58系気動車	大阪～鳥取ほか 大阪～浜坂ほか	播但線経由の気動車列車で阪神地区と北近畿を結ぶ。神戸からも利用できるため長寿を誇る

	列車名	年月日	車両	運転区間	備考
た	たてしな	1964(昭39).10.1	165系電車	新宿～上諏訪	中央東線上諏訪電化で登場。同線で親しまれた「たてしな」が定期急行に使用されたのはこれっきり
		1965(昭40).10.1			
	立山	1956(昭31).11.19	一般形客車	大阪～富山	「北陸」の系統分割で北陸本線経由の北陸本線急行。活躍期間が長く最後は夜行の季節列車で終わる
		1985(昭60).3.14	583系電車		
	たまつくり	1966(昭41).3.5	55・58系気動車	宇野～出雲市	四国と山陰中央の都市や観光地を結ぶ。列車名は宍道湖に因む
		1968(昭43).10.1	一般形気動車		
	たるまえ	1966(昭41).3.5	一般形客車	函館～札幌(室蘭・千歳線経由)	急行「日本海」に接続する夜行列車。関西から北海道へ向かう周遊券利用客にとっては車中2泊の旅だった
		1968(昭43).10.1			
	丹後	1966(昭41).3.5	55・58系気動車	京都～天橋立ほか	京都から丹後半島の都市・観光地を結ぶ気動車急行。山陰本線経由の城崎行きなどを編入し、一時期8往復に達する
		1996(平8).3.16	58系気動車	京都～城崎／網野ほか	
	丹波	1966(昭41).3.5	55・58系気動車	大阪～福知山／城崎ほか	「丹後」のいとこともいうべき列車で、大阪から北近畿を目指す。最のち片道はいとこまったのは別名の山陰直通が多いから
		1986(昭61).11.1	58系気動車	大阪～城崎／天橋立ほか	
ち	ちくご	1966(昭41).3.5	55・58系気動車	長崎～熊本(佐賀経由)	九州の2県都が起終点だが、中間の佐賀で旅客は二分。佐賀線が廃止されても筑後川可動橋は健在
		1980(昭55).10.1	58系気動車		
	ちくま	1961(昭36).10.1	57系気動車	大阪～長野	下り夜行・上り昼行の準急から急行、さらに急行に昇格。列車名は地方名の筑摩に由来し千曲川ではない
		2003(平15).10.1	383系電車		
	ちとせ	1966(昭41).3.5	56・20系気動車	室蘭～札幌	工業都市室蘭と道都札幌を結ぶ「エル急行」。様もまばら・壮大な列車の併結もあるので、編成はバラエティに富む
		1990(平2).9.1	400系気動車	室蘭～札幌	
	ちどり	1966(昭41).3.5	55・58系気動車	米子～広島(木次線経由)	陰陽連絡急行の一つ。客もまばらな単行気動車や混合列車が行く木次線を4両の「ちどり」が満員で通過するという時期もあった
		2002(平14).3.23	58系気動車	備後落合～広島	
	池北	1966(昭41).3.5	20系気動車	帯広～北見／陸別	網走本線から改称された池北線急行。沿線に著名観光地がないとあまり、単に「池北」で我慢
		1980(昭55).10.1	20・40系気動車	帯広～北見	
	中禅寺	1966(昭41).3.5	165系電車	東京～日光	中禅寺湖に因む列車は新宿始発の157系のイメージがあるが、急行格上げ時には東京始発の165系に替わっていた
		1968(昭43).10.1			
	鳥海①	1948(昭23).7.1	一般形客車	上野～秋田	左記改正で誕生。奥羽本線経由で行く夜行急行。後の「津軽」や「おが」の元祖的存在
		1956(昭31).11.19			
	鳥海②	1956(昭31).11.19	一般形客車	上野～秋田	2代「鳥海」は昼行急行。特急「つばさ」登場前は、青森延長で「津軽」となった後の行先輩たちとともに奥羽本線のスター的存在
		1965(昭40).10.1			
	鳥海③	1965(昭40).10.1	58系気動車	上野～秋田(新潟経由)	3代目は羽越本線急行に転身。車窓から鳥海山も間近に。1968年からは夜行客車急行も加わる
		1982(昭57).11.15	一般形客車	上野～秋田(上越・水原経由)	
つ	つがいけ	1973(昭48).7.10	165系電車	名古屋～信濃大町(～南小谷)	中央西線電化とともに待望の定期化。昼行列車で大糸線直通は珍しかった
		1982(昭57).11.15			
	津軽	1956(昭31).11.19	一般形客車	上野～青森(奥羽本線経由)	青函連絡船との接続は無視し、奥羽本線内の輸送に励む。「出世列車」という伝説の存在
		1993(平5).12.1	485系電車	上野～青森(仙山線経由)	
	筑紫①	1947(昭22).4.24	一般形客車	東京～門司	東京～九州間急行だが、東海道線夜行運転が特徴。1950.10に博多、1953.3に鹿児島へ延長。東京からは車中2泊だった
		1956(昭31).11.19	〃	東京～鹿児島	
	筑紫②	1956(昭31).11.19	一般形客車	東京～博多	2代目「筑紫」は改正直前の「早鞆」のスジに入り、左記区間で活躍。山陽区間でも多少あった昼行中の利用客が多かった
		1964(昭39).10.1	〃		
	つくし	1964(昭39).10.1	一般形客車	大阪～博多	新幹線開業で大阪始終着となり「つくし」に変更。その後電車化や同じの寝台急行を迎えるも、新幹線博多延伸後の過去のもの
		1975(昭50).3.10	475系・一般形客		
	つくばね	1966(昭41).3.5	58系気動車	上野～水戸・茂木	上野＆水戸線経由を結ぶビジネス急行。1968年の電車化後は沿線利用客へのサービスのため下館以東を普通に格下げ
		1985(昭60).3.14	451系電車	上野～結城(勝田)	
	つやま	1997(平9).11.29	58系気動車	(智頭)～津山～岡山	「砂丘」去った後の津山線で1往復だけ急行が存続。2002.10にキハ48化されてからは人気が低落に
		2009(平21).3.14	40系気動車	津山～岡山	
	つるぎ①	1963(昭38).4.20	一般形客車	大阪～金沢(～富山)	金沢電化で準急「つるぎ」は寝台急行に変身。ただし、金沢以東は普通となり通勤・帰宅列車の一翼を担う
		1965(昭40).10.1			
	つるぎ②	1965(昭40).10.1	475系電車	大阪～富山	北陸本線電車急行の整備で、「つるぎ」は寝台急行を補佐する列車に転身。列車名は剣岳に因む
		1968(昭43).10.1			
	つるぎ③	1968(昭43).10.1	一般形客車	大阪～富山	ヨン・サン・トオで「つるぎ」は元の大阪～富山間客車夜行に出戻り。1972.3に新潟へ延長され飛躍のきっかけをつかむ
		1972(昭47).10.2			
	つるみ	1966(昭41).3.5	58系気動車	大分～博多[博多行きのみ]	左記区間の片道運転列車。こうなったのは循環列車「ゆのか」の内回りが別府で打ち切られ、車両を博多に戻す必要性から
		1966(昭41).3.25			
	つわの	1975(昭50).3.10	58系気動車	小郡～益田(～浜田)	山口線特急「おき」新設に伴い、同線急行は「つわの」2往復に再編。しかし、客足が伸びず5年半でリタイア
		1980(昭55).10.1			
て	ていね	1965(昭40).10.1	一般形客車	函館～札幌	北海道のロングラン急行「まりも」が二分され、昼行の南半分は昼行となる。列車名は手稲山から
		1968(昭43).10.1			
	出島①	1963(昭38).6.1	58系気動車	広島～長崎	長崎への観光客需要を見込み「べっぷ」に併結で運転開始。好評で運転区間は起終点ともに延長や追加が実施された
		1975(昭50).3.10	58系気動車	呉～長崎・佐世保	
	出島②	1975(昭50).3.10	58系気動車	小倉／博多～長崎	新幹線博多開業も電化遅れの影響で、長崎への2連絡の「いなさ」を改称した「出島」が引き受ける。一部は島原鉄道へ直通
		1982(昭57).11.15	〃	博多～長崎	
	出羽	1961(昭36).10.1	一般形客車	上野～新庄	1963.10改正で、寝台車を連結した客車列車からキハ58系の運用に変わる。のち昼行、気動車化のロングラン急行となる
		1982(昭57).11.15	58系気動車	上野～酒田(陸羽西線経由)	
	天都	1966(昭41).3.5	一般形気動車	(名寄／興部～網走)	名寄本線から網走に抜けるローカル急行。興部～紋別間はつねに単行運転だった
		1980(昭55).10.1	〃	興部～網走	
	天北	1961(昭36).10.1	56系気動車	札幌～稚内(天北線経由)	「宗谷」の姉妹的存在で天北線経由でセット。天北線は廃止対象になり、「天北」は最後の日までそのレール上を走った
		1989(平1).5.1	400系気動車		
	天竜	1961(昭36).10.1	58系気動車	新宿～天竜峡	元々は新宿発の飯田線行きだが、長野からの列車とも併結されたため列車史は複雑になる。のち新宿発が「こまがね」解消で離脱
		1986(昭61).11.1	165・169系電車	上諏訪(・天竜峡)～松本～長野	
と	都井	1966(昭41).3.25	58系気動車	宮崎～鹿屋	左記区間で「佐多」2往復1往復が博多着となったため、残った列車は都井岬に因む「都井」に改称
		1967(昭42).10.1			
	東海	1966(昭41).3.5	153系電車	東京～名古屋／大垣	名が示すとおり東海道の都市間連絡急行。格上げ時は新幹線開業後のこととあり往時の勢いが失われていた
		1996(平8).3.16	165系電車	東京～静岡	
	道後	1961(昭36).10.1	58系気動車	高松～松山	「四国」に次ぐ四国急行第2弾。道後温泉振鷺閣に因みサギをデザインしたヘッドマークが秀逸
		1966(昭41).10.1			

	列車名	日付	車両	区間	備考
と	洞爺	1946(昭21).4.22	一般形客車	函館～札幌	元駐留軍専用列車で、運転開始早々の1946.11から千歳線経由となり、同線発展の礎となる。1954.10に「洞爺」を命名
		1956(昭31).11.19	〃	函館～札幌(室蘭・千歳線経由)	
	とうや	1966(昭41).3.5	56・20系気動車	室蘭～札幌間準急「ちとせ」の洞爺付属編成が平仮名の「とうや」を命名。急行格上げ後も1～2両の短編成	
		1972(昭47).3.15	〃	豊浦/洞爺～札幌	
	とがくし①	1961(昭36).10.1	57系気動車	上野～長野	サン・ロク・トオで長野行きで描ったキハ57三姉妹のひとつ。これに特急「白鳥」が加わり、碓氷峠も明るくなる
		1963(昭38).10.1	〃	〃	
	とがくし②	1963(昭38).10.1	165系電車	上野～長野	長野電化で165系化された「とがくし」だが、担当は夜行。上野～長野間も夜行が重宝される時代だった
		1968(昭43).10.1	〃	〃	
	とがくし③	1972(昭47).3.15	165系電車	上田～新潟	三代目「とがくし」は長野以北の車。列車名の故郷・戸隠高原に近づく。この系統の急行は長寿を誇る
		1988(昭63).3.13	〃	(小諸～)長野～新潟	
	十勝	1962(昭37).2.1	56系気動車	札幌～帯広	帯広から道都へのビジネス急行。車両不足等の事情もあり1966.10まで1等車の連結はなかった
		1968(昭43).10.1	〃	〃	
	ときわ	1966(昭41).3.5	451系/キハ58	上野～平ほか	常磐線の線内急行。水郡線直通以外は電車で固め、つねに10往復以上を堅持。後の「エル特急」生みの親でもある
		1985(昭60).3.14	〃	〃	
	土佐	1966(昭41).3.5	55・58系気動車	高松～高知	左記区間の急行。四国では準急で登場した列車には一部を除き旧国名を採用していたので、「土佐」も格上げ組の一つ
		1990(平2).11.21	58系気動車	高知～高松(～窪川)	
	とも①	1966(昭41).3.5	165系電車	岡山～広島	山陽本線内の都市間連絡列車。セノハチを越えるため165系を使用。列車名は福山市南部の鞆の浦から
		1968(昭43).10.1	〃	〃	
	とも②	1968(昭43).10.1	153系電車	新大阪/大阪～三原	左記区間の「びんご」を「とも」に改称。景勝地・鞆の浦が京阪神にも知られる。高速道路の並走がない時代のため列車は盛況だった
		1972(昭47).3.15	〃	〃	
	十和田	1946(昭21).4.22	一般形客車	上野～青森	駐留軍専用列車がルーツだが、1965.10からは左記区間の総称ネームに。団塊世代の北海道旅行に乗った人が多いはず
		1985(昭60).3.14	12系客車	〃	
な	中伊豆	1966(昭41).3.25	153系電車	(修善寺～)三島～大垣	「するが」の後継列車として登場した温泉観光列車。上りの修善寺発が早いせいか利用率は良くなかった
		1968(昭43).10.1	〃	〃	
	なかうみ	1966(昭41).3.5	58系気動車	米子～小倉	山陰西部の都市間連絡列車。優等列車本数の少ない石見益田以西では貴重な存在だった
		1968(昭43).10.1	〃	〃	
	ながさき	1966(昭41).3.5	58系気動車	小倉～博多～長崎	北九州・福岡と長崎を結ぶビジネス・観光列車。佐世保行きとの分割があり、気動車が十二分に存在感を示した
		1968(昭43).10.1	〃	〃	
	ながと①	1968(昭43).10.1	153系電車	新大阪～下関	ヨン・サン・トオで「関門」を山口県西部の旧国名・長門に因む列車名に改称。最後までビュフェの寿司スタンドは健在
		1972(昭47).3.15	〃	〃	
	ながと②	1975(昭50).3.10	58系気動車	米子～長門市	山陰西部の急行「はぎ」のネームが新幹線連絡列車に転用されたため、「ながと」に改称。行き先と列車名が一致した
		1985(昭60).3.14	〃	出雲市～長門市	
	ながと③	1985(昭60).3.14	58系気動車	浜田～下関(～小倉)	九州・日田への直通を断念した「あきよし」を「ながと」として左記区間に残し、①～③代とも改称により復活した列車だった
		1992(平4).3.14	〃	〃	
	なぎさ【東海】	1966(昭41).3.5	58系気動車	鳥羽～紀伊勝浦	起終点が双方とも観光地、途中県都にも立ち寄らない徹底した観光急行は全国でもこの「なぎさ」だけ。
		1968(昭43).10.1	〃	〃	
	なぎさ【九州】	1966(昭41).3.25	55・58系気動車	熊本～西鹿児島	東シナ海の渚を見ながら、車販からのビールを飲めたのも今や半世紀前の思い出
		1968(昭43).10.1	〃	〃	
	なぎさ【東日本】	1972(昭47).7.15	165系電車	新宿～館山～勝浦～両国	房総東西線電化で電車による循環急行が復活。「なぎさ」は先に内房線に入る、館山～勝浦間は普通
		1975(昭50).3.10	〃	〃	
	なすの	1966(昭41).3.5	165系電車	上野～黒磯	157系準急のエリート列車で黒磯まで当初は全車座席指定。ヨン・サン・トオで東北直流区間急行の総称ネームに
		1985(昭60).3.14	〃	上野～黒磯/白河	
	那智	1959(昭34).7.15	一般形客車	東京～新宮	紀勢本線全通で陸の孤島だった都市からも一夜で東京へ直通。実は那智山や那智滝に因まない
		1968(昭43).10.1	〃	東京～新宮/天王寺	
	なつどまり	1968(昭43).10.1	58系気動車	鮫・大湊～青森	優等列車とは無縁と思われた大湊線に急行が入ったのだからびっくり。夏泊半島も一躍知られる存在に
		1978(昭53).10.2	〃	〃	
	ななうら	1966(昭41).3.5	一般形客車	京都～広島(呉線経由)	急行時代には四国直通した関西～広島間夜行。列車名は安芸の宮島にある七浦に因み、難解の一つ
		1968(昭43).10.1	〃	〃	
	なにわ	1956(昭31).11.19	一般形客車	東京～大阪	新幹線開業前の東海道本線を支えた急行の一つ。惜しまれて引退したからこそ名列車として語り継がれる
		1968(昭43).10.1	153系電車	〃	
	なよろ	1965(昭40).10.1	56系気動車	札幌～名寄	優等列車3種制式時代に急行で登場。宗谷本線優等列車は7往復になり全盛を築く。その立役者的存在
		1984(昭59).2.1	〃	札幌/旭川～名寄	
	南紀	1966(昭41).3.5	55・58系気動車	新宮～天王寺・難波	紀勢本線の西半分でビジネス・観光輸送に大活躍。座席を予約しなくても乗車できる気軽さが魅力
		1968(昭43).10.1	〃	〃	
	南風【四国】	1965(昭40).10.1	58系気動車	高松～窪川	南紀特急「くろしお」の登場で肩身が狭くなった「黒潮」は、急行に格下げされた老舗列車「南風」の傘下に加わる
		1968(昭43).10.1	〃	高松～須崎/窪川	
	南風【九州】	1968(昭43).10.1	58系気動車	別府～西鹿児島・鹿屋	四国急行列車系統で「南風」は九州入り。ここでは「フェニックス」ともども冷房急行の一番手となり、功績を残す
		1972(昭47).3.15	〃	〃	
に	にしき	1966(昭41).3.5	55・58系気動車	岡山～岩国(呉線経由)	「吉備」同様、呉線経由の山陽急行だが岩国を始終着とするため、錦川に因んだ列車名を採用
		1968(昭43).10.1	〃	〃	
	西九州	1966(昭41).3.5	58系気動車	長崎・佐世保～別府(久大本線経由)	九州の観光ルートを久大本線経由で結ぶ。別府からは佐世保行きの方が長編成だった
		1980(昭55).10.1	〃	〃	
	ニセコ①	1966(昭41).3.5	20系気動車	(旨名)倶知安(岩内)～札幌	札幌近郊準急「ニセコ」「雷電」のうち併結列車を持つ「ニセコ」が先に急行格上げ。しかし、急行在位は3ヶ月だけだった
		1966(昭41).6.1	〃	〃	
	ニセコ②	1966(昭41).3.5	キハ56/一般客車	函館～札幌	ヨン・サン・トオで何と「ニセコ」は函館ヤマ線急行の総称ネームに抜擢。C62配下や長編成の客車で王国を築く
		1986(昭61).11.1	14系座席客車	〃	
	日南①	1966(昭41).3.5	58系気動車	別府～西鹿児島・鹿屋	日豊本線というよりは九州の代表的観光急行。ヘッドマーク付きと2連キロに風格が漂う
		1968(昭43).10.1	〃	〃	
	日南②	1968(昭43).10.1	一般形客車	京都～都城など	関西宮崎地区を結ぶ「日向」と「夕月」を統合。個性が異なる人気列車の愛称を果たして変える必要があったのだろうか
		1975(昭50).3.10	〃	〃	
	日南③	1975(昭50).3.10	475系/20・12系	門司港～宮崎駅など	新幹線博多開業で「日南」は再び九州内へ。当初は電車主体の4往復だが、1982.11以後は夜行便の傘下に加わる
		1993(平5).3.18	12系・25形客車	博多～宮崎(～西鹿児島)	
	にちりん①	1964(昭39).10.1	58系気動車	博多・門司港～西鹿児島	九州のエース急行「ひかり」の日豊本線部分を急遽リリーフ。列車名は「日輪」すなわち太陽を意味する
		1965(昭40).10.1	〃	〃	

	列車名	年月日	車両	運転区間	備考
に	にちりん②	1966(昭41).3.25	58系気動車	博多～西鹿児島/指宿	初代とは運転区間が類似しているが、全くの別列車。1968.10には列車名ともども特急に格上げされるなど、幸運児でもある
		1968(昭43).10.1	〃	博多～西鹿児島	
	日光	1966(昭41).3.5	157系電車	東京～日光	準急時代に気を吐いた「日光」も、急行格上げ前後から東武特急の前に悪戦苦闘。157系も撤退し、ついにギブアップ
		1982(昭57).11.15	165系電車	上野～日光	
	日本海	1947(昭22).7.5	一般型客車	大阪～青森	列車名通り左記区間を日本海沿いに24時間前後かけて走り通す偉大な急行。大阪～北陸間が夜行となる
		1968(昭43).10.1	〃	〃	
ぬ	ぬさまい	1966(昭41).3.5	20・56系気動車	帯広～釧路	道東の都市間連絡急行。列車名は釧路川にかかる幣舞橋から命名
		1980(昭55).10.1	56系気動車	〃	
	ノサップ	1966(昭41).3.5	56系気動車	釧路～根室	根室本線末端区間の速達列車。周遊券利用客が多かった1970年代半ばまでは、賑わいをみせていた
		1989.(平1).4.30	54形気動車	〃	
	野沢	1966(昭41).3.5	57系気動車	長野～長岡(飯山線経由)	豪雪地帯の飯山線全線を走る都市間連絡急行。起終点間の通し客よりも区間旅客が多かった
		1986(昭61).11.1	58系気動車	〃	
の	能登①	1959(昭34).9.22	一般形客車	東京～金沢(米原経由)	東京～北陸間の夜行輸送力増強に米原経由で登場。福井までの輸送がメインといえた。行き先が金沢なので能登には届かず
		1968(昭43).10.1	〃	〃	
	能登②	1975(昭50).3.10	一般形客車	上野～金沢(上越線経由)	特急化された「北陸」に併結列車として登場。自由席があるためエコノミー指向客から人気
		1982(昭57).11.15	〃	〃	
	能登③	1982(昭57).11.15	14系寝・座客車	上野～金沢(信越線経由)	上越新幹線開業で上野～金沢間夜行は1往復に。スジは「越前」でネームは「能登」と両者を立てた大岡裁きは見事
		2010(平22).3.13	489系電車	上野～金沢(上越線経由)	
	能登路	1966(昭41).3.5	55・58系気動車	金沢～輪島・蛸島ほか	金沢と能登半島各地を結ぶ急行で、1975.3で系統分割される。気動車のほか電車が入った時期もあり車種は豊富
		2002(平14).3.23	58系気動車	金沢～珠洲	
	のべやま	1966(昭41).3.5	57系気動車	長野～小諸～小淵沢～長野	「すわ」の夫婦列車だが、こちらは外回りで循環。運転区間から小海線での通年客が少なく、1975.3で系統分割された
		1975(昭50).3.10	〃	〃	
	のりくら	1968(昭43).10.1	58系気動車	名古屋～高山/金沢	「ひだ」の列車名が特急に登用されたため、名古屋始終着の高山本線急行は「のりくら」の総称ネームを名乗る
		1990(平2).3.10	〃	名古屋～高山/富山	
は	はぎ	1972(昭47).3.15	58系気動車	米子～長門市	山陰西部のロングラン急行だが「だいせん」や浜田発「しんじ」の長門市延長列車。ネームは観光都市・萩から
		1975(昭50).3.10	〃	〃	
	白山	1954(昭29).10.1	一般形客車	上野～金沢	左記区間の代表的昼行急行。碓氷峠を10両以上編成で越えるため、客車時代は一貫して電車と客車を連結できなかった
		1972(昭47).3.15	〃	〃	
	白兎	1961(昭36).10.1	58系気動車	京都～松江	山陰本線京都口の老舗優等列車。特急の登場が遅れた京都口では急行「白兎」が最上位列車の時代が長く続いた
		1986(昭61).11.1	京都～鳥取（～米子）		
	白馬①	1961(昭36).10.1	58系気動車	新宿～松本／信濃大町	「アルプス」「上高地」とともにサン・ロク・トオにおける中央東線の急行トリオ。列車番列から主に夜行を担当
		1968(昭43).10.1	キハ58系/165系	新宿～糸魚川/信濃大町	
	白馬②	1972(昭47).3.15	58系気動車	金沢～松本（大糸線経由）	観光客の需要が見込めるルートに気動車急行を設定できたのは日本海縦貫急行「しらゆき」のアシストである
		1982(昭57).11.15	〃	〃	
	羽黒	1956(昭31).11.19	一般形客車	上野～秋田（上越線経由）	左記区間としては初の定期急行。秋田はもちろん庄内地区でも利用に便利と好評。出羽三山の羽黒山に因む
		1968(昭43).10.1	〃	〃	
	はしだて①	1966(昭41).3.5	55・58系気動車	大阪～天橋立	左記区間を福知山・綾部経由で結ぶ。かなりの迂回だが、天橋立観光に至便で人気があった
		1968(昭43).10.1	58系気動車	〃	
	はしだて②	1982(昭57).11.15	58系気動車	天橋立～福井	名古屋～出雲市間急行「大社」の本体が廃止され、途中区間連結の付属編成だけが残る。JR化まで存続したのが不思議
		1992(平4).3.14	〃	天橋立～敦賀	
	はちまんたい	1968(昭43).10.1	58系気動車	盛岡～秋田（花輪線経由）	「よねしろ2・1号」が「陸中」となって上野進出を果たしたため、残った1・2号は地元の要望もあり「はちまんたい」に改称
		1972(昭47).3.15	〃	〃	
	八甲田	1961(昭36).10.1	一般形客車	上野～青森	1960年代では珍しい本線経由の北海道連絡急行。連絡船の時刻がいいので周遊券利用客から愛用された
		1993(平5).12.1	14系座席客車	〃	
	はぼろ	1962(昭37).5.1	20系気動車	札幌～幌延（留萠経由）	羽幌線唯一の急行設定は炭鉱繁栄の証だった。当初は車両不足でキハ22を使用
		1986(昭61).11.1	56系気動車	〃	
	はまなす①	1961(昭36).10.1	56系気動車	札幌/旭川～網走	1960年代を代表する石北本線気動車急行。当初は2往復設定も、のちに「大雪」に統合
		1968(昭43).10.1	〃	小樽～網走	
	はまなす②	1988(昭63).3.13	14系座席客車	青森～札幌	青函連絡船深夜便の利用客救済を兼ねた夜行急行。利用客からの要望があれてか寝台車も連結し、夏季には12両まで増結
		2016(平28).3.26	14・24系客車	〃	
	はまゆう①	1966(昭41).3.5	55・58系気動車	京都・名古屋～白浜	京都～白浜間がメインで和歌山線を経由。急行格上げ当初は新婚客の需要があり、1等車が賑わった
		1968(昭43).10.1	〃	〃	
	はまゆう②	1968(昭43).10.1	58系気動車	鳥羽～紀伊勝浦	起終点が何れも観光地で途中県都にも立ち寄らない列車。観光輸送一本に絞った列車も鉄道全盛時代の名残
		1985(昭60).3.14	〃	〃	
	はやたま	1966(昭41).3.5	55・58系気動車	新宮～名古屋（東和歌山経由）	左記区間を紀勢・和歌山・桜井・関西線経由でたどる迷走急行。列車名は新宮市内の熊野速玉大社より
		1968(昭43).10.1	〃	〃	
	はやちね	1966(昭41).3.5	58系気動車	盛岡～釜石（釜石線経由）	県都盛岡と鉄都釜石を結ぶ岩手県内急行でビジネス客から好評。列車名は北上高地の早池峰山に因む
		1986(昭61).11.1	〃	〃	
	はやと	1965(昭40).10.1	一般形客車	門司港～鹿児島	「伸びて縮んで」という九州内夜行急行の2度目の区間短縮で、鹿児島県人を象徴する「はやと」に改称
		1968(昭43).10.1	〃	門司港～西鹿児島	
	早鞆①	1946(昭21).1.31	一般形客車	東京～門司	旧駐留軍専用列車で東海道が夜行。横浜での長時間停車や983系寝台など異例同時列車の名残ともいえた
		1956(昭31).11.19	〃	東京～博多	
	はやとも②	1965(昭40).10.1	475系電車	名古屋～博多	名古屋～鹿児島間ロングラン急行「さつま」も北九州で2分され、昼行区間は電車化のうえ「はやとも」になる
		1968(昭43).10.1	〃	〃	
	はやとも③	1968(昭43).10.1	475系電車	広島～博多	3代目は山陽新幹線開業前は活躍舞台を徐々に西に追われる列車は平氏一族同様早鞆/瀬戸内に沈む
		1975(昭50).3.10	〃	〃	
	はるな①	1966(昭41).3.5	165系電車	上野～前橋	急行「あかぎ」の仲間だが、榛名山に因み列車名が付けられたのは地元の要望による。急行格上げ当初、上りは渋川始発
		1968(昭43).10.1	〃	〃	
	はるな②	1982(昭57).11.15	165系電車	上野～前橋	左記区間は急行格上げされるところを185系不足のため、2往復は急行で残存となり「はるな」が復帰
		1985(昭60).3.14	〃	〃	
	はんだ	1966(昭41).3.5	55・58系気動車	門司港～由布院（伊田線経由）	北九州百万都市と由布院温泉を難解なルートで結ぶ。列車名は飯塚高原からの引用だが、これも難読
		1980(昭55).10.1	66系気動車	直方～由布院	
	ばんだい	1961(昭36).10.1	一般形客車	上野～会津若松	左記区間を代表する列車だが、急行への格上げは意外と遅かった。磐梯山も急行「ばんだい」も沿線の誇り
		1984(昭59).2.1	455系電車	上野～郡山～喜多方など	

	名称	日付	車両	区間	備考
ひ	比叡	1966(昭41).3.5	153系電車	名古屋〜大阪	急行になった時には新幹線が開業しており、名阪間では求心力が低下していた。それでも4往復ともビュッフェを営業
		1984(昭59).2.1	165系電車	〃	
	ひかり	1962(昭37).10.1	58系気動車	博多・門司港〜西鹿児島・熊本	九州の名列車の一つで観光客を集めた。愛称を新幹線に譲り、福岡市民は0系での里帰りに期待を託す
		1964(昭39).10.1	〃		
	ひこさん	1966(昭41).3.5	55系気動車	由布院〜博多(彦山・小倉経由)	由布院〜博多間を列車名の彦山に立ち寄り1時間以上かけて結ぶ。1960.8に準急で登場したが、終始I0行の片道列車のため
		1980(昭55).10.1	〃	〃	
	日田	1966(昭41).3.5	55・58系気動車	直方〜由布院(小倉経由)	4往復半あった日田彦山線急行は1980.10で大半が快速格下げされるが、「日田」のみは久大線内で急行で存続
		1985(昭60).3.14	66系気動車	〃	
	ひだ	1966(昭41).3.5	55・58系気動車	名古屋〜高山/金沢方面	高山本線の優等列車はまさに高山線急行があってこそ成功できた。「ひだ」はその先駆車的存在
		1968(昭43).10.1	〃	名古屋〜高山/富山方面	
	日高	1966(昭41).3.5	56・20系気動車	札幌〜様似	設定時間帯では日高本線沿線から道都札幌へのビジネス列車の意味は日高地方に因み地味それのだ
		1966(昭41).6.1	〃	〃	
	ひたち	1966(昭41).3.5	451系電車	上野〜平	常磐線内急行の「ときわ」の一員だが、全車座席指定のためネームを区別していた。この頃から常磐線では「ひたち」が上位
		1967(昭42).10.1	〃	〃	
	ひのくに	1961(昭36).10.1	一般形客車	大阪〜熊本	関西〜九州間としては初の寝台急行でビジネス客の利用が多かった。漢字では熊本を表す「肥の国」となる
		1968(昭43).10.1	〃	新大阪〜熊本	
	火の山	1966(昭41).3.5	58系気動車	三角/熊本〜別府	阿蘇と雲仙天草の両観光地を結ぶ。運転区間の複雑な列車が多い豊肥本線にあって、「火の山」にも一時は循環列車が存在
		1992(平4).7.15	〃	熊本〜別府	
	ひば	1967(昭42).10.1	58系気動車	新見〜広島	芸備線の線内急行。比婆山に因み芸備線急行の登場により芸備線急行は広島口で5.5往復になったのも今は昔
		1968(昭43).10.1	〃	〃	
	ひばら	1966(昭41).3.5	一般形客車	上野〜会津若松	左記区間の夜行客車急行で寝台車も連結。列車名は裏磐梯高原の桧原湖に由来
		1968(昭43).10.1	〃	〃	
	ひまわり	1966(昭41).3.5	58系気動車	大分〜博多〜熊本〜別府	九州北半分の循環急行。一周するだけでは飽き足らず大分〜別府間は2度も走る。気動車急行よき時代の列車
		1975(昭50).3.10	〃	〃	
	ひめかみ	1970(昭45).10.1	58系気動車	仙台〜盛岡	特急「はつかり」増発により、仙台〜青森間急行「くりこま2-1号」の盛岡以北を廃止。残存区間が姫神山ゆかりのネームで存続
		1972(昭47).3.15	〃	〃	
	ひめかわ	1966(昭41).3.5	55・58系気動車	糸魚川〜新潟	新潟県南西部と県都を結ぶビジネス・用務客向け列車。1982(昭57).11.15から越後線経由に変更
		1982(昭57).11.15	58系気動車	青海〜新潟(越後線経由)	
	日向	1960(昭35).6.1	一般形客車	京都〜都城	「日向」は全区間で20時間以上を要するほど、日豊本線内を走る時間は長い。全区間を通す需要もあったのだ
		1968(昭43).10.1	〃	〃	
	平戸①	1961(昭36).10.1	58系気動車	大阪〜佐世保	サン・ロク・トオで関西からも佐世保行き急行が登場。単独列車を組めるほど需要は高い。ネームは平戸島より
		1968(昭43).10.1	〃	京都〜佐世保	
	平戸②	1968(昭43).10.1	55・58系気動車	博多〜長崎(筑肥・松浦線経由)	ヨン・サン・トオで浮いた「平戸」のネームを筑肥・松浦線急行に転用。が、20年後には松浦線のミニセク化で泣く泣く廃止
		1988(昭63).4.1	58系気動車	唐津〜長崎(筑肥/松浦線経由)	
	ひるぜん	1966(昭41).3.5	55・58系気動車	中国勝山〜岡山	岡山市から美作三湯を経て県西部を結ぶ。1966.3から1968.10まで下りが準急、上りが急行の変則形態が続いた
		1973(昭48).3.12	58系気動車	〃	
	びんご	1966(昭41).3.5	153系電車	新大阪/大阪〜三原	広島手前の三原止めの優等列車を仕立てられるのは岡山〜三原間の沿線人口が多いのが理由。
		1968(昭43).10.1	〃	〃	
ふ	フェニックス	1962(昭37).7.1	58系気動車	博多〜西鹿児島	九州島内初の定期気動車急行。1962.10からは宮崎〜小倉〜博多〜西鹿児島間となりほぼ九州を一周
		1975(昭50).3.10	〃	宮崎〜博多(小倉経由)	
	深浦	1968(昭43).10.1	20・58系気動車	深浦〜青森〜鮫	青森県でもある県都青森から日本海沿いに陸奥湾を半周し、終着点は日本海と太平洋の沿岸。海に囲まれた青森県の地形が分かる
		1982(昭57).11.15	58系気動車	(鰺ヶ沢)〜川部〜八戸	
	富士川	1966(昭41).3.5	80系電車	静岡〜甲府	静岡・山梨の県都を身延線経由で結ぶ。当初は80系だったが、1972.3から165系に。富士川は電車の友
		1995(平7).3.5	165系電車	〃	
	ぶんご	1961(昭36).10.1	一般形客車	東京〜大分	サン・ロク・トオで編成短縮された「筑紫」の本州内の相方。昼行となる山陽路では10系で固めた編成が美しかった
		1964(昭39).10.1	〃	〃	
へ	平安	1966(昭41).3.5	55・58系気動車	名古屋/桑名〜京都(草津線経由)	名古屋・京都の両都市を旧東海道沿いに結ぶ。区間旅客が対象となるため利用客が少なく、編成は2〜4両
		1985(昭60).3.14	58系気動車	名古屋〜京都(草津線経由)	
	べっぷ①	1961(昭36).10.1	58系気動車	広島〜別府	「べっぷ」の列車名でそれと分かる温泉観光急行。大分県都目前で終点のため車両運用上のため。
		1965(昭40).10.1	〃	〃	
	べっぷ②	1967(昭42).10.1	58系気動車	別府〜長崎・佐世保	九州の著名観光地を博多経由で結ぶので、実際には準急2本を合体させたも同然。評判はよくなかった
		1968(昭43).10.1	〃	〃	
	べっぷ③	1968(昭43).10.1	475系電車ほか	新大阪/大阪〜大分	左記区間の関西発別府行き夜行急行は当初とも季節列車だった。1972.3に電車1往復が定期格上げも振るわず
		1973(昭48).10.1	〃	〃	
	べにばな	1982(昭57).5.1	58系気動車	仙台〜新潟(山仙・米坂線経由)	「あさひ」の列車名が上越新幹線特急に召し上げられたため、山形県花の「べにばな」(紅花)より
		1991(平3).8.27	〃	山形〜新潟	
ほ	伯耆①	1968(昭43).10.1	58系気動車	大阪〜上井/米子	「みさき」「かいけ」の両ネームを鳥取県東部の「伯耆」に改称。温泉名が親しまれてだけに「伯耆」の評判はイマイチだった
		1975(昭50).3.10	〃	大阪〜倉吉/米子	
	伯耆②	1975(昭50).3.10	20・58系気動車	岡山〜米子	特急「やくも」新設に伴う伯備線急行の再編ネームで、急行は米子行きだけとなったため付近の旧国名「伯耆」に改称
		1982(昭57).7.1	58系気動車	〃	
	北星	1963(昭38).10.1	一般形客車	上野〜盛岡	東北本線の寝台列車は北海道連絡が優先で盛岡での利用しめ、「北星」の新設は歓迎された
		1975(昭50).3.10	20系客車	〃	
	北斗	1949(昭24).9.15	一般形客車	上野〜青森(常磐線経由)	北海道連絡急行の代表格で本州内を夜行でひたる走る。1959.9、東京以北としてはいち早く寝台列車に制定
		1965(昭40).10.1	〃	〃	
	北陸	1947(昭22).6.29	一般形客車	上野〜金沢(上越線経由)	上野から文字通り北陸地方に直行する夜行急行。一時はで大変で大活躍した。寝台特急化は1968.10
		1975(昭50).3.10	〃	〃	
	穂高	1965(昭40).10.1	165系電車	新宿〜信濃森上	紆余曲折をたどった中央東線の代表急行「穂高」も大糸線直通夜行電車列車としてやっと急行の座に
		1968(昭43).10.1	〃	新宿〜南小谷	
ま	ましけ	1966(昭41).3.5	20系気動車	札幌〜増毛	1965.10に準急で登場し即列車名だが髪の薄さが気になる人からは人気
		1980(昭55).10.1	56系気動車	(小樽)〜札幌〜留萌〜増毛	
	摩周	1961(昭36).10.1	56系気動車	函館〜釧路	「まりも」の昼行版というべきロングラン急行。函館発車時は「オホーツク」「宗谷」と3階建て
		1964(昭39).10.1	〃	〃	
	松島(まつしま)	1954(昭29).10.1	一般形客車	上野〜仙台	左記区間急行の増発を担い登場。設定時刻に無理がないのが特徴。「青葉」を抜きスターに。1968.10から総称ネームに採用
		1985(昭60).3.14	455系電車	〃	

	列車名	運転期間	車両	運転区間	備考
ま	松前	1968(昭43).10.1 1980(昭55).10.1	20系気動車 〃	函館～松前	松前線唯一の優等列車。「えさし」との併結でもせいぜい3両程度のミニ列車だった。
	まりも①	1949(昭24).9.15 1968(昭43).10.1	一般形客車 〃	函館～釧路(札幌以遠準急) 札幌～釧路	北海道の老舗急行。札幌が昼夜行の分岐点となるため、1965.10に系統分割。札幌以北は寝台列車に
	まりも②	1981(昭56).10.1 1993(平5).3.18	一般形客車 14系座席･寝台客車	札幌～釧路 〃	石勝線開業で「まりも」の列車名が復活。しかし、昼行特急のスピードアップで編成が弱体化したのは残念
	丸池①	1961(昭36).10.1 1963(昭38).10.1	57系気動車 〃	上野～長野 〃	「志賀」の姉妹列車で、1967.3からは湯田中に乗入れ。列車名は志賀高原の丸池に因む
	丸池②	1963(昭38).10.1 1968(昭43).10.1	一般形客車 〃	上野～長野(～直江津) 〃	信越本線の短距離夜行。時դは普通区間となる長野～直江津間での利用に配慮。10系主体の美しい編成が似合った
	みさき	1972(昭47).7.15 1975(昭50).3.10	165系電車 〃	新宿～勝浦～館山～両国 〃	「なぎさ」の姉妹列車で、こちらは先に外房線に入る。せっかくの循環急行も特急の前には影が薄かった
	みささ①	1966(昭41).3.5 1968(昭43).10.1	55・58系気動車 58系気動車	大阪～上井(姫路･因美線経由) 〃	阪神地区から三朝温泉への温泉急行。急行格上げ当時は全区間を6時間以上かけて結んだ
	みささ②	1975(昭50).3.10 1989(平1).3.11	58系気動車 〃	大阪～鳥取/倉吉 大阪～鳥取	1975.3改正で「伯耆」が伯備線に移ったため、再び「みささ」に。しかし、高速道路の開通で往年の勢いはなかった
	みずしま	1965(昭40).10.1 1968(昭43).10.1	165系電車 〃	岡山～下関 〃	準急「とも」＋準急「やしろ」＝急行「みずしま」。距離が伸びたことで急行に格上げ。編成は準急と同じ7両のまま
	みちのく	1949(昭24).9.15 1970(昭45).10.1	一般形客車 58系気動車	上野～青森 上野～弘前･宮古～鳴子	東北の老舗急行。1950.10から常磐線経由に変更。1965.10からは多層建て気動車列車も仲間に参入
	南越後	1985(昭60).3.14 1988(昭63).3.13	165系電車 〃	(松本～)長野～新潟 〃	名古屋～新潟間急行「赤倉」の区間短縮に伴い発生した列車。165系の3両は淋しかった
	南八幡平	1966(昭41).10.20 1968(昭43).10.1	58系気動車 〃	盛岡～秋田 〃	橋場線と生保内線を結んだ田沢湖線全通により登場。当時としては最大の音数で存在をアピール
	美保	1966(昭41).3.5 1982(昭57).7.1	55･58系気動車 58系気動車	鳥取～境港 鳥取～出雲市	鳥取県方面急行だったが、1972.3で特急格上げされた「出雲」のスジ入り、一時は福知山始発着も経験
み	みまさか	1966(昭41).3.5 1989(平1).3.11	55･58系気動車 58系気動車	大阪～新見/月田 大阪～津山(中国勝山)	阪神地区から美作三湯への温泉観光客と、津山からのビジネス客輸送を2列車で分担。中国自動車道の開業で利用客が多かった
	みやぎの①	1959(昭34).9.22 1961(昭36).10.1	55系気動車 〃	上野～仙台(常磐線経由) 〃	定期では初の気動車急行。左記区間を当時としては画期的な5時間台で結んだ。列車名は仙台市東部の宮城野から
	みやぎの②	1961(昭36).10.1 1965(昭40).10.1	一般形客車 451系電車	上野～仙台 〃	2代目は東北本線仙台急行として登場したが、1962.6.10に451系電化。交直流電車の急行運用も「みやぎの」が嚆矢
	みやざき	1972(昭47).3.15 1975(昭50).3.10	一般形客車 〃	門司港～宮崎(～鹿児島) 〃	九州内夜行普通列車を急行に格上げ。1970年代では珍しい夜行客車急行。列車名は取り敢えず付けたといった感じ
	宮島	1958(昭33).10.1 1972(昭47).3.15	一般形客車 153系電車	京都～広島(呉線経由) 新大阪～広島(呉線経由)	設定･廃止時期の区間は大差ないが、この間気動車化されたり、電車化による東京進出など「宮島」は数々の物語をつくる
	みやづ	1988(昭63).7.16 1996(平8).3.16	58系気動車 〃	大阪～福知山(～天橋立) 〃	左記区間の新規開業した宮福鉄道に入線。JR化後では完全な新設列車であったが、キハ58の時代ではなかったか
	妙高	1962(昭37).12.1 1993(平5).3.18	57系気動車 189系電車	上野～直江津 上野～長野	かつては昼･夜行2往復の客車準急のうち、昼行は気動車化されて先に急行格上げ。電車夜行がJR化後も残る
	明星	1948(昭23).7.1 1968(昭43).10.1	一般形客車 〃	東京～大阪 〃	東海道夜行御三家の一つ。東海道本線全線電化前は輸送力列車として活躍
	みよし	1985(昭60).3.14 2007(平19).3.18	58系気動車 〃	(備後落合～)三次～広島 三次～広島など	かつて新見や米子始発だった芸備線急行の利用客減で、三次～広島間のみが急行となって残り「みよし」を称す
む	むつ	1963(昭38).10.1 1985(昭60).3.14	58系気動車 〃	仙台～青森 秋田～青森	運転区間が離れた列車を系譜同一にするのは不思議だが、これは「むつ」が一時期仙台～青森～秋田間運転であったため
	むろと	1966(昭41).3.5 1988(昭63).4.10	55系気動車 〃	高松～牟岐 〃	高松から徳島を経て142.6㎞の牟岐まで直通、「阿波」が急行、100㎞未満の「阿波」が準急の時代が2年あった
	むろね	1966(昭41).3.5 1982(昭57).11.15	58系気動車 〃	仙台～盛 〃	仙台から一ノ関を経て大船渡線に入る急行。途中で大迂回するため、道路が整備されると苦戦は免れなかった
も	もがみ	1966(昭41).3.5 1986(昭61).11.1	58系気動車 〃	仙台･米沢～酒田 仙台･米沢～酒田/羽後本荘	仙台始発着編成は陸羽･西線を走破し、日本海側の酒田へ。それに米沢からの編成も加わる。分割･併合作業で新庄駅は大忙し
	もりおか	1972(昭47).3.15 1982(昭57).11.15	451系電車 〃	上野～盛岡(常磐線経由) 〃	常磐線急行に「そうま」が登場の折、盛岡直行も、行き先の都市が列車名とはいかがなものか。長距離急行
	紋別	1962(昭37).5.1 1986(昭61).11.1	56系気動車 〃	札幌～遠軽(名寄本線経由) 札幌～興部(～遠軽)	名寄本線では1962年4月と5月に「旭川」「天都」「紋別」が相次いで登場。なお「紋別」はキハ56系でキハ22準急に対し貫禄を示した
や	やえがき	1965(昭40).10.1 1968(昭43).10.1	一般形客車 〃	米子～熊本 〃	準急「やくも」の熊本延長で列車名改称。山陰西部を2つに分かれて走る「浮雲列車」には縁結びの八重垣神社が出馬
	屋久島	1972(昭47).3.15 1975(昭50).3.10	一般形客車 〃	大阪～西鹿児島 〃	急行「しろやま」の列車名を屋久島観光PRのため改称。屋久島への利用客の有無はともかく宣伝効果は抜群だった
	やしろ	1966(昭41).3.5 1972(昭47).3.15	165系電車 〃	広島～下関 〃	山陽本線西部の電車急行。列車名は大畠で連絡船により島と呼ばれた大島が代名称に由来
	やたけ	1966(昭41).3.5 1979(昭54).10.1	55･58系気動車 58系気動車	阿蘇～西鹿児島(肥薩線経由) 熊本～吉松(～西鹿児島)	熊本･鹿児島両県都を旧ルートで結ぶ。「やたけ」が停車した矢岳駅は今も"秘境駅"にランク入り
	八ヶ岳	1962(昭37).12.1 1975(昭50).3.10	一般形客車 〃	新宿～小諸(小海線経由) 新宿～小淵沢(～中込)	東京都内からの小海線直通で人気を集めるが、中央東線急行の電車化でパートナーが限られ、衰えも早かった
	弥彦	1962(昭37).6.10 1965(昭40).10.1	80系電/一般客車 165系電車	新宿～新潟 〃	設定当時1往復なのに車種が異なるが、左記区間では「弥彦」「佐渡」「越路」の順に発車し、上下で車種が一致しなかったため
	やましろ	1961(昭36).10.1 1962(昭37).6.10	153系電車 〃	東京～大阪 〃	東海道昼行電車急行6往復のすべてが電報でのネームを持つの図るため。京都府南東部の旧国名･山城にも登用された
	大和	1950(昭25).10.1 1968(昭43).10.1	一般形客車 〃	東京～湊町 〃	東京と奈良県･大阪府南部を一夜で結ぶ。関西本線沿線住民が持てる「大和」を誇りにしていた列車
	やまのゆ①	1964(昭39).3.20 1968(昭43).10.1	55･58系気動車 58系気動車	京都～中国勝山 〃	美作三湯への温泉急行。本来なら準急だが山陽本線内が「だいせん」と併結のため急行となる。

	列車名	運転期間	車両	運転区間	備考
や	やまのゆ②	1972(昭47).3.15 1980(昭55).10.1	58系気動車	津山〜広島(姫新・芸備線経由)	広島から美作三湯への需要発掘も並走する高速道路開通で勝負にならず
ゆ	夕月	1965(昭40).10.1 1968(昭43).10.1	一般形客車	新大阪〜宮崎	ハネムーンのメッカとなった宮崎地区への寝台急行。車窓の夕月を眺めながらカップルは何を語るか
	夕張	1968(昭43).10.1 1972(昭47).3.15	56系気動車	札幌〜追分(〜夕張)	炭鉱が栄え夕張市が活気を呈していた頃を証明するような列車を岩見沢・追分経由のN字型で結んだ
	ゆきぐに	1963(昭38).6.1 1965(昭40).10.1	165系電車	上野〜新潟	80系準急時代が有名だが、165化とともに新潟延長で急行格上げ。清水トンネルを抜けるとそこは雪国
	ゆけむり	1966(昭41).3.5 1985(昭60).3.14	165・115系電車 165系電車	上野〜水上など	高崎〜水上間には温泉が多いが、ビジネス向け列車もあり「ゆけむり」が総称愛称として適切かどうかは疑問
	ゆざわ	1966(昭41).3.5 1972(昭47).3.15	165系電車	越後湯沢〜新潟	「佐渡」用165系の8〜13号車を使用した新潟県内のビジネス電車急行。列車名は越後湯沢温泉から
	ゆのか①	1966(昭41).3.5 1968(昭43).10.1	55・58系気動車	博多〜日田〜別府〜博多	博多を起終点に鹿児島、久大・日豊本線を経て循環。沿線に著名温泉が多く、「湯の香」のネームはぴったり
	ゆのか②	1968(昭43).10.1 1982(昭57).11.15	471系・キハ58系 475系電車	博多〜大分(小倉経由)	「ヨン・サ・トオ」で「ゆのか」は博多〜別府間総称ネームに採用。日豊本線にも475系が進出
	ゆのくに①	1963(昭38).4.20 1965(昭40).10.1	471系電車	大阪〜金沢	客車急行時代が長かった「ゆのくに」は北陸本線金沢電化で座席指定急行に抜擢。北陸に電車時代が到来
	ゆのくに②	1968(昭43).10.1 1982(昭57).11.15	471系・キハ58系 475系	大阪〜金沢/和倉 大阪〜金沢(米原経由)	総称ネームの採用で、金沢行きと和倉行きの合体では「加賀」がふさわしくないのか、温泉地が共通する「ゆのくに」になる
	由布	1966(昭41).3.5 1992(平4).7.15	55・58系気動車 58系気動車	博多〜小倉(日田・別府経由) 博多〜別府(日田経由)	「ゆのか」の姉妹列車で、実質的には循環運転。由布岳に因む列車名でのち久大本線急行総称に採用
	弓張	1966(昭41).3.5 1982(昭57).11.15	55・58系気動車 58系気動車	小倉/博多〜佐世保 博多〜佐世保	準急時代から左記区間で親しまれた列車。相棒の長崎行きは2度は列車名を変えるが「弓張」は終始一貫。
よ	よしの川	1966(昭41).3.5 1999(平11).3.13	55・58系気動車 185系気動車	徳島〜高知(徳島線経由) 徳島〜阿波池田	「阿佐」と並立した徳島〜高知急行。汽船との接続はなく終始徳島始発で通す。JR四国最後の急行でもあった
	よど	1961(昭36).10.1 1965(昭40).10.1	153系電車	東京〜大阪	"東海道電車急行6人衆"の1つ。昼行は始発駅を昼下がりに発つダイヤが特色。列車名は淀川である
	予土	1965(昭40).6.1 1968(昭43).10.1	58系気動車	松山〜高知(多度津経由)	東海道急行と同音だが、こちらは伊予+土佐。直通客が皆無なので車両は1両だけ。片方が遅れても待たなかった
	よねしろ①	1966(昭41).3.5 1968(昭43).10.1	58系気動車	盛岡〜秋田(花輪線経由)	左記区間の都市間連絡急行で、田沢湖線開業までは直通客の利用も多かった。1往復は「陸中」として上野へ進出
	よねしろ②	1970(昭45).10.1 1985(昭60).3.14	58系気動車	仙台〜秋田(花輪線経由) 盛岡〜大館/弘前	花の上野通いも2年で終わり「陸中」は仙台始終着になり、「よねしろ」に出戻り。米代川を下り岩木山を仰ぐ
	よねしろ③	1986(昭61).11.1 2002(平14).12.1	58系気動車	秋田〜大館(〜陸中花輪) 秋田〜大館(〜鹿角花輪)	国鉄末期に奇跡的な復活。花輪線直通組がメインだが奥羽本線の都市間輸送。キハ58系アコモ改造車を使用
	よねやま①	1966(昭41).3.5 1972(昭47).3.15	55系電車	(上田〜)長野〜新潟	信越本線北部の両県都を結ぶ都市間連絡急行。列車名は柏崎市付近の雪峰米山から
	よねやま②	1972(昭47).3.15 1985(昭60).3.14	165系電車	上野〜柏崎(上越線経由)	上野〜新潟間急行「佐渡」1往復の長岡からの進路を西に変更して誕生。鯨波付近の海岸を行く姿が趣がある
ら	らいでん	1966(昭41).6.1 1984(昭59).2.1	20系気動車	倶知安〜(岩内〜)札幌 (長万部〜)倶知安〜札幌	後志支庁の市町村と札幌を結ぶ近距離急行。岩内線直通は1980.10で廃止。列車名は雷電海岸から
	ライラック	1963(昭38).6.1 1968(昭43).10.1	56系気動車	函館〜札幌	北海道の老舗急行「大雪」の気動車化と同時に列車名を変更。本格的に入ったキハ56系は沿線でも人気があった
り	リアス	1966(昭41).3.5 1982(昭57).11.15	58系気動車	釜石〜宮古〜盛岡	起終点は「はやちね」と同じだが、こちらは宮古経由で山田線全線を走破。リアス海岸を走る姿はファンならずとも再現してほしい
	陸中①	1961(昭36).10.1 1966(昭41).10.1	58系気動車	上野〜盛岡(常磐線経由) 上野〜盛・宮古(〃)	東北の都市間連絡絡急行だったが、三陸方面への付属編成が次々に入り母屋を乗っ取る
	陸中②	1966(昭41).10.1 2002(平14).12.1	58系気動車 110系気動車ほか	仙台〜秋田(宮古・陸中花輪・大鰐経由) 盛岡〜釜石/宮古	仙台〜秋田間を14時間近くかけて"迷走"。以後運転区間を三陸地方までとし、JR化後も存続
	利尻	1966(昭41).3.5 2000(平12).3.11	一般形客車 400系気動車ほか	札幌〜稚内	宗谷本線の夜行急行。稚内市や利尻・礼文を訪れる若者から人気。晩年は気動車+スハネフ14の変則編成
る	るもい	1966(昭41).3.5 1986(昭61).11.1	20系気動車	旭川〜留萌(〜幌延) 旭川〜留萌(下りのみ)	旭川と結び付きの深い留萌地区を結ぶビジネス列車。炭鉱の消長が列車の命運を握る
れ	礼文①	1966(昭41).3.5 1968(昭43).10.1	56系気動車	旭川〜稚内	列車名からは「利尻」の姉妹列車の感があるが、こちらは旭川始終着の昼行気動車列車。編成は2両
	礼文②	1970(昭45).10.1 2000(平12).3.11	56系気動車 54形気動車	旭川〜稚内	一時期「利尻1-1号」となった「礼文」も地元の要望で元のネームに復帰。愛称が列車ごとに異なるのは宗谷本線ならでは
ろ	六甲	1961(昭36).10.1 1965(昭40).10.1	153系電車	東京〜大阪	153系全盛時代の東海道急行の1つ。上下とも東京・大阪を朝一番に発つので混雑は激しかった
わ	わかさ	1966(昭41).3.5 1999(平11).10.2	55系気動車 58系気動車	東舞鶴〜福井 東舞鶴〜敦賀	小浜線沿線と福井県都を結ぶビジネス急行。途中増発で2往復ある時期もあるが、21世紀近くまで運転されたのは奇跡の部類
	わこと	1966(昭41).3.5 1966(昭41).3.25	20系気動車	網走〜釧路	釧網本線急行「しれとこ」の姉妹列車。名は屈斜路湖和琴半島から。急行格上げ後愛称統一で消滅
	鷲羽	1966(昭41).3.5 1980(昭55).10.1	153系電車	大阪〜宇野 新大阪〜宇野	四国連絡の"エル急行"として活躍するも、大半は新幹線岡山開業で宇野線快速化に使命を譲る
	わたらせ	1966(昭41).3.5 1985(昭60).3.14	58系気動車 165系電車	上野〜桐生(〜高崎) 上野〜小山(〜高崎)	両毛沿線から上野行きのビジネス・用務客向け急行。電車化後は急行区間が東北本線内になり料金負担を軽減

定期列車のみ記載。運転区間が上下で異なる場合は下りのものを示す

あとがき

　最盛期といえる1970年前後には1200本以上が設定されていた急行が、それから半世紀が経たないうちに定期列車の座から追われるとは、当時としては想像もすらできなかったが、ではどうしてそのような運命をたどったのか、本書の最後を記す意味でも検証してみたい。

　そもそも、特急形や急行形といった種別が特定される車両が確立されたのは1961 (昭和36) 年10月改正の頃のことである。昼行列車だけに絞ると、当時の基準では昼行特急形は冷房付きで回転クロスシート、急行形は非冷房でボックスタイプの固定クロスシートだった。以後急行形は1969年から普通車も冷房付きとなるが、残念ながら1971年で製造が打ち切られてしまう。そのため、以後の優等列車用車両の増備は特急形一辺倒になり、特に交通機関が多様化して在来線鉄道の相対的地位が低下した1975年頃からは、急行で将来性のある列車は特急に格上げ、そうでない列車は快速を含む普通列車への格下げや、廃止といった道を歩む。1982年には特急と急行の本数上での力関係が逆転するが、それは"時代に適した急行形車両"の登場がなかったため、独自の進歩を遂げることのできなかった急行の悲劇でもあった。

　夜行列車に使用される寝台車は1961年10月当時こそ特急と急行とでは冷房の有無だけで、昼行列車ほどの格差はなかったが、1971年以後は特急形のベッド幅が広げられる一方で、2段式となって居住性の向上が図られる一方、急行には冷房化改造こそされたものの旧来の車両が充てられる。だが、夜行列車は航空機網の発達にくわえ、国鉄運賃・料金の大幅値上げで1978年以後は特急・急行の種別に関係なく衰退の道を歩んでしまった。

　こうした流れは、JR化後も変わることがないばかりか、JR各社は"会社の顔"になる車両としてオリジナルの特急形を次々に世に送ったため、特急格上げの対象から外された列車は、やがて車両の老朽化とともに廃止の道を辿るしかなかった。

　また話は変わるが、1961年10月改正時に設定されていた在来線特急のうち、現在も起終点相互間を当時のままで走っている列車は1本もない。つまり、現在の特急は設定区間だけを見ると往時の急行や準急が"特急となって"運転されているだけに過ぎないのである。こうして考えれば、1961年10月から半世紀以上の間に準急を含む急行は絶滅したのではなく、特急に進化を遂げて残っているというべきだろう。

　そして、「はまなす」の廃止によってJRから定期急行が消滅しても急行料金は残されるという。将来的に定期急行の復活は難しいとしても、臨時列車や企画列車として急行が入る余地があるからだろう。今後も急行の置かれた立場は厳しいものがあるが、例え毎日運転の列車でなかったとしても、何らかの形で設定された「急行」がその地位を汚すことなく、優等列車としての働きを全うしてくれることを祈りつつ、本書のまとめとしたい。

《参考文献》
寺本光照『国鉄・JR列車名大事典』中央書院 2001
寺本光照『国鉄遺産・名車両100選』洋泉社 2010
原田勝正・青木栄一『日本の鉄道・100年の歩みから』三省堂 1973
三宅俊彦『日本鉄道史年表』グランプリ出版 2005
池田光雅『鉄道総合年表 1972-93』中央書院 1993
原口隆行『時刻表でたどる特急・急行史』JTB2001
三宅俊彦『時刻表でたどる夜行列車の歴史』JTBパブリッシング 2010
石井幸孝『戦中・戦後の鉄道』JTBパブリッシング 2011
星晃『回想の旅客車』交友社1985
須田寛『須田寛の鉄道ばなし』JTBパブリッシング 2012
交通新聞編『鉄道100景』(上・下巻) 交通協力会出版部 1972
『100年の国鉄車両』(1〜3) 交友社1974
『日本国有鉄道百年史』(1〜14号・通史・年表)日本国有鉄道 1969〜1974
『国鉄動力車配置表』鉄道図書刊行会 1962・1964
『国鉄車両配置表』鉄道図書刊行会 1965〜1986
『JR車両配置表』鉄道図書刊行会 1997〜1999
『日本鉄道地図帳』(各号)新潮社
鉄道ジャーナル別冊No.23『JR急行・快速列車』 鉄道ジャーナル社 1991
『鉄道ピクトリアル』『鉄道ファン』『ジェイ・トレイン』『JTB時刻表』(関係各号)

著者プロフィール
寺本光照【てらもと みつてる】
鉄道研究家・鉄道作家。昭和25年1月大阪府八尾市生まれ。甲南大学法学部卒業。鉄道友の会会員。主な著書に「国鉄・JR関西圏近郊電車発達史」「時刻表でたどる新幹線発達史」「国鉄・JR悲運の車両たち」「国鉄・JR悲運の特急・急行列車50選」(以上JTBパブリッシング)、「永久保存版ブルートレイン大全」「国鉄遺産名車両100選」(洋泉社)、「国鉄・JR列車名大事典」(中央書院)などがある。

写真・資料提供
J.WALLY HIGGINS 米国公文書館、青木浩二、生田誠、伊藤昭、伊藤威信、荻原二郎、篠原丞、高橋義雄、長渡朗、野口昭雄、林嶢、柳川知章、朝日新聞社

編集協力
株式会社フォト・パブリッシング

校閲
加藤佳一(BJエディターズ)

装丁・本文デザイン
柏倉栄治

キャンブックス
さよなら急行列車

著 者　寺本光照
発行人　秋田 守
発行所　JTBパブリッシング
　　　　〒162-8446　東京都新宿区払方町25-5
　　　　http://www.jtbpublishing.co.jp/

○内容についてのお問い合わせは
　JTBパブリッシング
　出版事業本部企画出版部第一編集部
　☎03・6888・7845

○図書のご注文は
　JTBパブリッシング　営業部直販課
　☎03・6888・7893

印刷所　JTB印刷

©Mitsuteru Teramoto 2016
禁無断転載・複製 153407
Printed in Japan 374380
ISBN978-4-533-10882-2　C2065
◎落丁・乱丁はお取り換えいたします。
◎旅とお出かけ旬情報
http://rurubu.com/

読んで楽しむビジュアル本 キャンブックス

鉄道

- 鉄道廃線跡を歩く Ⅰ〜Ⅹ 完結編
- 私鉄の廃線跡を歩く Ⅰ〜Ⅳ
- 全国歴史保存鉄道
- 台湾鉄道の旅
- 世界のLRT
- 世界のハイスピードトレイン
- 遙かなり C56
- 地形図でたどる鉄道史／全国森林鉄道
- 地形図でたどる鉄道史 東日本編
- 地形図でたどる鉄道史 西日本編
- 時刻表でたどる特急・急行史
- 時刻表でたどる夜行列車の歴史
- 時刻表でたどる新幹線発達史
- 時刻表に見る〈国鉄・JR〉電化と複線化発達史
- 時刻表に見る〈国鉄・JR〉列車編成史
- 戦中・戦後の鉄道
- 東京駅歴史探訪
- 札幌市電が走る街 今昔
- 山手線ウグイス色の電車 今昔 50年
- 中央線オレンジ色の電車 今昔 50年
- 都電が走った街 今昔
- 玉電が走った街 今昔
- 東急が走った街 今昔 Ⅰ／Ⅱ
- 横浜市電が走った街 今昔
- 名古屋市電が走った街 今昔
- 京都市電が走った街 今昔
- 大阪市電が走った街 今昔
- 伊予鉄が走った街 今昔
- 土佐電鉄が走った街 今昔
- 広電が走る街 今昔
- 長崎「電車」が走る街 今昔
- 熊本市電が走る街 今昔
- 鹿児島市電が走る街 今昔

- 日本の路面電車 Ⅰ
- 東京 電車のある風景 今昔 Ⅰ／Ⅱ
- 名古屋近郊 電車のある風景 今昔 Ⅰ／Ⅱ
- 関西 電車のある風景 今昔 Ⅰ
- 関西 鉄道考古学探見
- 東海道新幹線Ⅱ 改訂新版
- 東海道線黄金時代 電車特急と航空機
- 山陽新幹線
- 山陽鉄道物語
- ジョイフルトレイン図鑑
- 関西新快速物語
- 小田急の駅 今昔・昭和の面影
- 小田急ロマンスカー
- 江ノ電 懐かしの電車名鑑
- 箱根登山鉄道125年のあゆみ
- 伊豆急50年のあゆみ
- 総武線120年の軌跡
- 京成の駅 今昔・昭和の面影
- 京急の駅 今昔・昭和の面影
- 京急1000形 半世紀のあゆみ
- 京急電車の運転と車両探見
- 京急クロスシート車の系譜
- 京急の車両
- 総武線120年の軌跡
- 東武鉄道まるごと探見
- 西武鉄道まるごと探見
- 京王電鉄まるごと探見
- 東急ステンレスカーのあゆみ
- 東急電車まるごと探見
- 武蔵野線まるごと探見
- 大手私鉄比較探見
- 関東私鉄比較探見 東日本編／西日本編
- 関西私鉄比較探見
- 名鉄 名称列車の軌跡
- 名鉄パノラマカー

- 東日本編／西日本編
- 全国鉄道博物館
- 国鉄鋼製客車 Ⅰ／Ⅱ
- 九州特急物語
- 幻の国鉄車両
- 日本の電車物語 旧型国電50年
- 日本の電車物語 新性能電車編
- ブルートレイン
- 寝台急行「銀河」物語
- 国鉄特急電車物語
- 国鉄急行電車物語 直流電車編
- 115系物語／205系物語
- 111・113系物語
- 485系物語／103系物語
- 711系物語／415系物語
- 581・583系物語
- DD51物語
- キハ47物語／キハ58物語
- キハ82物語
- 琴電・古典電車の楽園
- 琴電100年のあゆみ
- 南海電車
- 阪神電車
- 阪急電鉄の廃線を歩く 上／下
- 近鉄特急
- 近鉄の廃線を歩く
- 京阪特急
- 名鉄昭和のスーパーロマンスカー
- 名鉄電車 昭和ノスタルジー
- 名鉄の廃線を歩く
- 名鉄600V線の廃線を歩く
- 鉄道連絡船細見／軽便鉄道時代
- 時刻表1000号物語
- 国鉄・JR関西圏 近郊電車発達史
- 昭和30年代の鉄道風景
- 東海道新幹線50年の軌跡
- 西武電車特急電車から高速バス・路線バスまで
- 京浜東北線100年の軌跡
- 上野発の夜行列車・名列車
- 最後の国鉄直流型電車
- 東武電車
- 相模鉄道
- 小田急通勤型電車のあゆみ
- 鉄道メカニズム探究
- 永遠の蒸気機関車 Cの時代
- 鉄道・JR 関西圏 Cの時代
- 知られざる鉄道決定版
- 国鉄・JR 悲運の車両たち
- 国鉄・JR 特急列車100年

交通

- 絵葉書に見る交通風俗史
- 横浜大桟橋物語／YS-11物語
- 追憶 新幹線0系
- ③本州編〈其の弐〉・九州編
- ①本州編〈其の壱〉
- ②北海道編
- SLばんえつ物語号の旅
- 蒸気機関車の世界
- 黒岩保美
- 小田急おもしろ運転徹底探見
- 東急おもしろ運転徹底探見
- 京急おもしろ運転徹底探見
- 〈キャンDVDブックス〉
- ブルートレイン&583系

るるぶの書棚　http://rurubu.com/book/
TEL 03-6888-7893　FAX 03-6888-7829

今の特急街道は昔の急行街道

「交通公社の時刻表」昭和42年10月号。現在も特急街道の名を持つ北陸本線はかつては急行列車で賑わっていた。左ページで9本、右ページでは倍の18本の急行列車が掲載され、まさに「急行列車の時代」であった。